本书系陕西省『三秦学者』创新团队支持计划
『西北政法大学基层社会法律治理研究创新团队』资助成果

新时代枫桥经验

XINSHIDAI "FENGQIAO JINGYAN"

以基层善治
助推中国之治

王斌通 ◎ 著

陕西新华出版
陕西人民出版社

图书在版编目（CIP）数据

新时代"枫桥经验". 以基层善治助推中国之治／王斌通著. —西安：陕西人民出版社，2024.1
 ISBN 978-7-224-15075-9

Ⅰ.①新… Ⅱ.①王… Ⅲ.①社会管理—研究—中国 Ⅳ.①D63

中国国家版本馆CIP数据核字（2023）第165952号

出 品 人：赵小峰
策 划 人：关　宁
策划编辑：管中洑　李　妍
责任编辑：李　妍　杨舒雯
封面设计：赵文君

新时代"枫桥经验"——以基层善治助推中国之治

作　　者	王斌通
出版发行	陕西人民出版社
	（西安市北大街147号　邮编：710003）
印　　刷	陕西龙山海天艺术印务有限公司
开　　本	787毫米×1092毫米　1/16
印　　张	20
字　　数	257千字
版　　次	2024年1月第1版
印　　次	2025年3月第3次印刷
书　　号	ISBN 978-7-224-15075-9
定　　价	79.00元

如有印装质量问题，请与本社联系调换。电话：029-87205094

序

中国是一个具有五千年法制历史的文明古国，在漫长的法制发展进程中，形成了博大精深的中华法文化，它不仅是古圣先贤政治智慧和法律智慧的结晶，也为灿烂辉煌的中华法系提供了坚强的文化支撑。虽然时移世易，但面对世界法制发展的新潮流，中华法文化中蕴含的许多优秀传统和理性因素，依然构成一座值得认真挖掘和传承的文化宝库，为建设中国特色社会主义法治国家提供了珍贵的历史借鉴。

以德化民，以法治国，明德慎罚，德法共治，是中华法文化的核心要义。面对国家兴亡的残酷斗争，卓越的思想家、政治家意识到道德对于治国的作用。周公灭商之后便提出明德慎罚。至汉代，进一步认识到德的作用，遂以德为主、刑为辅。至唐代，更将德礼与刑罚的不同的作用与相互关系总结为"德礼为政教之本，刑罚为政教之用，犹昏晓阳秋相须而成者也"。德的作用在于提高人们的道德素质，消除恶习，进而改良社会风俗习惯，所以古代的政治家坚持以德化民。但德的教化功能不能实现国家的对内对外职能，不能保证国家机器的正常运转，也不具备强制惩奸治恶的功能，故而以德化民必须与以法治国相结合，借助法律的强制作用，惩戒违反道德的行为及各种犯罪，所以二者密不可分。以德化民，建设稳定的社会基础，以法惩恶，维护社会的安宁和国家的强盛。法律的制定要以主流价值观及道德原则为指导，使法律成为道德的承载，让法律更多地体现道德理念和人文关怀。另一方面，将某些道德规范直接融入法律，以道德涵养法治精神，强化道德对法治文化的支撑作用。只有将道德要求和法律规范有机结合，相互促进，共同提升，才能实现善治的目标。

重视基层组织的建设，力求做到法治、德治、自治（乡治）相统一，是中国古代基层治理的一条重要经验。中国古代以农立国，十分重视基层组织的建设，为确保基层的和谐稳定和实现国家的稳固发展打下了坚实的基础。首先，行乡宴之礼，明长幼之序，敦亲睦之情。中国古代重礼制、序尊卑的礼法文化，上行之于朝堂，下贯彻于乡里。从周朝起，所实行的乡宴之礼，就是礼法文化的具体贯彻。根据周礼，乡宴之礼，也就是定期举行乡宴，以和乡党之情，以明长幼之序，以叙伦常之亲。乡宴之礼起到了明礼义、重伦序、宣教化、彰良善、黜奸邪、移风俗的积极作用。其次，善教化民，兴学育才。善教与善治密不可分，善教化民、兴学育才对于良好的乡治具有重要的作用。善教的内涵可以分为以下几点：一是明礼乐，正人心，敦风俗。二是重人伦，尽忠孝，爱国家。三是设学校，育人才，兴文治。善教不仅需要国家采取各种政策措施，广而教之，更重要的是，使人自省，由正心诚意出发，进而齐家治国，直到平天下。能平天下，可谓达到了乡治的极致。最后，制定家法族规、乡规民约维持自治，调动乡村的一切积极因素共同为治。唐宋以后，社会上广泛流行大家族的家法族规、家训族谱，如《颜氏家训》《义门陈氏家法》《永兴张氏合族禁条》等。在家法族规、家训族谱之外，还有大量的乡规民约，如宋代吕大钧《吕氏乡约》、朱熹《增损吕氏乡约》，明代王守仁《南赣乡约》等，其中以《吕氏乡约》最为典型。家法族规、乡规民约都是里甲老人和息争讼、管理家族和乡里事务的重要依据，属于民间法的范畴，成为国法的重要补充，在基层治理中发挥了重要作用。

中国古代基层治理的丰富经验，为今天构建共建共治共享的现代基层社会治理新格局提供了厚重的文化支撑。新时代"枫桥经验"，就是对中华优秀传统文化的创新和发展。汪世荣同志和王斌通同志均是我的弟子，他们的两本专著，是新时代"枫桥经验"研究的力作，也是"枫桥经验"西北学派新的标志性成果，既从历史演进、核心要义、文化传承、实践创新等宏观视角进行了深入探讨，也从基层良法善治、矛盾纠纷化解法治化、人民司法优良传统、平安中国基层基础建设等微观层面展开了卓有见地的阐发。他们的论述表明，目前提倡的新时代"枫桥经验"，坚持群众路线和"小事不出村、大事不出镇、矛盾不上交"等经验做法，构建自治、法治、德治"三治融合"的基层社会善治新体系，是当之无愧的全国政法综治战线的一面旗帜，也是党领导人民创造的一整套行之有效的社会治理方案，为基层社会治理现代化提供了中国方案。

2024年1月1日

目 录
CONTENTS

绪　论 / 1

第一章　新时代"枫桥经验",走向基层善治 / 8
　一、良法善治:中华法治文明的鲜明底色 / 8
　二、中华法系的基层社会治理经验 / 24
　三、乡贤调解:创新"枫桥经验"的传统文化资源 / 40
　四、新时代"枫桥经验"与基层善治体系创新 / 58

第二章　坚持新时代"枫桥经验",推进矛盾纠纷化解法治化 / 81
　一、新时代"枫桥经验"与矛盾纠纷源头治理 / 81
　二、新时代"枫桥经验"与大调解体系建设 / 95
　三、新时代"枫桥经验"与标准化推进平安建设 / 116
　四、新时代"枫桥经验"与信访工作高质量发展 / 147

第三章　发展新时代"枫桥经验",弘扬人民司法优良传统 / 163
　一、新时代"枫桥经验"与"马锡五审判方式" / 163
　二、新时代"枫桥经验"与"马锡五式人民法庭"创建 / 181
　三、新时代"枫桥经验"与城区法庭参与诉源治理 / 195
　四、新时代"枫桥经验"与检察参与市域社会治理 / 213

第四章 创新新时代"枫桥经验",推进平安中国基层基础建设
　　　　　　　　　　　　　　　　　　　　　　　　／ 229

一、新时代"枫桥经验"与社会治安综合治理中心建设 ／ 229

二、新时代"枫桥经验"与平安乡镇(街道)建设 ／ 244

三、新时代"枫桥经验"与城市社区治理现代化 ／ 256

四、新时代"枫桥经验"与社区志愿服务规范化 ／ 278

结　论　　　　　　　　　　　　　　　　　　　　／ 306

后　记　　　　　　　　　　　　　　　　　　　　／ 310

绪　论

基层社会治理的具体内容千头万绪，首先需要明确治理逻辑，并实现重点突破。确立"契约化治理"逻辑思路，调动多元社会力量参与，发挥国家、政府、社会、个人多元主体的积极性，形成多元主体治理的合力，必须重视制度供给。"契约化治理"是协商型治理内涵的体现，诸暨市提出"党政领导，综治协调，公众参与，社会协同，法治保障"的基层社会治理方式，突出了法治的重要性。"枫桥经验"重视制度供给，发挥社会规范的作用，通过村规民约（社区公约）建设，保障公民直接行使民主权利，参与社会事务的决策、管理和监督，其体现的基本精神和蕴含的价值，对基层社会治理具有普遍的指导意义。

一、重视基层社会治理制度供给

基层社会治理是整个社会治理的核心，对之进行研究，实证方法具有独特的优势。基层社会治理现代化的重要推动方式是建立并完善"契约化治理"理念。所谓"契约化治理"指以一定区域（基层村、居）为单元，以平等、意志自由为条件，通过社区居民广泛参与、民主协商、充分沟通，建立以村规民约（社区公约）为主体的社会规范，并遵循法治原则，依循公开程序，贯穿直接民主形式，自治、法治和德治结合，由此形成的治理方式。契约化治理不仅是崭新的社会治理方式，而且是制度化的基层社会治理方式。

"契约化"并不强调契约的形式，而是强调蕴含于契约中的实质，即通过谈判达成合意，有学者将之称为"契约制"，并进而提出了行政分权类型的"契约制模式"和"等级制模式"。学者运用契约制模式观察央地关系、国有企业治理，提出了许多有针对性、创新性的意见和建议。同样，契约化治理理念应用于基层社会治理，强调了治理中的多元主体充分参与、平等协商和相互尊重，对推动基层群众自治制度的实施意义深远。

村规民约作为成文的社会规范，经过民主讨论、村民大会决议得以实施，涵盖了村内自治事项的重要方面，是基层社会治理的主要依据，是基层社会治理实践提出的客观要求，成为社会规范的主体，为基层社会治理提供丰富的制度资源。围绕基层社会治理进行的制度供给设计和改革，为法治理论、制度建设和法治文化提出了巨大的挑战。

二、完善中央立法、地方立法和社会规范的三层治理制度体系

传统的立法学只将范围限定在中央和地方立法两个领域，形成了"一元多层"的立法体制。以"社会治理"代替"社会管理"，是执政方式的一次飞跃，需要更新立法理念，实现中央立法、地方立法、社会规范的三层治理制度体系构建。为基层社会治理提供丰富的制度资源，已经刻不容缓。

（一）设定中央立法和地方立法各自合理的调整空间

从宏观上设计中央立法、地方立法和社会规范各自的调整领域，必须创新立法文化，一方面真正将立法作为公众民主参与社会治理的渠道，另一方面提升制度资源的公信力，大力提高立法质量，推动国家治理现代化进程。国家立法应当围绕社会治理的顶层设计，着重解决全局性、整体性的"国家事项"；地方立法则结合各自区域的特点，着重解决"地方事项"；社会规范解决基层群众"自治事项"。中央立法、地方立法调整范围重叠，上下一般粗的状况，浪费立法资源，制约地方立法机关职能的发挥，影响公民参与立法的途径和渠道，难以满足国家和社会治理的客观需要。立法文化要求合理设计不同性质立法主体、不同主体的职能范围，各负其责，相互配合，发挥合力。

（二）扩展地方立法主体，满足基层社会治理的需要

县（市）不具有立法权，一定程度上制约着基层社会治理的推动进程。因为，县（市）实际从事大量繁重、具体的管理活动，通过市委（县委）文件、市府（县府）文件的形式发布相关规定，形成了红头文件治理基层社会的现象。这些文件执行力强，但不是立法文件，公众难以参与制定过程。建议适时开展地方立法改革试点，将县（市）纳入地方立法主体，有效扩大公民的立法参与渠道，大幅度推进立法的民主化进程。地方立法权的设定，应当基于地方治理的实际需要，与时俱进。县域是中国传统社会的基本单元，"郡县治，天下安"。社会治理实践中，县域也是最具特色的治理单元，将之提升为立法主体，能够有效满足基层社会治理的制度供给需求。

（三）创新完善社会规范体系

村规民约在一定程度上显示了村民创制、实施和维护规范的能力，也体现了村民自治的发展水平。各地经济、社会、文化发展并不均衡，针对性和适应性强的基层社会治理规范，中央和地方立法难以有效供给。因此，村规民约的规范化、系统化建设存在着巨大的发展空间，同时也为村规民约进入法治轨道提供了重要契机。村规民约涵盖了村民对生产和生活秩序的共同追求及由此而形成的价值认同，是村民的共同意志体现，通过社会规范的形式具体表达。只有建立健全社会规范，才能丰富基层社会治理的制度资源。村规民约的制定和实施，调动了村民参与社会事务的积极性，体现了村民对公共事务的共同意志，大大拓展了其生存空间、欣赏空间和创新空间。促进人的全面发展是马克思主义理论的要义，村规民约的制定、实施，满足了村民能力发展和个性发展的需要，改善了其思维方式和行为方式。

三、建立以村规民约为主体的乡村社会规范体系

村规民约调整的对象是村民自治事项，是村民日常从事的社会行为、社会事务和社会活动，其构成了社会规范的主要内容。社会规范具有地域性，对特定地域的主体起约束作用，主要靠基层群众自治组织监督实施。"枫桥经验"重视村规民约建设，确立了以人为本的工作理念。关注人的全面发展，调动了人的积极性，解放了生产力。通过村规民约规范村内事务，既是对中华优秀传统文化、中国共产党红色文化的传承，更是"枫桥经验"基层社会治理实践的突出特色。

（一）村规民约是中国传统社会信任机制的基础

保存于陕西省韩城市博物馆的《梗村里碑》和《里规碑》，系清光绪元年（公元1875年）所立。根据《梗村里碑》记载，韩邑共计二十八里，《里规》即"里"的行为规范，勒碑日期为光绪元年三月十五日，勒碑主体为十甲户首并值年里长。从性质上看，其类似于现在的村规民约，共计20条，是村民对村内事务"议"定的管理规则，详细约定了乡村自治的主要内容。

（二）陕甘宁边区政府重视发挥村规民约的作用取得了积极成效

抗日战争时期，陕甘宁边区政府大力推动社会建设，包括鼓励村民通过制定村规民约提升乡村文化氛围，改善乡村人际关系，建设和睦美好家园。谢觉哉在其日记中，摘录了《张家圪崂村民公约》，展现了当时村规民约的风貌。《公约》同样以公共事务作为主要内容，通过倡导的方式，发挥社会建设的积极引领作用，表现出独特的规范功能。《公约》的实施，除采取倡议形式之外，对违反者，采取"大家惩办"的方式。充分的自治是《公约》的特点，也是其亮点。

（三）诸暨市村规民约构成了当地治理规范的核心内容

诸暨市467个行政村全部制定有村规民约。以枫源村为例，《枫源村村规民约》共7条，高度凝练概括；《枫源村村规民约实施细则》共28项条款，具体明晰。村规民约及实施细则的修订，程序严格。村规民约的内容之一是传承当地的传统风俗习惯，其与村民生活息息相关，包括饮食、婚姻、丧葬、祭祀、交易等。《枫源村村规民约实施细则》较好体现了传承传统风俗习惯的内容。

四、发挥社会规范最大限度整体性预防、化解民间矛盾纠纷的作用

运用社会规范实现矛盾纠纷的全息化解是"枫桥经验"的重要特征。以村规民约（社区公约）为主体的社会规范，对于矛盾纠纷的预防化解、及时化解、彻底化解具有重要的作用。反之，纠纷的有效化解对强化社会规范、促进社会和谐也具有积极作用。社会规范不仅是化解矛盾纠纷的有效依据，还对社会行为具有约束性。

（一）发动群众力量，成功改造轻微违法犯罪

"枫桥经验"的内容之一是"化早、化小、化苗头"，注重轻微违法犯罪的矫治，防止矛盾纠纷性质转化，避免"民转刑"案件的发生。"四前工作法"重视矛盾纠纷的预测、预防，追求治理的成效。人民调解讲清法理、情理和道理，珍惜亲情、友情和乡情。"枫桥经验"重视发挥多元主体的作用，群策群力，源头治理。调动群众积极性，激发其参与基层社会治理的热情，释放多元主体参与社会治理的活力，对维护城乡社会安全稳定意义深远。

（二）发挥组织调解作用，多元化解矛盾纠纷

调解矛盾纠纷是村民委员会的重要职能。对于家庭矛盾、邻里纠纷、民间借贷等，通过人民调解解决具有明显的优势。发挥各类组织、社会主体的

作用，预防化解矛盾纠纷，"枫桥经验"实现了"小事不出村"的调解作用，发挥了基层群众的聪明才智，取得了良好的效果。要充分调动各方力量消除矛盾纠纷的根源。矛盾纠纷的发生，都有一定的原因。矛盾纠纷的化解，除坚持针对性，有效化解之外，查找根源，从源头上化解，才能取得良好的效果。对矛盾纠纷"源头治理"是"枫桥经验"的鲜明特点。

"枫桥经验"对基层社会治理制度供给的启示在于：基层社会治理中的制度供给必须坚持自治、法治和德治结合，发挥自治的基础作用，充分发挥村规民约的作用。重视各类社团章程的规范作用，形成多元主体参与基层社会治理的合力。通过民商事习惯调查推动习惯显性化，降低纠纷化解成本，追求良法善治目标，保障公民各项权利的实现。

总之，有效的制度供给是社会建设的重要推动力，社会规范是基层社会治理的核心制度资源，村规民约是社会规范的主体内容。丰富基层社会治理制度体系，是基层社会治理现代化，进而实现国家治理体系和治理能力现代化的基础。制度的有效供给，也是中国法治健全和完善的重要标志，将极大地推动基层民主法治进程。"枫桥经验"60周年的发展历程是基层社会治理不断探索创新的实践样本，虽然面临着需要进一步创新发展的诸多领域，但"枫桥经验"重视制度供给，坚持自治、法治和德治结合，形成多元主体共建、共治、共享治理格局，解放了生产力，丰富了群众精神文化生活，扩大了政治参与，发展了社会经济，激发了基层社会活力，实现了地方的繁荣稳定。以"枫桥经验"为基础，破解制度供给难题，是实现基层社会治理现代化的现实选择。

第一章
新时代"枫桥经验",走向基层善治

一、良法善治:中华法治文明的鲜明底色

党的二十大报告指出:"弘扬社会主义法治精神,传承中华优秀传统法律文化,引导全体人民做社会主义法治的忠实崇尚者、自觉遵守者、坚定捍卫者。"[1]中国是世界文明古国,法制历史源远流长,中华法系在世界几大法系中独树一帜,显示出中华民族的伟大创造力和中华法治文明的深厚底蕴。中华优秀传统法律文化与中华法系相伴而生,是中华民族卓越法律智慧的集中体现。它内涵丰富、体系完整、特色鲜明,相沿数千年,对中华法治文明的繁荣发展产生了积极影响。良法善治是中华法系的重要价值追求,也是中华优秀传统法律文化中光彩夺目的内容,它揭示出法治文明进步的普遍性规律,为大力推进中国式现代化和全面依法治国提供了宝贵的

---

[1] 习近平:《高举中国特色社会主义伟大旗帜 为全面建设社会主义现代化国家而奋斗——在中国共产党第二十次全国代表大会上的报告(2022年10月16日)》,载于《人民日报》2022年10月26日 01版。

法文化支持。

（一）良法善治反映了中华民族缔造法治秩序的理性态度

"治民无常，唯法为治。"[①]善治是有效的、有序的、健全的治理，更重要的是，它建立在法治秩序之上，以良好的立法、执法、司法及普法等为重要支撑。良法善治在中国有着深厚的法文化基础。在五千年的历史进程中，中华民族不仅善于从容应对层出不穷的艰难险阻，迎难而上，进行不屈不挠的斗争；也善于以理性务实的态度和举措，谱写适合国情实际、推动法治文明进步的恢宏篇章，不断丰富具有深厚人文关怀的良法与善治实践。在对善治蓝图的描绘中，孔子的大同理想对国家治理和民族心理影响最为深刻。孔子称："大道之行也，天下为公。选贤与能，讲信修睦，故人不独亲其亲，不独子其子，使老有所终，壮有所用，幼有所长，鳏寡孤独废疾者，皆有所养。男有分，女有归。货，恶其弃于地也，不必藏于己；力，恶其不出于身也，不必为己。是故，谋闭而不兴，盗窃乱贼而不作，故外户而不闭，是谓大同。"[②]在孔子的构想中，天下为人民共有，而执政者必须具备良好的道德素养和政治才干；人人讲求信用，各展其长，不仅能尊老爱幼，善待亲人，也能发散爱心，参加公益，使弱势群体得到安抚。如此则邻里和睦，社会安宁，国家大治。大同世界的政治图景蕴含了民主公正的法治秩序、和谐友爱的社会关系、诚信敬业的个人品质等，是超越时空的人类文明共同追寻并努力实践的治理目标。

正因为以孔子为代表的思想家高度关注"人事"，知晓"政之所兴，在顺

[①]《韩非子·心度》。
[②]《礼记·礼运》。

民心；政之所废，在逆民心"①，"圣人无常心，以百姓心为心"②，因此，中国古代法律的发展形成了一条以民为本的"敬鬼神而远之"的现实主义道路。在法律起源上，"皋陶造律"广为流传。皋陶是舜帝时的司法官，他在审案时，从案例中总结普遍性的经验，再转化为法律内容，奠定了中国古代从实际出发的传统。在法律原则上，法律公开、法令统一、立法简明、缘法而治等深入人心，祛除了蒙昧、神秘、混乱的消极因素。在法律观念上，既隆礼重法，又追求无讼。以德礼预防在先，以法律制裁在后，而又不尚重刑，适用法律的目的在于案结事了、民安国治。在法律形式上，以律为核心的诸多法律形式不断发展，令、格、式、典、敕、例在不同时代调整着民事、经济、行政、刑事等各种法律关系，诸法并存、民刑有分的法律体系日渐成熟。在法律内容上，捍卫道德伦理、维护公平正义、重视农业生产、矜恤弱势群体成为立法不可或缺的要素。历代通过立法，综合发挥法律的惩治与教育功能，在化民成俗、营造和谐社会环境中发挥了显著作用。凡此种种，都印证了立良法、促善治、求大同的务实轨迹，说明中国古代对良法善治的追求是建立在治国理政和生产生活实际的基础之上的，这一价值追求闪耀着理性的光辉，具有跨越时空的历史影响力和穿透力。

（二）中华法系以良法促善治的多维图景

良法是善治之前提。中国古代在制定良法时，积累了许多宝贵经验，勾勒出良法善治层次分明而又和谐统一的整体样态。

1. 立严整统一之法，促国家富强之治

中国五千年的演进史，就是一部致力于国家统一富强的发展史。一部内

---

① 《管子·牧民》。
② 《老子》第四十九章。

容科学、结构整齐、系统完备的立法，既是卓越法律思想和丰富实践经验的集中呈现，也是实现富国强兵、天下大治的有力支撑。历史上繁荣昌盛的贞观之治、开元盛世等，都有良好的立法作为依托。尤其是唐律奠定了大唐盛世的法律基石，维持了其长期鼎盛局面。唐律的代表《唐律疏议》在中国法制史上居于承前启后的重要地位，以"得古今之平"著称于世，充分体现了中国古代立法的水平、风格和基本特征。《唐律疏议》具有许多亮点。一是内容完整，覆盖全面。《唐律疏议》涉及政治、经济、文化、社会各个方面，涵盖各个领域的法律关系，对当时社会生活有全景式的规范。二是结构严整，自成体系。《唐律疏议》有序，有正文；有总则，有分则。如第一篇"名例"，涉及刑之罪名与刑之体例，以及律文之中有关专门术语的界定，相当于近代刑法的总则。以下各篇，相当于分则。500余条规定有序排列，形成了一个科学体系。三是逻辑鲜明，层次清晰。《唐律疏议》内容设计合理，逻辑严密，以刑名法例为首，实体内容居中，诉讼程序置后，做到了实体法、程序法的统一，加强了对司法实践的指导。

作为盛世之法，《唐律疏议》不啻为一部治国理政法律智慧的集大成之作，在促使唐代综合国力极大提升的同时，也成为各国竞相效仿的典范。日本学者宫崎道三郎在谈及日本古代法制受中国唐代法制的影响时提道："大宝、养老律令者，我日本之法典，与人民之休戚有密接之关系者也，而取法于中国，抑何故也？也岂止羡慕当时中国制度之完整从而摹仿之乎？日实尚有其他原因，盖当时日本之种种制度，皆有改良之必要，尤以'世职'及'兵制'为甚。此外则唐代武力日盛，朝鲜之日本势力减退，形势亦甚迫切，加以中国文化又陆续输入，故日本人心大受刺激，留学中国者又主张移植唐制于日本，《推古纪》三十一年条有云：'大唐学问者僧惠齐、惠光及医惠日、福因等并从智洗尔等来之，于是惠日等共奏闻曰：留于唐国学者，皆学以成业，应唤，且其大唐国者法式备定，珍国也，常须达。'于是遂决意编纂法典。"①仁井田陞也称："古代中国法律在地域及民族方面，皆曾影响于四方。耶陵谓罗马曾三次征服世界，中国于东方之亚细亚亦一度以武力支配之，一度以儒教支配之，一度以法律支配之。"②于是，日本、朝鲜、越南等国纷纷效仿唐代，建立本国法制，加快了东亚地区的政治开化进程与法制进步。

2. 立循变协时之法，促社会和谐之治

法律贵在稳定，方能取信于民，显其权威。但时势的演进，往往带来法律关系的变化，固定的法律条文需要及时修订，才能保证其适用性和影响力。早在《尚书·吕刑》中，便有"刑罚世轻世重"的记载。《周礼·秋官·大司寇》提出了著名的"三世三典"说：刑新国用轻典，刑平国用中典，刑乱国用重典。韩非在概括法治发展规律时进一步指出："法与时转则治，治与世宜则有功。"③说明法律是与时俱进的，只有根据国家治理和社会发展的需要有针对性地调整条文内容，法律才是有生命力的良法。因而，变的目的在于稳，因时变革方能行稳致远，这便是"循变协时"的真谛。为了保持法律的稳定性，历代开明统治者均强调在制定法律时注意从法制历史的成败得失中汲取经验教训，使新立之法成为治世之良法。明太祖朱元璋在权衡之后，确立了以唐律为蓝本进行修律，不仅邀请儒臣和刑官每天讲解 20 条唐律律文，而且不厌其烦地讨论律文的优劣，使之成为确保新律条文轻重适当的参照。《大明律》颁布后，朱元璋又根据中枢机构的改革对相关内容加以增损，形成

---

① [日]宫崎道三郎：《论律令》，转引自杨鸿烈：《中国法律在东亚诸国之影响》，商务印书馆，2015，第196页。
② [日]仁井田陞：《关于唐令之复旧》，转引自杨鸿烈：《中国法律在东亚诸国之影响》，商务印书馆，2015，第21页。
③ 《韩非子·心度》。

了以《名例律》冠于篇首，以吏、户、礼、兵、刑、工六律为内容的新体例。刑部尚书刘惟谦、翰林学士宋濂等在《进明律表》中称："陛下圣虑渊深，上稽天理，下揆人情，成此百代之准绳。"①

《大明律》非常重视对于因时创新的其他制度成果的确认和强调。譬如，明代为加强基层社会治理，于各地广泛设立申明亭。《大明律·刑律·杂犯》"拆毁申明亭"条规定了申明亭的功能：各州县设立申明亭，凡民间应有词状，许耆老里长准受于本亭剖理。明代地方官员为了贯彻《大明律》，也主动强化申明亭调处息争的功能，明确申明亭的使用细则。福建惠安知县叶春及规定："凡老人里甲，于申明亭议决。坐先老人，次里长，次甲首，论齿序坐。如里长长于老人，坐于老人之上。"②耆老、里长多为地方德高望重之人，洞悉人情世故和民生百态，调处纠纷时具有天时地利人和的综合优势。通过申明亭，将矛盾纠纷化解在基层，处置在源头，既有助于减轻百姓的"讼累"，满足百姓对户婚、田土等民事纠纷案结事了的需求，也有利于减少案件增量，分担官府的诉讼负担。同时，不孝不悌、为非作歹的事迹，通常会在申明亭张贴，对罪犯的心理产生极大震慑，对围观的百姓也起到了警示教育的效果。因此，申明亭的设立，实现了矛盾纠纷化解和法制宣传教育的统一，成为社会稳定的"安全阀"。《大明律》对这一制度加以保障，顺应了维护基层和谐稳定的社会发展需要。

3. 立明礼弘德之法，促百姓安宁之治

中国国家和社会治理，主张"民惟邦本，本固邦宁"③。无论是西周统治者提出的敬天保民、明德慎罚，还是儒家倡导的仁者爱人、得民心者得天

---

① 罗月霞主编：《宋濂全集》第2册，浙江古籍出版社，1999，第764页。
② 〔明〕叶春及：《惠安政书》，福建人民出版社，1987，第329页。
③ 《尚书·五子之歌》。

下，以及历代杰出的政治家、思想家提出的一系列爱民、重民、富民、惠民、教民的政策，均体现出贯穿于中华法系思想和制度之中的一条主线——民本主义，特别是"民惟邦本，本固邦宁"经历了风雨锤炼，蕴含着中华民族珍贵的理性思维，成为一道颠扑不破、历久弥新的铁律。《易经·系辞》称，天地之大德曰生。百姓的幸福首先是生存无忧、生活有序。中国古代刑罚的目的，并不在于简单的惩治犯罪，更在于教育罪犯及世人，使人明德礼、近良善、远罪恶。以民为本，重民、爱民，首先是以法巩固教化、宣扬道德。因此，历代立法，无论谋篇布局，还是内容设计，都显示出对德礼的推崇和贯彻。《唐律疏议》开篇便宣称"德礼为政教之本，刑罚为政教之用"①，这既是贯穿于唐律始终的基本原则，也是对德法互补、共同为治方略的呼应。《唐律疏议》还特意将德礼和刑罚的关系比作"昏晓阳秋"，用相互依存、配合的自然现象形容二者之间的内在联系，说明德法密不可分。

为了明礼弘德，裨益百姓，历代立法中设计了许多饶有特色的制度。孝是百姓必须遵守的伦理准则，也是古代立法关注的重点。据《孝经·五刑章》记载，早在夏朝，就存在"五刑之属三千，而罪莫大于不孝"的认识。"不孝"也成为后世立法着重打击的"十恶"之一。为了鼓励百姓恪守孝道，古代法律中专门规定了"存留养亲"，这一制度自北魏孝文帝时首次入律，允许犯死罪、流罪之人，在祖父母、父母年老或疾病而无其他男丁侍养时，停止或免除刑罚的执行，返回家中侍养其亲。"存留养亲"以亲情来教化和改造犯人，强化了亲情伦理，凸显了法律对德礼的尊重。又如，《唐律疏议》规定了"同居相为隐"，在一般情况下，同财共居的亲属犯罪，可隐瞒而不告发，这是对汉代"亲亲得相首匿"原则的继承和拓展。在各种关系中，亲属间的

---

① 刘俊文：《唐律疏义笺解》（上），中华书局，1996，第3页。

感情最深厚，联系最密切，亲属相隐符合当时家族本位的生活需要，也贴合关心、爱护亲属的基本人性。此外，历代立法中常有矜恤老幼、宽宥残疾、重惜民命的规定，这些内容均承载了传统的德礼观念，彰显出人本主义的光辉，使法律在德礼的基础上更好地肩负起重视民生的职责，在实现百姓安宁、促进群体和睦等方面发挥了积极作用。

（三）中国古代实现良法善治的制度保障

"文武之政，布在方策。其人存，则其政举；其人亡，则其政息。"[1]以良法促善治，前提在于制定良法，而关键在于依靠贤吏对法律的实施。为了制定良法，塑造贤吏，历代进行了多方面的有益探索。

1. 不断成熟的立法机制

成文法公布以后，中国古代逐步形成了法典化的传统。从战国时期的《法经》直至清代的《大清律例》，成文法典不绝如缕，尤其是中华法系的代表作《唐律疏议》，是承上启下的重要法典，它的编纂和颁行，标志着中华法系立法机制臻于成熟。首先，《唐律疏议》贯穿了"于礼以为出入"、德法互补、立法宽简、法须稳定、法贵公平等指导思想，反映出先进理念对立法的引领。其次，立法活动受到统治者高度重视，《唐律疏议》在《永徽律》基础上形成，而《永徽律》及此前的《武德律》《贞观律》均由皇帝直接推动并由一批能臣干吏编纂完成，集中体现了当时优秀的立法团队对律典的认识水平。再次，形成了律疏一体的法典结构，代表了律学的最新成就。《唐律疏议》是秦汉魏晋以来律学的集大成者，它对律文的解释、律意的阐明、内涵的剖析、源流的考证等，均呈现出律学家在法律研究方面的杰出智慧。不容

---

[1]《礼记·中庸》。

忽略的是，《唐律疏议》还反映出中国古代法典在立法内容设置上对完备性的不懈追求。《唐律疏议》以刑为主，诸法合体，道德与法律交融，实体法与程序法辉映，这些架构立足于宗法伦理笼罩下的特殊国情，适应以自然经济为主体地位的经济基础，也体现了大一统中央集权制度的政治文化积淀，对维护国家统一、巩固农业生产、促进经济发展、构建和谐秩序产生了巨大影响，为后世和东亚各国立法树立了榜样。

尽管中国古代长期以成文法典为主导，但并不排斥判例法、习惯法等法律渊源。成文法一经颁行，便很难修改，且任何法典都无法包罗万象，因而，"有法者以法行，无法者以类举"①就有了生存的空间。秦汉就有运用判例的情况，唐宋时期的《龙筋凤髓判》《名公书判清明集》等，无论拟判还是实际判例，均强调司法经验的总结提炼，重视情理法的统一。至明清两代，判例汇编进入高峰，而且律学家对判例、条例的研究直接推动了立法的改善。清代律学家薛允升的《读例存疑》受到时人的高度评价。光绪二十九年（公元1903年）十一月二十九日，刑部官员们在联衔进呈《读例存疑》的奏折中称："《读例存疑》一书最为切要，于刑政大有关系。其书大旨：以条例不外随时酌中、因事制宜之义。凡例之彼此抵牾，前后歧异，或应增应减，或畸重畸轻，或分析之未明，或罪名之杂出者，俱一一疏证而会通，博引前人之说，参以持平之论，考厥源流，期归画一，诚巨制也。"②沈家本称："长安薛云阶大司寇自官西曹，即研精律学。于历代之沿革，穷原竟委，观其会通。凡今律、今例之可疑者，逐条为之考论。其彼此抵牾及先后歧异者，言

---

① 《荀子·王制》。
② 《光绪二十九年刑部进呈御览奏疏》，载薛允升著，胡星桥、邓又天主编：《〈读例存疑〉点注》卷首，中国人民公安大学出版社，1994年版。

之尤详，积成巨册百余。"①清末修律时，负责新律纂修的董康称：《大清现行刑律》在编订中，"大致采长安薛允升《读例存疑》之说"②。

2. 治吏为要的法制建设

徒善不足以为政，徒法不足以自行。在中国传统的政治结构中，官吏是上传下达的重要力量，也是沟通良法与善治的枢纽。尤其是夙夜奉公、勤于政务的贤吏、良吏，是制定良法、实施良法、确保国家和社会有效治理的基本依托。如果说白居易在《论刑法之弊》中发出"虽有贞观之法，苟无贞观之吏，欲其刑善，无乃难乎"③的感慨，道出了良法、贤吏共同缔造善治的重要性，那么，王安石所言"守天下者吏也。吏不良，则有法而莫守"④，则更加强调了贤吏、良吏对以良法促善治所起的关键作用。

历代为了拔擢良吏、罢黜恶吏，在重视官员的铨选、任用之外，建立并强化了考课和监察制度。考课与监察同为"中国古代职官管理的法律传统"⑤，二者紧密衔接，相辅相成，在澄清吏治、提高官僚队伍的整体素质、提升中央至地方的行政效能等方面发挥了积极作用。秦汉以后，考课法令持续充实，考核的时限、标准及赏罚政策不断改进。至唐代，考课制度已臻完善，三品以上官员由皇帝亲自考核，其余内外官员由吏部统一负责，按照"四善二十七最"的标准，一年一小考，四年一大考，大考按九等定黜陟。清代进一步形成了考核京官的"京察"与考核外官的"大计"制度。

---

① [清]沈家本：《读例存疑·序》，载沈家本著：《历代刑法考》（第四册），中华书局，1985，第2222页。
② 董康：《中国修订法律之经过》，载何勤华、魏琼编：《董康法学文集》，中国政法大学出版社，2005，第462页。
③ [唐]白居易著，刘明杰点校：《白居易全集》，珠海出版社，1996，第1052页。
④ [宋]王安石：《王临川全集》，中华书局，1980，第236页。
⑤ 张晋藩：《考课与监察：中国古代职官管理的法律传统》，载于《中国应用法学》2018年第5期，第8页。

监察制度在秦汉时期步入制度化的正轨。秦朝中央设御史大夫，位列三公，执掌监察事宜，地方设监郡御史，纠劾各地官员的不法行为。覆盖中央和地方的监察制度随即成为国家制度体系中不可分割的组成部分。秦汉以后，中央建立统一的监察机关，统筹全国的监察事宜；地方设刺史、观察使、按察使等专官，负责一定区域内的绳愆纠谬；基于督导各级官吏恪尽职守、保持吏治清廉、维护民生安稳以及发挥监察震慑力的需要，中央也定期或不定期地派遣监察御史等巡视地方。为便于监察官员奉公守法，依法监督，历代还陆续制定并颁布专门性的监察法规，如汉《刺史六条》、唐《监察六法》、明《宪纲》、清《钦定台规》。为了严防灯下黑，杜绝监察机关内部发生腐败现象，历代也实行互察之法，要求监察官员相互之间就不法问题予以纠劾。

此外，为了提升官员的法律素养，历代均不同程度强调官吏法律知识的培养。尤其是明清两代，律典中均规定了"讲读律令"条，要求百司官吏务要熟读国家律令，讲明律意，剖决事务。将官吏讲读律令情况，纳入监察考核的范围。官吏对法律的熟悉，有助于提升其公正断案的本领，民间对包拯、海瑞等刚正不阿、秉公执法的"青天"的传颂，除了对其人格、风骨方面的肯定，更多的是因为这些"青天"能够依法审判，伸张正义，惩恶扬善，符合百姓对"良法"的期待。

（四）中华法系良法善治资源的创造性转化

中华法系良法善治的传统文化资源，不仅有着丰富的内涵和持久影响力，也为红色法治文化的发展和今天的法治建设提供了宝贵的法文化支持。

1. 重视优秀传统文化传承创新是法治进步的重要动力

中华法系的发展轨迹表明，中国古代历史经历了一个因革损益、继往开来的过程。历史上的著名盛世，无一不是在充分吸收前人治国理政经验、总结法败国乱教训、结合新的时代需要的基础上进行大胆改革而产生的。中国历史上治国理政的优秀文化，同样是中国共产党建设红色政权的动力源泉之一。1938年，毛泽东在党的六届六中全会报告中指出："今天的中国是历史的中国的一个发展；我们是马克思主义的历史主义者，我们不应当割断历史。从孔夫子到孙中山，我们应当给以总结，承继这一份珍贵的遗产。"[①]"为人民服务"和"群众路线"，是中国共产党长期坚持的根本宗旨和工作路线，这同中华法系"民惟邦本，本固邦宁"等思想是一脉相承的。延安时期，中国共产党充分运用政策、法律、道德等手段，瞄准亟须解决的社会问题，破解阻碍革命进程和人民安定的现实因素，经过多年综合治理，取得了突出成效。1940年2月1日，毛泽东在延安民众大会的演讲中颇为自豪地说："这里（延安）一没有贪官污吏，二没有土豪劣绅，三没有赌博，四没有娼妓，五没有小老婆，六没有叫化子，七没有结党营私之徒，八没有萎靡不振之气，九没有人吃摩擦饭，十没有人发国难财。"[②]"十个没有"反映出陕甘宁边区政治清明、社会进步、人民安居乐业的良好风气，是党贯彻群众路线、领导法制建设和社会治理成效经验的集中体现。

在红色法治的探索进程中，党高度重视重大案件的审理，尤其重视有效的裁判对干部素养的塑造。延安时期的黄克功案轰动一时，陕甘宁边区高等法院在案件事实清楚、证据确实充分的基础上，对有革命功绩的黄克功判处死刑，意味着特权和以功抵罪观念被废除，法律面前人人平等观念已经建立，这是革命法治走向成熟的体现。在中国共产党局部执政的特殊背景下，此案蕴含了治党务必从严的理念，体现了民主法治和保障人权的精神。此

---

① 《毛泽东选集》第2卷，人民出版社，1991，第533页。
② 《毛泽东选集》第2卷，人民出版社，1991，第718页。

后，党的各级干部均以自觉遵循党的政策、厉行红色政权的法律政令为风尚。同时，红色政权的司法以"人民性"为本色，贴近群众，程序简便，重视情理法相融合，追求政治效果、法律效果和社会效果相统一。著名的"马锡五审判方式"，就是人民司法的最佳诠释。马锡五被广大群众誉为"马青天"，他的工作作风也受到党中央的高度认可。1944年3月5日，毛泽东在中共中央政治局会议上所作的《关于路线学习、工作作风和时局问题》讲话中指出："我们的机关中有些首长还不如群众，如马专员会审官司，老百姓说他是'青天'。"又说："我们要建立好的作风，就是要放下架子，打开脑筋多想问题。"[①]这就说明，红色政权的"青天"，是深入群众的、拥有革命信仰的，这是对传统社会"青天"文化的继承与超越。

2. 以基层社会治理法治化助推社会主义良法善治

法治是国家治理体系和治理能力的重要依托，在国家治理现代化进程中具有固根本、稳预期、利长远的重要作用。社会治理是国家治理的重要内容，在法治轨道上推进社会治理创新，有助于最大限度凝聚社会共识，凸显制度优势，发挥治理效能，为有效应对重大挑战、抵御重大风险、克服重大阻力、解决重大矛盾提供坚强保障。2021年2月19日，中央全面深化改革委员会第十八次会议召开。会议强调，法治建设既要抓末端、治已病，更要抓前端、治未病。要坚持和发展新时代"枫桥经验"，把非诉讼纠纷解决机制挺在前面，推动更多法治力量向引导和疏导端用力，加强矛盾纠纷源头预防、前端化解、关口把控，完善预防性法律制度，从源头上减少诉讼增量。在全面贯彻新发展理念、着力构建新发展格局的今天，大力提升新时代社会治理法治化水平，将裨益于人民安居乐业和社会和谐稳定，为新发展阶段注入法

---

① 《毛泽东文集》第3卷，人民出版社，1996，第97—98页。

治力量。

第一，坚持不断满足人民对美好生活的向往，运用法治思维和法治方式维护人民合法权益。最广大人民群众的根本利益是新时代社会治理的根本坐标，社会治理创新要从人民群众最关心、最直接、最现实的利益问题入手。我们党很早就形成了依法化解矛盾纠纷、使法治工作全心全意为人民服务的优良传统。如延安时期所形成的马锡五审判方式，就因重视一切从实际出发、重证据不轻信口供、依靠群众说理说法、实行审判与调解相结合、实行简便利民的诉讼手续、在审判工作中执行利民的方针等得到中央的高度评价和群众的广泛拥护，这一贴近生活、深入民心的审判方式，是人民司法工作经验总结和优良传统的集中体现，既反映出党领导下政法干部忠于职守、严格依法办事的精神风貌，也凸显出政法工作为了人民、依靠人民、造福人民、保护人民的初衷。

实践表明，有法必依、公正司法、严格执法得到认真贯彻的时候，司法公信力就越强，人民群众对法治事业的信心和认可度就越高。目前，人民群众对民主、法治、公平、正义、安全、环境等方面的要求日益增长，在社会治理中，要紧紧围绕法治领域人民群众反映强烈的突出问题，运用法治思维精准施策，依靠法治方式有的放矢，弘扬人民司法优良传统，传承红色法治文化，积极回应人民群众新要求、新期待，努力让人民群众在每一个法律规定、每一个执法决定、每一起案件处理中都能感受到公平正义，不断增强人民群众的获得感、幸福感、安全感。

第二，坚持和发展新时代"枫桥经验"，完善社会矛盾纠纷多元预防调处化解综合机制。基层安，天下安。基层是社会和谐稳定的基础。新时代"枫桥经验"被誉为基层社会治理的典范，其一大特色在于在党的领导下实现自治、法治、德治的相互融合，尤其是将法治纳入社会矛盾纠纷调处化解的过程中，通过法治来平衡社会利益、弥合社会矛盾、实现社会公平正义，真正发挥法治的保障作用，确保社会既安定有序又充满生机活力。

完善社会矛盾纠纷多元预防调处化解综合机制，是社会治理法治化的重要环节。既要在法治工作中贯彻党的群众路线，充分调动党员、干部的积极性和自觉性，尊重人民群众的自主性和创造性，将自上而下的问题排查与自下而上的问题反映结合起来，畅通群众合法诉求的表达渠道，丰富社会矛盾纠纷化解的法治路径，规范矛盾纠纷调处化解工作，把矛盾解决在萌芽状态、化解在基层，切实做到标本兼治；同时，也要不断加强制度建设与机制创新，准确适用《民法典》等法律规范，认真做好符合基层社会治理实际的村规民约、社区公约、行业章程等社会规范的制定、修订和实施工作，积极推进调解、仲裁、行政裁决、行政复议、诉讼等解纷方式相互衔接联动，形成有法可依、功能互补、程序衔接的矛盾纠纷化解体系，进而凝聚调解合力，呼应社情民意，依法定分止争，使群众关心的问题得到合情合理合法的解决。

第三，坚持深化改革和务实创新，推动高质量发展、创造高品质生活、实现高效能治理。改革与法治相辅相成、相伴而生，而务实创新则是中国特色社会主义法治体系和共建共治共享的社会治理制度日渐完善的坚定支撑。社会治理法治化，离不开在法治轨道上推进社会治理各项制度机制的有序改革和有效创新。越是深化改革，越是创新发展，越要具备法治思维、法治意识。针对经济社会迅速发展在社会治理领域所带来的深刻变化，要在具体行为中体现法治限制权力、保障权利的核心要义和有法可依、有法必依、执法必严、违法必究的基本要求。

一方面，要树立问题导向、实践导向和效果导向，在社会治理法治化过程中准确识变、科学应变、主动求变，善于运用改革方法发挥制度优势、防范风险挑战、释放治理效能。注意发现得到干部群众普遍支持的社会治理好经验、好做法，及时将其纳入制度机制建设，使改革成果利于人民、服务人民。另一方面，要以负责任的态度和契合社会生活发展实际的制度设计、具体举措，积极倡导在法治框架下的务实创新，实现社会治理的"真创新"，杜绝"为创新而创新"的"假创新"。将社会治理和多元解纷的制度优势转化为趋利避害、造福人民的治理效能，夯实基层社会治理基础，完善党委领导、政府负责、民主协商、社会协同、公众参与、法治保障、科技支撑的社会治理体系，建设人人有责、人人尽责、人人享有的社会治理共同体，为保障人民权益、保持社会稳定、维护国家安全奠定坚实根基。

综上所述，马克思说："人们自己创造自己的历史，但是他们并不是随心所欲地创造，并不是在他们自己选定的条件下创造，而是在直接碰到的、既定的、从过去承继下来的条件下创造。"[1]良法善治是古今法治建设的共同价值追求，在不同时代具有不同的内涵和制度支持。中华法系良法善治的优秀文化资源，显示出古圣先贤制定良法、促进善治的理想、信心和对法治秩序的理性心态。以良法促善治的历程中所结出的法律思想、法律典籍、法律制度方面的硕果，是中华民族共同的政治法律智慧的结晶。研究中华法系的良法善治追求，重在去芜存菁，继承优秀内容，使之创造性转化、创新性发展，更好地为中华法治文明的延续与更新而服务。中国共产党是中华优秀传统法律文化的继承者、创新者，党领导下的基层社会治理，也在传承优秀文化资源、创造新的文明成果的进程中谱写着现代化的新篇。因而，社会治理现代化必然是有着深厚中华文化底蕴、鲜明时代特色和治理实践智慧的现代化，也必然为实现社会主义良法善治做出更大贡献。

---

[1] [德]马克思：《路易·波拿巴的雾月十八日》，载《马克思恩格斯选集》第1卷，人民出版社，1995，第585页。

二、中华法系的基层社会治理经验①

作为大一统的多民族中央集权制国家，中国基层治理的历史传统为当代提供了诸多经验和借鉴。因俗而治、因地而治、因时而治，体现了治理有效性的目标追求。中华法系长期形成的基层社会治理经验的创造性转化和创新性发展，成为基层社会治理现代化的文化濡养。中华法系在推动国家治理和基层治理中，主要从理念与制度两大方面发挥作用，具体包括：

（一）"民惟邦本，本固邦宁"的民本思想

"民惟邦本，本固邦宁"是贯穿中华五千年文明演进历程中的一条颠扑不破的历史规律。民是国家最基本的构成元素，不仅承担着各式各样的生产活动，为国家提供各项赋税钱粮，也是广大官吏群体和军队征兵的主要来源，是实现国家治理、社稷安稳的根本力量。历代著名的思想家、政治家莫不以巩固民本为治国理政之要务，并不断阐发、充实民本思想。

早在先秦时期，古人就从国家治理的实践经验中总结出"民可近，不可下，民惟邦本，本固邦宁"的执政观念，并以"皇祖有训"的形式赋予其至高无上的权威。②皋陶将"好生之德，洽于民心"作为司法的出发点，由此确立了"罚弗及嗣""宥过无大，刑故无小""罪疑惟轻""与其杀不辜，宁失不经"等矜恤民命的司法原则，③并提出统治者执政的要略在于"知人"和"安

---

① 本部分系笔者与仝孟玥硕士合作完成。
② 《尚书·五子之歌》。
③ 《尚书·大禹谟》。

民",尤其是"安民则惠,黎民怀之"①。他还将天意和民心联系起来,提出"天聪明,自我民聪明;天明畏,自我民明威"②,借以告诫统治者要重民爱民。周初,周公在总结商王教训时指出,商纣王以"吾有民有命"自欺,不以百姓死活、万家安乐为念,终致亡国,因此,周公悟出"天矜于民,民之所欲,天必从之","天视自我民视,天听自我民听"③的道理,提倡重视民意、以民为本的治国之道。同时指出"人无于水监,当于民监"④,劝诫统治者要经常以民意来反思执政的得失。周朝末年的老子面对动乱纷争的局势,也呼吁"圣人无常心,以百姓心为心",只有赢得民心,方能行上德、成圣贤。

儒家更从理论上对民本思想进行深入阐述。孔子将"养民也惠""使民也义"⑤视为君子之道,将"民、食、丧、祭"一同视为治国要务⑥,并主张以务实的态度对待民生问题,他在回答樊迟问知时说"务民之义,敬鬼神而远之,可谓知矣"⑦,在子贡问政时提出"足食,足兵,民信之矣"⑧。孟子在反省夏商覆亡的教训时指明"桀、纣之失天下也,失其民也,失其民者,失其心也",以此提出治国重在得民,所谓:"得天下有道:得其民,斯得天下矣。得其民有道:得其心,斯得民矣。"⑨进而他主张统治者务必爱民富民,使民有恒产和恒心,这也是王霸的根本,"衣帛食肉,黎民不饥不寒,然而不王者,未之有也"⑩,同时提出了一个震古烁今的经典命题,即在处理国家、

---

①《尚书·皋陶谟》。
②《尚书·皋陶谟》。
③《尚书·泰誓》。
④《尚书·酒诰》。
⑤《论语·公冶长》。
⑥《论语·尧曰》。
⑦《论语·雍也》。
⑧《论语·颜渊》。
⑨《孟子·离娄上》。
⑩《孟子·梁惠王上》。

人民和统治者的关系时，应注意"民为贵，社稷次之，君为轻"①。朱熹为这一命题作注时解释道："国以民为本，社稷亦为民而立。"②继孔孟之后的荀子将得民力、得民死、得民誉视为国家存在的基础，如果得不到百姓的支持、现身和赞誉，"天下去之"就不可避免。③他还将统治者与人民的关系进一步比拟为舟与水的关系，提出"君者，舟也，庶人者，水也；水则载舟，水则覆舟"④。

早期法家虽然在论述上与儒家有所差别，但其根本是一致的，仍是重民、教民、富民、取信于民。管仲强调："政之所兴，在顺民心；政之所废，在逆民心。"⑤为了教化民众，管仲还给出了简明扼要的道德标准，即礼义廉耻，他将这四者视为"国之四维"，认为"四维不张，国乃灭亡"⑥。管子同时给出了包括较为系统的重民方针："授有德，则国安；务五谷，则食足；养桑麻、育六畜，则民富；令顺民心，则威令行；使民各为其所长，则用备；严刑罚，则民远邪；信庆赏，则民轻难；量民力，则事无不成；不强民以其所恶，则诈伪不生；不偷取一世，则民无怨心；不欺其民，则下亲其上。"⑦后期法家虽主张使民，但亦不乏重民思想。商鞅说："法者，所以爱民也。"⑧慎到称："法非从天下，非从地出，发于人间，合乎人心而已。"⑨韩非认为，统治者有道与无道的标志在于是否能够做到"外无怨仇于邻敌，而内有德泽于

---

①《孟子·尽心下》。
②《四书集注·孟子集注》。
③《荀子·王霸》。
④《荀子·王制》。
⑤《管子·牧民》。
⑥《管子·牧民》。
⑦《管子·牧民》。
⑧《商君书·更法》。
⑨《慎子·逸文》。

人民"①。

汉以后，历代明君无不奉行民本思想。如唐太宗李世民总结"为君之道"时称："为君之道，必须先存百姓，若损百姓以奉其身，犹割股以啖腹，腹饱而身毙。"②并以自己的亲身经历告诫太子的师傅须多讲授民生之事："卿等辅导太子，常须为说百姓间利害事。朕年十八，犹在人间，百姓艰难，无不谙练。"③他还教诲臣下，务要不慕奢华，爱惜民力，"劳弊之事，诚不可施于百姓"④。为了维护百姓的利益，避免政策扰民乱民，他表示："朕每日坐朝，欲出一言，即思此一言于百姓有利益否，所以不敢多言。"⑤在洞察隋末不恤百姓而至覆亡的根源时，他对侍臣阐述矜恤百姓之道："隋开皇十四年大旱，人多饥乏。是时仓库盈溢，竟不许赈给，乃令百姓逐粮。隋文不怜百姓而惜仓库，比至末年，计天下储积，得供五六十年。炀帝恃此富饶，所以奢华无道，遂致灭亡。炀帝失国，亦此之由。凡理国者，务积于人，不在盈其仓库。古人云：'百姓不足，君孰与足。'但使仓库可备凶年，此外何烦储蓄！"⑥

明太祖朱元璋登基后，告谕百官，民为国家之本，政权初建，一定要休养生息，安抚百姓，"天下初定，百姓财力俱困，譬犹初飞之鸟，不可拔其羽；新植之木，不可摇其根，要在安养生息之"⑦；"国以民为本，民以食为天，此有国家者，所以厚民生而重民命也"⑧。洪武二十二年（1389），朱元

---

① 《韩非子·解老》。
② 《贞观政要·君道》。
③ 《贞观政要·教诫太子诸王》。
④ 《贞观政要·俭约》。
⑤ 《贞观政要·慎言语》。
⑥ 《贞观政要·辨兴亡》。
⑦ 《明太宗实录》卷二十九，洪武元年正月辛丑。
⑧ 《明太宗实录》卷七十六，洪武五年十月丁酉。

璋鉴于两浙民多而地少，令无地百姓至淮河一带开垦耕地，同时每户发放钞三十锭，免去三年赋役。在实行一年之后，听闻地方官奏报"今岁丰足，民受其利"，朱元璋再次强调："国家欲使百姓衣食足给，不过因其利而利之，然在处置得宜，毋使有司侵扰之也。"①由于发迹于底层，遍睹官吏苛暴、民生艰辛，朱元璋特意告诫百官多施重民、爱民之道，争做"为民造福""竭忠守分"的贤吏，而不做"坐视患民，酷害无端"的"不才"，还将恶吏害民的斑斑劣迹载入《大诰》，使各级官吏知所畏惧。如陕西地方官不仅科敛百姓，而且催逼百姓冒着凛冽寒风，翻山越岭，供给军需，致使百姓"堕指裂肤"，举步维艰，"苦不胜言"，朱元璋闻悉后痛斥为"害民无厌、恬不为畏"，何曾"轸念于民？"②。为了保护民众，朱元璋允许善良百姓可以依《大诰》将害民之恶吏、恶人擒拿赴京治罪，"一则受赏，二则立良民之名于一郡，使有司畏惧，不敢轻易虐害而频科抑，且去同恶相济之声"③，极大地促进了民众参与监督的热情。

（二）德法互补、共同为治的治国要略

基于对国家治理经验的总结和人性政情的深刻认识，中国古代形成了德法互补、共同为治的治国要略。在无数次治国理政与生产生活的实践中，无数次抵御外侮和自然灾害的斗争中，中国古代的统治者、思想家逐渐认识到道德与法律的重要意义。以德为治，既能提高统治者的人文素养和爱民观念，使之在做出任何关乎国计民生的决策时，都能从固本安民、矜恤贫弱、

---

① 《明太宗实录》卷一百九十六，洪武二十二年四月己亥。
② 《御制大诰·陕西有司科敛第九》，见杨一凡著《明〈大诰〉研究》附录一《明〈大诰〉点校本》，社会科学文献出版社，2016，第160页。
③ 《御制大诰三编·违诰纵恶第六》，见杨一凡著《明〈大诰〉研究》附录一《明〈大诰〉点校本》，社会科学文献出版社，2016，第280页。

爱惜民力的社会需要出发，减少政策的失误以及对百姓的侵扰；也有助于提升中华民族的整体精神风貌，使上至庙堂之高，下至江湖之远，皆能呈现出一片守望相助、诚信友善、团结有为、文明礼貌的德治景象，人心趋善去恶，风俗扬清弃浊，从而使中华民族焕发出崇德向善的勃勃生机。以法为治，既能促使国家治理与百姓生活有规可循、有法可依，使统治者在议定政策、执行政务时知所畏避，不能滥用权力，任凭个人喜好而违法行事；也能使司法官员在处理具体案件时不得任意轻重，舞权弄法，造成当事人权益的二次损害和司法公信力的极大损伤；还能使广大百姓在处理日常事务、面对纠纷时了解个人行为的边界，不得超出法律之外寻求损人利己的权利救济。而德法互补、共同为治方略从形成、发展到成熟，直至深深扎根于中华民族的文化土壤之中，同样经历了漫长的历史进程，其中既有不同流派的思想家的激烈交锋，也有统治者为适应不同时代需要和社会发展而进行的积极调整。

先秦诸子的百家争鸣尤其是其中的儒法交锋，为德法互补、共同为治奠定了有机融合的思想基础。在尧舜禹时期，德的治国之用日渐为统治者所重视，"克明俊德，以亲九族"[1]，"德惟善政，政在养民"[2]，"允迪厥德，谟明弼谐"[3]等都是唐尧、虞舜、皋陶等著名政治家从治国安邦的方方面面中得出的经典的为政之道。周人认为失德便失去天命，有德便天安民治，夏商之亡的根本原因正在于统治者"惟不敬厥德，乃早坠其命"[4]，因而提出以德配天、敬天保民、明德慎罚等全新的治国理念。深受周公影响的孔子及其开创的儒家学说，莫不奉德为治国之要。孔子提出，统治者必须具备道德素养，

---
[1]《尚书·尧典》。
[2]《尚书·大禹谟》。
[3]《尚书·皋陶谟》。
[4]《尚书·召诰》。

并施行德政，所谓"为政以德，譬如北辰。居其所而众星拱之"，并对明德慎罚的德法关系进一步阐释："道之以政，齐之以刑，民免而无耻；道之以德，齐之以礼，有耻且格。"①他还指出对待德法的态度以及对德的具备程度，是区分君子和小人的重要标志："君子怀德，小人怀土；君子怀刑，小人怀惠"②，"君子之德风，小人之德草，草上之风，必偃"③。孟子也认为统治者行德政是行王道以取信百姓的根本，他提出："以德行仁者王……以德服人者，中心悦而诚服也。"④在理性审视尧舜等明君的治理得失之后，孟子还论证了德法之间的辩证关系，即二者均为治国所不可或缺，仅凭德治难以保障仁政的长久，而仅凭法治也无以实现国家的善治。他指出："徒善不足以为政，徒法不能以自行。"⑤

法家面对大变动、大震荡、大转型的历史趋势，不再步周公明德慎罚的后尘，而是将以法为治提升到治国之道的首要位置。管仲认为，法与代表公平的度量衡器相类似，是调整社会秩序和治理国家的不二手段，他说："法律政令者，吏民规矩绳墨也。"⑥"虽圣人能生法，不能废法而治国。故虽有明智高行，倍法而治，是废规矩而正方圆也。"⑦同时指出，"君臣上下贵贱皆从法"⑧是确保法律效力的标准。为了打破法律烦琐复杂、不容易为百姓接受的窠臼，管仲主张"法简而易行，刑审而不犯"⑨。商鞅强调，国家治理不仅要制定并公布法律，还要在执法时公私分明，"立法明分，而不以私害法则

---

① 《论语·为政》。
② 《论语·里仁》。
③ 《论语·颜渊》。
④ 《孟子·公孙丑上》。
⑤ 《孟子·离娄上》。
⑥ 《管子·七主七臣》。
⑦ 《管子·法法》。
⑧ 《管子·法法》。
⑨ 《管子·桓公问》。

治"①，还提出无论贵贱一断于法的法治原则："刑无等级，自卿相将军以至大夫庶人，有不从王令、犯国禁、乱上制者，罪死不赦。"②慎到指出，法律是公平正义、光明正大的保证，"有法度者，不可巧以诈伪"③，法是治国之大道："民一于君，事断于法，是国之大道也。"④为了行法，不能因私害法，"法之功莫大于使私不行"，"私与法争，其乱甚于无法"⑤。韩非更从战国时期各诸侯国变法、执政的经验中总结出千古不朽的反映法治运行规律的著名论断："国无常强，无常弱。奉法者强，则国强；奉法者弱，则国弱。"⑥他认为，只有厉行法治，才能实现国富民强，建立不世功绩："故其治国也，正明法，陈严刑，将以救群生之乱，去天下之祸，使强不凌弱，众不暴寡，耆老得遂，幼孤得长，边境不侵，君臣相亲，父子相保，而无死亡系虏之患，此亦功之至厚者也。"⑦为了使法律始终与社会发展相适应，韩非主张："治民无常，唯治为法。法与时转则治，治与世宜则有功。"⑧

秦因以法为治而富国强兵，一统天下，结束了长达数百年的战乱和分裂，随即实现了全国治理，一切皆有法式，并焚书坑儒，施行严刑峻法，将片面的法治推向了极端。短短数年之间，竟出现"天下敖然若焦热，倾然若苦烈，上下不相宁，吏民不相僇"⑨的紧张局面和"刑者相半于道，而死人日成积于市"⑩"赭衣塞路，囹圄成市"⑪的人间惨象。于是四方百姓揭竿而

---

① 《商君书·修权》。
② 《商君书·壹刑》。
③ 《慎子·逸文》。
④ 《慎子·逸文》。
⑤ 《慎子·逸文》。
⑥ 《韩非子·有度》。
⑦ 《韩非子·奸劫弑臣》。
⑧ 《韩非子·心度》。
⑨ 《淮南子》卷一五《兵略训》。
⑩ 《史记》卷八七《李斯列传》。
⑪ 《汉书》卷二三《刑法志》。

起，秦王朝不旋踵而亡。实践证明，只任法而不任德，只会将法推向它的反面。因此，汉武帝时，大儒董仲舒提倡儒法糅合的新的治国方略，即德主刑辅。德主刑辅集各家之所长，实现了"正法度之宜"与"以教化为大务"①的法家、儒家治国之道的统一，相较于明德慎罚，突出了德的主导地位，同时又承认法的治世功能。这也与汉初的政治形势以及皇帝推行的综合治国的策略相契合，正如汉宣帝所言："汉家自有制度，本以霸王道而杂之。"②此后，无论是《唐律疏议》申明的"德礼为政教之本，刑罚为政教之用"③，还是明太祖朱元璋提出的"明刑弼教"，均属于德法互补、共同为治思想的深化和发展。对于德法及其互补、共治对国家治理的影响，大儒朱熹分析得尤其透彻："愚谓政者，为治之具；刑者，辅治之法；德礼则所以出治之本，而德又礼之本也。此其相为始终。虽不可以偏废，然政刑能使民远罪而已，德礼之效，则有以使民日迁善而不自知。故治民者不可徒恃其末，又当深探其本也。"④

（三）安民化民的基层社会治理制度

中国古代国家治理的重心一在治吏，一在安民。历代为治理百姓而精心探索形成的基层社会治理制度及其展现的实现民众安居乐业、明德守法、团结互助、爱国友善等治理目标，同样是优秀传统文化和治国理政经验的重要内容。

首先，强化基层组织建设，鼓励老人等乡村贤达辅助基层治理。周朝地方基层出现了乡遂之制，以乡大夫、遂大夫为长官，负责一定区域的政令实

---

① 《汉书》卷五六《董仲舒传》。
② 《汉书》卷九《元帝纪》。
③ 《唐律疏议·名例》。
④ [宋]朱熹：《论语集注》。

施。战国时期县下设乡，乡师等负责"顺州里，定廛宅，养六畜，闲树艺，劝教化，趋孝弟，以时顺修，使百姓顺命，安乐处乡"①。秦汉在基层设立乡里组织，虽不属于行政职务但执掌教化的三老成为基层治理的力量之一。隋唐乡里制度进一步发展，出现按城区、郊区和乡村分别编组的组织建设，城区设邻、保、坊，郊区设邻、保、村，乡村设邻、保、里、乡，邻有邻长，保有保长，坊、村、里有坊正、村正、里正，乡有耆老。明清相继实行里甲和保甲制度，如洪武十四年（1381），"诏天下编赋役黄册，以一百十户为一里，推丁粮多者十户为长，余百户为十甲，甲凡十人。岁役里长一人，甲首一人，董一里一甲之事。先后以丁粮多寡为序，凡十年一周，曰排年。在城曰坊，近城曰厢，乡都曰里。里编为册，册首总为一图"②。基层组织设置不仅编为图册，对乡里保甲长也有明确的任职标准。如清代奉行"以士大夫治其乡"③的原则，选拔"识字及有身家之人"④担任，并对年龄、健康、德行等状况提出要求："乡长取乎年高有德而素行服人者充之，保长取乎年力精健才遒迈众者充之。""里长择殷实老成有子弟者充之。"⑤

除了公选的乡长、保长等，官员致仕之后回归乡里，往往会在修筑农田水利、道路桥梁、乡村教育、灾情救济、贫弱扶持等方面继续发挥作用，成为基层治理的得力辅助。此外，在广大基层，以德高望重且生产生活经验丰富的老人为代表的乡村贤达也是备受朝廷重视的基层治理的参与群体。

明代尤其重视发挥老人参与治理的作用。朱元璋在统一全国的过程中，经常每克一城，便召集当地的官吏和老人陈述起兵的原因和安民政策，希望

---

① 《荀子·王制》。
② 《明史》卷七十七《食货志一》。
③ 《清朝文献通考》卷二一《职役考》。
④ 《清朝文献通考》卷二四《职役考》。
⑤ 〔清〕黄六鸿：《福惠全书》卷二十一《保甲部·选保甲长》。

官吏及老人向百姓宣传政策并带头实施，至正十六年（1356），朱元璋攻占集庆（今南京），向父老等宣布："元失其政，所在纷扰，兵戈并起，生民涂炭，汝等处危城之中，朝夕惴惴不能自保，吾率众至此，为民除乱耳，汝宜各安职业，毋怀疑惧。"①洪武二十七年（1394），明太祖朱元璋鉴于地方百姓常因小事而动辄提起诉讼，甚至越诉至京师，经司法官员受理查明多系不实之诉，因而，赋予乡里老人一定的诉讼审理权，要求各地选择"公正可任事"的"民间高年老人"，允许老人受理乡里发生的"户婚、田宅、斗殴"即民事纠纷和轻微刑事案件，与里胥一同解决；如系重案，方准百姓向官府起诉。②洪武三十年（1397），朱元璋更赋予老人广泛的治理权：一是老人每月分六次手持木铎，向百姓宣传"孝顺父母，尊敬长上，和睦乡里，教训子孙，各安生理，毋作非为"等行为规范；二是每逢农种时节，老人在村中击鼓，清晨召集百姓下地耕作，对懒惰散漫者，"老人督责之"，而老人如不尽心，由官府加以惩罚；三是老人须带头协调百姓，对本地发生的"婚姻死丧吉凶等事"，相互帮助办理，"不限贫富，随其力以资助之"，务使乡里"人相亲爱，风俗厚矣"③。

其次，实行增强百姓守法观念的普法宣传。自周朝起，朝廷设立专官负责普法，《周礼·秋官·大司寇》载，每年正月，官员在邦国、都鄙等地悬法象魏，持续十天时间，"使万民观刑象"，即把国家的法令悬挂在阙楼上让百姓了解。为了使四方百姓皆能知晓朝廷的刑罚政策与相关法令，另设布宪等官奔赴各地进行法律宣传。按《周礼·秋官·布宪》，"布宪掌宪邦之刑禁。正月之吉，执旌节以宣布于四方。而宪邦之刑禁，以诘四方邦国，及其都

---

① 《明太宗实录》卷四，丙申岁三月庚寅。
② 《明太祖实录》卷二百二十三，洪武二十七年四月壬午。
③ 《明太祖实录》卷二百五十五，洪武三十年九月辛亥。

鄙,达于四海"。虽然这一时期的法律尚显粗疏,许多还停留在习惯法和个案阶段,但足以说明数千年前,中国古代的统治者已经注意给基层百姓宣传法律,以培养其敬法、守法的意识,维护基层社会的安定有序。春秋战国时期,不仅出现了公布成文法的活动,而且向百姓普及法律成为法家的一大主张。法家认为,"法莫如显,编著之图籍,设之于官府,而布之于百姓者也"①,法是赏罚的依据,虽由朝廷编制,官府执行,而境内百姓若不能遍晓,便不可称之为名副其实的法。商鞅变法时,所颁法令更深入人心,大小官民一律熟知,所谓"妇人婴儿皆言商君之法"②。商鞅更将法视为官民各守其分的标准,认为百姓知法,可以避免官吏的侵扰,"吏不敢以非法遇民";与此同时,百姓也知道法定的规避事项,轻易不敢违法乱纪,或滥起讼端,"民不敢犯法以干法官"③。

秦汉以后,历代宣传法律的方式不断丰富。秦朝末年,刘邦进入关中之后,与父老"约法三章",申明"杀人者死,伤人及盗抵罪",其余苛法一概停止实施。约法三章是符合百姓需求的、第一次由统治者与基层百姓直接商定的良法,一方面是在乱世之中重建法制的开始,是重整政治法律秩序与保护百姓生命财产安全的政治宣言,另一方面也为官吏的执法、百姓的守法提供了法律依据,使社会治安、生产活动有了法律保障,从而广泛赢得了百姓的拥护和支持。约法三章实施之后,确实使底层百姓得到实惠,一时间,秦人大喜,将牛羊酒食争相端赴汉军面前,"惟恐沛公不为秦王"④。隋末,李渊在攻入京城长安的当天,再次重演"约法三章",与百姓"约法十二条,惟

---

① 《韩非子·难三》。
② 《战国策·秦策一》。
③ 《商君书·定分》。
④ 《史记》卷八《汉高祖本纪》。

杀人、劫盗、背军、叛逆者死"①，重心仍是打击严重危害百姓生命安全和生活秩序的行为。明清两代，为促使百姓知法、守法，在《大明律》《大清律例》"讲读律令"条中均规定了百姓如能熟读、讲解律文并通晓律意，可以在过失犯罪以及因他人犯罪而牵连入案时，无分轻重，免除一次刑罚。这些举措持续增进基层百姓的守法观念，有益于基层治理的依法开展和民生经济的稳定发展。

再次，推行提升百姓素养的道德教化。中国古代素有重视道德教化的治理传统，先前诸子虽然主张不一，但在使百姓具备一定的道德素养的认识上有广泛的共识。儒家提倡以德化民，法家也主张礼义廉耻为国之四维。因而，正人心、励风俗的道德教化贯穿于国家治理的各个层面，历代对基层百姓道德素养的提升也采取了一系列措施。如明太祖朱元璋为布衣起家，对底层民众的生活习惯、文化素质、社会习性等有深刻了解，洪武三十一年（1398），朱元璋亲自颁行《教民榜文》，张贴在各地的申明亭中，令乡里周知，其中既有对里甲、老人管理、教化百姓权力的授予，也有对其出现违法害民之举时的严惩，尤其强调品行恶劣、擅作威福、奸猾虐民之辈不得进入里甲、老人的推荐人选内，使百姓对善恶是非的感触更为直接和透彻。清代沿袭了明代通过道德宣传以化民成俗的做法，进一步要求乡约等每月朔望日定期宣讲顺治十六年《六谕文》、康熙九年《圣谕十六条》、雍正二年《圣谕广训》等皇帝专门针对基层百姓教化事宜而颁发的圣谕。嘉庆皇帝还将雍正二年制定的《圣谕广训》誉为"本天理人情之极"，提高到可与《大清会典》相媲美的"大经大法"的前所未有的高度。直至清末，朝廷还多次下令地方对《圣谕广训》的宣讲要"认真举办"②。

---

① 《旧唐书》卷五《刑法志》。
② 《钦定台规》卷二十《五城二·条教》。

最后，认可乡规民约的制定与实施，作为国家制定法的重要补充和基层社会治理的规范依据。由于国家的礼令典章难以为百姓所遍睹，而基层治理又需要简明扼要而清晰稳定的规范保障其秩序井然，因而，中国古代很早就有民间尝试制定乡规民约的实践。至北宋时期，关中蓝田出现了以"德业相劝，过失相规，礼俗相交，患难相恤"为主旨的《吕氏乡约》，这是现存的首部较为系统的乡规民约。《吕氏乡约》对基层治理制度的完善意义深远：一是实现了基层百姓制定规范的自主，与官府强制或主导的法令形成鲜明对比，使民间自治成为可能；二是采取成文的形式，避免了以往民间虽有约定俗成、口耳相传的习惯，却容易造成肆意解释、有碍适用的弊端；三是名为"乡约"，仅仅着眼于乡里，而非国家县以上的各个行政区域，适用的范围、规定的内容、赏罚的标准紧贴百姓的生活实际，具有很强的操作性和可行性；四是突出自治、自愿、自觉，乡约的遵守完全根据百姓的选择，来去自如，绝不勉强，负责乡约执行的约正也由百姓公推，一月一更，遇到复杂难解之事，召集百姓共同商议，每月也定期举行聚会，使乡人相亲，淳厚风俗。此后，乡规民约层出不穷，著名的有南宋朱熹撰写的《增损吕氏乡约》、明代王阳明撰写的《南赣乡约》等，对当时的基层治理都产生了积极影响。

综上所述，基层治理是国家治理体系的重要一环，基层社会的有序治理是维护社会稳定、实现人民民主、增进社会活力、推动社会转型并促进国家治理体系结构不断优化的重要基础。党的十九大和十九届四中全会均对坚持和完善共建共治共享的社会治理制度做出具体部署。2020年中央一号文件提出："坚持县乡村联动，推动社会治理和服务重心向基层下移，把更多资源下沉到乡镇和村，提高乡村治理效能。……行政村是基本治理单元，要强化自我管理、自我服务、自我教育、自我监督，健全基层民主制度，完善村规民约，推进村民自治制度化、规范化、程序化。扎实开展自治、法治、德治相结合的乡村治理体系建设试点示范,推广乡村治理创新性典型案例经验。注重发挥家庭家教家风在乡村治理中的重要作用。""坚持和发展新时代'枫桥经验',进一步加强人民调解工作,做到小事不出村、大事不出乡、矛盾不上交。"①文件对健全乡村治理工作体系和调处化解乡村矛盾纠纷的强调,都旨在细化和加强基层治理,进而推进共建共治共享的社会治理制度的建设。而这些实践,在对基层治理的重视、多元治理主体的凸显、民间规范的认同、多种治理方式的融会贯通并灵活使用等方面,与数千年来华夏大地上产生的基层治理都存在着共通之处。

2021年4月28日,《中共中央 国务院关于加强基层治理体系和治理能力现代化建设的意见》发布,这是推进新时代基层治理现代化建设的纲领性文件。共分为3个板块7个部分:第一板块由导语和第一部分构成,阐述加强基层治理体系和治理能力现代化建设的指导思想、基本原则和主要目标。第二板块由第二至第六部分构成,分别阐述加强基层治理体系和治理能力现代化建设的重点任务。第二部分是完善党全面领导基层治理制度;第三部分是加强基层政权治理能力建设;第四部分是健全基层群众自治制度;第五部分是推进基层法治和德治建设;第六部分是加强基层智慧治理能力建设。第三板块由第七部分构成,突出党中央关于解决形式主义等突出问题为基层减负的部署,阐述加强党对基层治理体系和治理能力现代化建设领导的有关要求。《意见》的印发实施,对于加强党对基层治理的全面领导,构建党的领导、人民当家作主和依法治理有机统一的基层治理体制机制,提高基层治理社会化、法治化、智能化、专业化水平,增强人民群众获得感、幸福感、安全

---

① 《关于抓好"三农"领域重点工作确保如期实现全面小康的意见》(2020年中央一号文件),见中华人民共和国农村农业部官网,http://www.moa.gov.cn/ztzl/jj2020zyyhwj/2020zyyhwj/202002/t20200207_6336685.htm。

感,夯实党长期执政和国家长治久安的基层基础,巩固和发扬中国特色社会主义基层治理制度优势,具有重要意义。《意见》明确指出:增强乡镇(街道)平安建设能力。坚持和发展新时代"枫桥经验",加强乡镇(街道)综治中心规范化建设,发挥其整合社会治理资源、创新社会治理方式的平台作用。完善基层社会治安防控体系,健全防范涉黑涉恶长效机制。健全乡镇(街道)矛盾纠纷一站式、多元化解决机制和心理疏导服务机制。[1]

党的二十大报告进一步提出:完善社会治理体系。健全共建共治共享的社会治理制度,提升社会治理效能。在社会基层坚持和发展新时代"枫桥经验",完善正确处理新形势下人民内部矛盾机制,加强和改进人民信访工作,畅通和规范群众诉求表达、利益协调、权益保障通道,完善网格化管理、精细化服务、信息化支撑的基层治理平台,健全城乡社区治理体系,及时把矛盾纠纷化解在基层、化解在萌芽状态。加快推进市域社会治理现代化,提高市域社会治理能力。强化社会治安整体防控,推进扫黑除恶常态化,依法严惩群众反映强烈的各类违法犯罪活动。发展壮大群防群治力量,营造见义勇为社会氛围,建设人人有责、人人尽责、人人享有的社会治理共同体。[2]

中国古代长期维持着"皇权不下县"的国家管理与基层自治之间的二元格局,基层社会充分借助里老、乡贤以及乡规民约进行自我管理。朝廷的教化政策、法律政令也在与民间习惯及基层治理举措的融合中对每一位百姓产生影响,德治、法治与自治相结合的治理路径在基层成为不成文的制度惯例。为了适应基层民众生产生活实践的需要,里老、乡贤还广泛利用家训族

---

[1]《中共中央 国务院关于加强基层治理体系和治理能力现代化建设的意见》(2021年4月28日),见国务院官网,https://www.gov.cn/zhengce/2021-07/11/content_5624201.htm。
[2] 习近平:《高举中国特色社会主义伟大旗帜 为全面建设社会主义现代化国家而奋斗——在中国共产党第二十次全国代表大会上的报告(2022年10月16日)》,载《人民日报》2022年10月26日01版。

规、戏曲小说、民间故事等多种贴近民心的方式进行治理路径的创新。近代以来的乡村治理实践，尤其是新中国成立以来以自我管理、自我服务、自我教育、自我监督为核心的基层民主政治建设，以及彰显人民群众依靠自身力量调解息争、化解矛盾、促进社会和谐的"枫桥经验"等，都与传统的基层治理文化一脉相承。所以，中国古代基层治理制度建设的经验，在国家治理现代化中同样富有现实意义。但是，古代基层治理的主体里老、乡贤等毕竟是掌握一定知识并代表一定的阶层利益的少数群体，并未充分调动人民群众积极性、主动性、创造性，也无意于真正落实法治精神，并容易在道德衡量与秩序维护中牺牲或减损他人的利益。因此，传承中国古代的基层治理文化，仍需去芜存菁，充分发扬其中以人为本、德法共治、重视基层等民主性因素，为共建共治共享的现代基层社会治理新格局注入与时代潮流相适应的传统智慧。

三、乡贤调解：创新"枫桥经验"的传统文化资源

乡贤调解作为基层社会治理的传统文化资源，是存在于中华优秀传统文化特别是乡贤文化中跨越时空的矛盾化解方式。在当前加强和创新基层社会治理与法治建设及坚持"文化自信"的进程中，总结和借鉴乡贤调解的历史经验，对健全多元化的纠纷解决机制和实现基层社会治理的法治化建设大有裨益。近年来，随着"乡贤文化"的复兴，乡贤调解逐渐回归人们的视野，并成为有效化解矛盾纠纷的重要途径。在基层社会治理体系创新的实践探索中，诸暨市将支持和发展"新乡贤文化"纳入治理体系，使广大社区与农村地区的治理面貌焕然一新，尤其是乡贤调解的遍地开花，不仅让"新乡贤文化"的社会治理功能得到极大充实，也使多元化纠纷化解机制的内容进一步

丰富，并且推动了"枫桥经验"在新时期的与时俱进和发展完善。

（一）"枫桥经验"与中华优秀传统文化的传承

诞生于1963年的"枫桥经验"，经过60余年的时间检验和自我革新，内涵不断丰富，群众的支持率和参与度不断增加，成为一条成功的、从未间断的、永葆生机的、服务中国基层社会治理现实需求的、满足广大群众利益的成功经验。习近平总书记强调，"枫桥经验"意义重大，"依靠群众就地化解矛盾"，"并在发扬优良作风的同时适应时代要求不断赋予新的内涵"，是"全国政法综治战线的一面旗帜"。[①]"枫桥经验"也是与"马锡五审判方式"相媲美的坚持群众路线、从人民群众纠纷化解的生活需要中诞生、有着光荣的红色基因和社会主义法治文化传承的典型。

六十年间，"枫桥经验"的主要内容，实现了从"将'四类分子'改造成新人"到基层社会治理能力与体系现代化的历史性转变。现阶段的"枫桥经验"，包括坚持社会治安的综合治理、创建平安乡镇、重视调解工作、深入推进以"民主法治村建设，村民自治，新农村建设"为核心的基层民主法治建设等内容。中华优秀传统文化中被誉为"中国古代法制与法文化的哲学基础"的"人本主义"精神[②]和散发着文明与理性之光的"尚和"观念，不仅体现在"枫桥经验"产生之初对改造对象的帮助教育和对民间纠纷的调解工作中，也贯穿于其后的各个时期，极大地促进基层社会治理中人与人之间相互尊重、相互包容、生活秩序和谐稳定。

新时代"枫桥经验"的精神实质，体现在"党的领导与群众智慧的结

[①] 习近平：《高举中国特色社会主义伟大旗帜 为全面建设社会主义现代化国家而奋斗——在中国共产党第二十次全国代表大会上的报告（2022年10月16日）》，载《人民日报》2022年10月26日01版。
[②] 张晋藩：《中国法律的传统与近代转型》，法律出版社，2009，第32页。

合、以人为本与民主法治的结合、尊重传统与发展创新的结合、政府管理与村民自治的结合"等方面。"以人为本""崇尚和谐""调处息争""睦邻友善"这些中华优秀传统文化特别是乡贤文化中的合理因素,之所以能在"枫桥经验"的发展中熠熠生辉且不断进行新的创造性转化和创新性发展,正得益于群众对传统文化有益内容进行的自觉选择和弘扬。

因而,"枫桥经验"的发展历程,既体现了社会主义先进理论与基层民主法治建设实践的有效勾连,也反映出基层社会治理的优秀传统文化资源在当代的延续、继承和发展。换言之,"枫桥经验"是古今基层治理文化有机结合的典范。

(二)乡贤调解的历史积淀与创新发展

1. 作为母体的乡贤文化

乡贤文化是乡贤调解的生命源泉。乡贤文化有着极其悠久的历史传承和文化积淀,是中国古代基层社会治理经验的智慧结晶。中国古代的国家治理呈现"皇权管理—基层自治"二元权力结构和"双轨政治",有"皇权不下县"之说,乡贤的存在弥补了基层的权力真空,乡贤文化也因扎根乡土、内涵丰富、作用巨大、生命力强而独具特色。作为社会基础的广大乡村,大多依靠自治便利生产、生活,"乡贤"作为政府与乡民的中介,不仅发挥着政令上传下达的作用,也有序地维持着民众安居乐业的基本秩序。

顾名思义,乡贤当以"贤"取信于民众。所谓"贤",《康熙字典》引:"《说文》解释'多才也'。《玉篇》谓'有善行也'。《易经·鼎卦》曰'大亨,以养圣贤'。《尚书·大禹谟》曰'野无遗贤'。《庄子·徐无鬼》曰'以财分人之谓贤'。"①可知，"贤"，寓意德才兼备，腹有才德、心地善良。乡贤，即是在乡里有名望、有才能、有善心的人。古代的乡贤是一个极富生命力、影响力和号召力的乡村精英群体，这一群体既有知书达理、素养良好的乡村知识分子，也有乐善好施、家产相对富足的乡绅，还包括德高望重、经验丰富的家族长老，以及致仕或者赋闲在家的士大夫。"乡贤"是维系传统治理体系和教化体系的重要力量，不仅可以是实际发挥作用的精英群体，也逐步演变为国家对劳苦功高或为才能卓越、品行端正、口碑良好、民望较佳的社会贤达去世后予以表彰的荣誉称号。迄于明清，各州县均建有乡贤祠，配之以完整的官方纪念与祭奠仪式，专门缅怀历代著名乡贤。

乡贤文化不仅受正史肯定，也活跃于小说戏曲中。如《白鹿原》中白嘉轩、鹿子霖、朱先生等，即是传统乡贤的典型。在族长白嘉轩身上，既有尊师重道、乐善好施，办理乡学的一面，也有大公无私、带头执行乡规民约惩罚骨肉白孝文的一面，还有公道正派、支持民众抗捐的一面。鹿子霖身为乡约，常与白嘉轩争权夺势，带头破坏乡约风俗，怂恿乡民干扰白嘉轩的正常管理，但鹿子霖仍须依照国家法律和乡规民约治理乡民，在维护乡民利益、抵御兵痞侵扰时，又能与白嘉轩及族人同仇敌忾、齐心协力。

在基层社会治理中，乡贤文化的功用主要表现如下：

其一，顺应民意，贤能治理。传统社会里乡贤的特权和地位，既来源于国家的认可，也在很大程度上受乡民拥护程度的影响。其权力虽然并不来自基层乡民的授予，但所作所为又和民意的认可度密不可分。因此，乡贤在承担社会治理职能的同时，也要兼顾乡民的利益。乡贤泽被乡里，贤能治理乡务，也表现为乐善好施、救济贫困，经常帮助贫困乡民，每逢旱涝还带领民

---

① 张廷玉等：《康熙字典》，上海书店出版社，1985，第1353—1354页。

众抵御自然灾害。

其二，身体力行，以德化民。乡贤参与基层治理，主要是帮助官府征收赋税，兴办教育，教化民众，制定和执行乡规民约。传统社会所推崇的以儒家思想为核心的道德伦理是乡贤治理的主要理论依据。儒家提倡德治、重视德化，强调"为政以德""以德化民""以德化俗"；在治国理政中坚持德法互补，互相促进，在基层治理中更强调恤民爱民、德礼化民、导民向善、造福于民。不管是乡规民约的制定理念，还是乡贤具体的治理活动，都与德治、德化密切相关。

其三，息讼止争，致力和谐。孔子曰："听讼，吾犹人也，必也使无讼乎。"①在儒家思想的支配下，追求无讼、以和为贵、致力和谐、尊老爱幼、诚信敬业、家庭和睦、亲邻友善、爱家爱乡等，一直是中国传统社会治理的目标。古代对于乡里发生的民事纠纷，常称之为"细故""细事"，一则由于这些纠纷简单琐碎，二则较之于杀伤奸盗等刑事案件，这些纠纷极易产生，数量众多，官方受理应接不暇且耗时费力。所以民间争讼一般是先找亲邻、族长等乡贤调处解决，民众普遍心存息事宁人、乡邻关系融洽的良好期待。

其四，发挥余热，回馈乡土。中国传统社会以家族为本位，提倡"孝"道，官员致仕之后，文官告老还乡，武将解甲归田，返回故里，与家人团聚，在"父慈子孝，兄友弟恭"的家族文化中安享天年。同时，他们利用自己的政治地位和威望，又能够在家乡发挥余热，以乡贤身份参与社会治理、帮助办学、修筑道路桥梁、教化乡民；还可以震慑地方官吏，使其不敢胡作非为，维护故土治安，减少扰民之事。

---

①《论语·颜渊》。

2. 乡贤调解的制度探索

乡贤调解脱胎于民间调解。民间调解，又称民间调处，是中国古代社会普遍存在的社会现象。厚重的农耕文明、悠久的宗族基础、稳定的小农经济结构和持续的制度建设都助力乡贤调解能够在传统社会落地生根并保持顽强的生命力。特别是乡贤调解的制度探索，经历了一个漫长的、逐渐发展的过程。虽然调解活动的必要程序如固定的调解场所、调解人员的身份条件、调解的结案期限等没有经过历代法律的明文规定，但我国很早便通过立法和司法实践对乡贤调解与诉讼的关系做了深入探索。

秦汉以降，乡贤参与基层社会治理的作用日渐突出，调处息争的职能越来越受到官府重视和民众青睐。宋以后的文献记载尤多。宋代经济繁荣，民事案件频发，《名公书判清明集》中保留了与民事案件调解活动有关的记载。如卷七《户婚门》中"下殇无立继之理"一案，"朱司户在苫块之中，不欲争至讼庭，竟从族人和义，捐钱五百贯足与朱元德……朱元德已和而复讼……谓亲约文书不可照用，有此理否？"官府认为朱元德贪得无厌，为多占财产不顾宗族情谊，置已调解达成的协议文书而不顾，所以对朱元德的诉求不予支持。不仅如此，更不允许其肆意违反调解协议。若朱元德再次起诉，"定照和议状，追入罚钱断罪，仍回申使、府照会"[1]。

除了在司法实践中重视调解的作用，官府也常将诉讼视为"凶事"而非"美事"，对于"妄讼田业"，认为是"荒废本业，破坏家财"的行为，民众不但要面对"胥吏"的纠缠索贿和"卒徒"的呵斥羞辱，还要忍受应诉过程的奔波劳碌，承担败诉后囚禁于监狱的悲惨后果。和亲属打官司，则有伤"宗族之恩"；与乡邻诉是非，则有损"乡党之谊"。即使"幸而获胜"，遭

---

[1]《名公书判清明集》，中华书局，1987，第213页。

受的损失也很多;"不幸而输",虽心生愧意却又追悔何及。所以官司不管输赢,都只有百弊而无一利。除非遇到"必须果抱冤抑,或贫而为富所兼,或弱而为强所害,或愚而为智所败"等情况,这是"横逆之来",欺人太甚,"不容不一鸣其不平",即出现"倚强凌弱、为富不仁、肆意逼迫"等情况,"曲不在我",[1]冤屈不在起诉者即弱势一方,官府才愿意接受案件,伸张正义。这段司法官的论述说明,官府已将民众打官司的可能性降至最低,对一般纠纷,鼓励民众自行通过调解的方式解决,不必告官。

元代立法中出现了有关以乡贤调解处理民间纠纷的内容。如《至元新格》中,为应对"诸狱讼之繁,婚、田为甚"的情况,法律一方面要求"媒人"知晓"不应成婚之例"、"牙人"明白"买卖田宅违法之例"、"写状词人"了解"应告不应告之例",期望通过向婚姻缔结、田产买卖、代写文书的"中间人"普及法律来堵塞"起讼之源";另一方面,对于已经起诉的"婚姻、家财、田宅、债负"等案,如果不是"违法重事",允许"社长"即乡贤"以理谕解",[2]以避免民众因打官司导致农活荒废、官府也饱受繁讼困扰的后果。《元典章》规定,对"婚姻、地土、家财、债负"等在事实上没有达到违法标准的民事案件,原被告双方可以在起诉后通过自愿和解或调解后撤诉,是为"告拦"。居中调解者也多以乡贤等官府外人士为主。同时规定对于"告拦"者"再兴讼端"的行为,若起诉事由如前,"不许受状";执意重新起诉,经官府核查确无违法或冤枉情事,视为"妄生词讼",对起诉者依法严惩。[3]

明清两代继续加强对乡贤调解的立法保障。如明代《教民榜文》规定,

---

[1]《名公书判清明集》,中华书局1987年版,第123页。
[2]《历代刑法志》,群众出版社,1988,第491页。
[3]《大元圣政国朝典章》影印本,中国广播电视出版社,1998,第1950页。

对于因"户婚、田土、斗殴"等引起的民事纠纷和轻微刑事纠纷，视为"小事"，要经过"本里、老人"处理，"本里、老人"即为乡里德高望重的家族长辈等乡贤，"平日是非善恶无不周知"。不通过"本里、老人"等乡贤调解的，"不问虚实，先将告人杖断六十，仍发里甲老人理断"。为方便"本里、老人"调解，明代还在基层广泛设立申明亭，作为里老劝善讲和、调处息争、宣扬德化之所。清代沿用历代对乡贤调解的律令规定，并通过皇帝上谕的形式多次阐明"调解息争"以实现乡里和谐和教化民众的效果。所以乡贤调解的教育功能与息事宁人的社会效果同样备受重视。甚至有学者认为，"在乡村里所谓调解，其实是一种教育过程"①。

与官方立法并轨而行的还有自宋代兴盛的乡规民约等民间规范，这些"民间法"对乡贤调解的发展也起到了促进作用。乡规民约是在贯彻儒家礼法精神的前提下，由民间自主地在各方合意的基础上制定的行为规范，其约束力不依靠国家强制，主要凭借道德的力量发挥作用，主要归因于乡民对社会舆论、生活规则、普遍价值的认可。因此，乡规民约具有深厚的社会基础，属于和律令等为代表的"国家法"相对应的"民间法"的范畴。著名的《吕氏乡约》《南赣乡约》《泰泉乡约》《永丰乡约》《梅花里乡约》等都是宋元以来地方基层治理中民间智慧的结晶，其内容囊括"德业相劝"（即重视道德教育）、"过失相规"（即重视督促反省）、"礼俗相交"（即重视文明友善）、"患难相恤"（即重视互相帮助）等内容，这些内容和背后的"尚和"观念一起，成为乡贤调解的重要依据。

综括上述，乡贤调解的制度探索不仅通过法律制定和法律适用同步推进，作为民间规则意识和治理精华的乡规民约也不断促使乡贤调解制度化。

---

① 费孝通：《乡土中国 生育制度》，北京大学出版社，1998，第56页。

乡贤调解的存在有效地减少了民众苦于诉讼、疲于诉讼、因讼误事、屡受胥吏欺压勒索的风险，也有利于邻里生活的和谐、生产秩序的稳定与人际关系的修复。悠久的历史传统表明，乡贤调解的文化传统是基层治理特别是化解矛盾纠纷的有益法文化资源。但是，在传统礼法思想和道德伦理的支配下，乡贤调解难免出现依赖尊长权威、牺牲乡民权利，以平衡之术过分追求权力让渡基础上的"息事宁人"的情形，限制了民众法律意识的发展，这是今天传承乡贤调解文化时需要警醒的。

3. "乡贤调解"古今内涵之异同

值得注意的是，"枫桥经验"的乡贤调解中所复兴的乡贤文化传统，虽是历史的延续，更大程度则是在承袭传统的基础上融入了时代精神的"新乡贤"文化，即是以"新乡贤"文化为引领的调解方式。今之"乡贤"与古之"乡贤"在服务基层治理的功能方面虽有交集，但实质内容迥然有异。

今之"乡贤"，亦称为"新乡贤"，以诸暨市《关于培育和发展乡贤参事会的指导意见》（直委〔2015〕29号）公文解释为例，"新乡贤"是现代意义上的乡贤，这一群体因从事职业的不同可分为本土精英、外出精英、外来精英等，既涵盖本乡贤达，也包含外出人才，更兼顾外来投资者和建设者。"新乡贤"群体的共同之处在于德才兼备、有所专长，有助于基层自治、经济建设、淳化民风、维持文明风尚与道德伦理，增强民众的乡土认同等，这与传统的乡贤文化高度吻合而有所发展。

古之"乡贤"与今之"乡贤"有着不同的文化背景和道德修养，但二者又有千丝万缕的联系。下表可以清楚地反映二者的关系：

古之乡贤与今之乡贤

	古之乡贤	今之乡贤(新乡贤)
人员构成	多是知书达理、素养良好的乡村知识分子，乐善好施、家产相对富足的乡绅，德高望重、经验丰富的家族长老，出将入相、走上仕途的缙绅，致仕或者赋闲在家的士大夫等。	多是因品德、才学为乡人推崇敬重的本土精英，因求学、致仕、经商而走入城市的外出精英，市场经济环境下在农村投资创业的外来精英，服务基层、参与自治的村干部，回归乡里、造福一方的退休官员等。
自身要素	占有土地等生产资料，经济地位、政治地位、文化素养高于普通乡民，推崇名利。	具有坚实的经济实力，或道德操守良好、知识技能出众，有优势政治地位、较大的社会活动能力、一定的社会影响力。
角色定位	是符合传统道德伦理要求，协助国家承担治理职能，为维系基层生产、生活秩序稳定发展做贡献的精英群体，是传统基层治理与乡村文化的代表性符号，是文化的守护者、传承者、发展者。	是符合现代精神，能在经济方面引领民众脱贫致富，在生活方面引导、教育、团结、帮助民众，在文明乡风的塑造、整洁村容的维护、美好环境的保护、乡土文化的传承等方面有热情、有担当、有作为的人。
群体特征	是皇权统治下参与基层治理的重要力量，是官府与民众沟通的中间人，在民众中发挥政策法令的上传下达、辅助治理、价值引领、舆论引导、规范行为、化解矛盾、凝聚人心等作用。	是新时代社会基层治理的参与者和建设者，能够提高乡村生产水平，提升乡村生活的幸福指数，促进乡村生态环境的保护，传承"非物质文化遗产"等传统文化及现代民俗文化，维护社会稳定，化解社会矛盾，助力国家经济发展与城镇化建设。

续表

	古之乡贤	今之乡贤（新乡贤）
调解作用	属于传统的"民间调解"的范畴，以德高望重的乡村精英为主要力量，调解者可以不经民众推选产生，针对主要的民事案件和部分轻微的刑事案件，以国家法律和体现皇权治下的儒家思想和传统道德伦理精神的家规族法、乡规民约、礼仪规范、民事习惯等为依据，常借助"申明亭""宗祠"等场所，以息事宁人、维持乡里的和睦秩序为目的。	属于现代的"人民调解"的范畴，以经过合法选举产生的人民调解委员会为主要力量，调解活动依法接受基层人民政府和人民法院的指导，针对数量众多的、案情比较简单的民事纠纷和法律允许调解处理的部分刑事纠纷，以国家法律和受到国家认可的、符合现代法治精神和优秀文化传统的乡规民约等为依据，常依托调解室、村委会办公室等场所，以化解矛盾、维护民众的合法权益，恢复和谐的人际关系和稳定的生活秩序为目的。

从以上可见，传统的乡贤文化与今日的新乡贤文化差异明显，因文化背景、经济基础、社会环境、政治制度等不尽相同，各有鲜明的特色和十分深刻的时代烙印与精神实质。古今乡贤文化的共通之处在于，二者都服务于国家政权建设的需要，扎根于基层社会治理的实践之中，在维护正常的生产生活秩序、促进乡民安居乐业方面发挥着巨大作用。调处息争的矛盾化解职能也贯穿于乡贤文化的承袭与革新过程中。古今两种不同内涵的"乡贤调解"都旨在化解乡民的日常纠纷、恢复和谐良善的人际关系和稳定祥和的生活秩序。

然而，作为"枫桥经验"重要内容的乡贤调解，实质上可谓之"新乡贤调解"，其既延续着传统治理文化的优秀基因，也在今日新乡贤文化下实现了对人民调解制度的发展创新，较之于传统社会民间调解范畴下的乡贤调解更显示出浓郁的现代法治文明特色。

（三）"乡贤调解"的诸暨实践

乡贤调解的纠纷化解方式在近年间"枫桥经验"的调解实践中被挖掘和重视，并根据时代特征注入新的内涵，自运用以来，成绩斐然，不仅使基层治理的传统文化资源焕发生机，也使"枫桥经验"在基层社会治理体系与能力现代化进程中得以升华。

1. 政策引导

诸暨市积极响应国家复兴中华优秀传统文化尤其是乡贤文化的号召，从政策层面持续引导乡贤文化的创新发展。不仅相继出台相关政策，而且注意宣传典型事例，并引起中央媒体的关注，如《光明日报》就宣传了以"爱家爱乡、守望相助、诚信敬业、平等包容"为内涵的店口乡贤文化。[1] 2015 年，诸暨市专门下发《关于培育和发展乡贤参事会的指导意见》，指出"乡贤参事会"是发挥"乡贤的亲缘、人缘、地缘优势"下"重构乡村传统文化，推进协同共治"的重要平台。"协调邻里纠纷，促进社会和谐"是"乡贤参事会"的主要任务之一。

以次坞镇为例，自新时代文明实践工作开展以来，诸暨市次坞镇坚持"文化+统战"工作模式，挖掘统战资源，盘活文化阵地，充分发挥统一战线凝聚共识作用，以农村文化礼堂全覆盖为抓手，激活农村文化礼堂建设中为民服务、文明实践、乡村振兴等基层治理的统战元素。一是发挥乡贤"智多星"作用。突出"一村一品"，组织乡贤深度挖掘和梳理本土文化资源，让乡贤参与本村文化建设，使每个村都有自己的故事。白马新村文化礼堂融合了排舞文化；大儒村文化礼堂融合了"打面文化"的传承与创新；道林山村文

---

[1]《浙江省诸暨市店口镇：弘扬乡贤文化，涵养社会主义核心价值观》，载《光明日报》2014 年 10 月 1 日 07 版。

化礼堂融入"百家姓"的文明内涵；新徐坞杨村文化礼堂以先人的"石灰"精神为载体，传承并发扬了于谦《石灰吟》中刚正不阿、不屈不挠的廉政精神；里亭村文化礼堂奉当代史学家、思想家柴德赓先生为楷模，大力弘扬其勤学不怠、孜孜以求的治学精神。二是发挥乡贤"聚宝盆"作用。全镇文化礼堂新建项目以乡贤捐助为引领，扩展企业捐助以及广大村民捐款等资金途径，迅速形成全社会共建共享的良好氛围。自吴高坞村启动文化礼堂建设以来，村两委干部通过发动乡贤资源，带头捐赠。乡贤吴关校个人累计捐赠达到150万元，乡贤吴才苗个人累计捐赠超过100万元。广大村民也积极响应，自发捐款捐物，捐赠率达到70%以上，目前已筹措建设资金共700余万元，提升了该村的凝聚力和乡风文明。三是发挥乡贤"建设者"作用。成立乡贤理事会，定期召开乡贤恳谈会，拟定村庄建设项目，吸引在外乡贤投入到村庄文化建设中来。道林山村新乡贤朱秀良向"小棉袄"关爱基金捐款10万元用于爱心食堂筹建。①

2. 群众自觉

只有群众的自身力量得以激活并自觉发挥，才有益于"百姓和顺、乡村和美、社会和谐"善治景象的顺利实现。"枫桥经验"之所以历久弥新，"完全在于发动和依靠群众"②。"乡贤调解"能根植于诸暨广大基层地区并在"枫桥经验"的调解实践中枝繁叶茂，主要归功于群众对传统乡贤文化中调解功用的借鉴，并通过自发成立调解小组等志愿者队伍促进新乡贤对调解的参与，如知名的有枫桥调解志愿者联合会、牌头镇的乡贤帮忙团等。村（社区）建立由村干部、法律顾问、退休干部等组成的乡贤调解小分队。目前，

---

① 《乡贤共建话乡音——诸暨次坞镇乡贤助推乡村文明实践》，见诸暨市人民政府官网，https://www.zhuji.gov.cn/art/2022/11/22/art_1389015_59090991.html？eqid=c01058fd00015f0000000006643f54a7。
② 《"新枫桥经验"的三重密码》，载《法治周末》，2017年11月28日07版。

诸暨市已招募包括乡贤在内的人民调解志愿者1396人。2017年以来，共参与调解纠纷2607件,真正达到"群防群治"、群众自发化解矛盾纠纷的目的。①此外，由于新乡贤概念的界定，近年来依靠退休法官、检察官、民警等建立起来的"老杨调解工作室""江大姐工作室"等一大批品牌调解工作室中的"金牌调解员"特别是调解模范杨光照、群众的知心人"江大姐"、发挥余热的退休干警等都可谓是"新乡贤"。

3. 实践探索

乡贤调解的案例范围，仍以民间纠纷为主，即公民、法人或其他社会组织之间的有关人身权益和财产权益的纠纷。其中又以相邻关系纠纷、宅基地纠纷、婚姻家庭纠纷、赡养抚养纠纷、普通债务纠纷、交通事故及医疗事故的损害赔偿纠纷最为常见，也存在部分因邻里关系和其他事由引发的轻微刑事案件。所以，乡贤调解和人民调解在案件范围上存在着高度的相似性和重合性。

不同之处在于，乡贤调解的主体更为灵活，且在时空因素上不受人民调解的限制。如本乡人在外乡、外省市发生冲突，当事双方选择共同信赖的、有一定影响力和感召力的、同在外乡工作的本乡人（即乡贤中的"外出精英"）作为调解主体，不仅能够及时化解矛盾纠纷，也有利于乡谊的维系和本乡人之间的团结。不管是对其他省份来诸暨务工人员中"乡贤"的重视、还是对诸暨外出经商、务工人员中"乡贤"的培养和支持，都显示了乡贤调解的治理功能相对于人民调解的优势。

而且，乡贤调解过程多援引乡规民约，这也是和依据法律进行纠纷化解的人民调解的差异之处。如枫桥镇陈家村档案中收录的《枫桥镇新农村招赘

---

①《诸暨市司法局：我局构建"人民调解+"，打造"枫桥经验"升级版》，见诸暨市人民政府官网， http://www.zhuji.gov.cn/art/2017/6/20/art_1382713_12625745.html

协议书》，允许只生育女孩的人家招赘入户，一则利于老人赡养、家庭和睦、子女教育，二则解决了"本村村民不愿离村，外村村民加入本村意愿强烈"的难题。特别是协议中对招赘落户本村后双方的权利义务等与法律接轨，具有针对性和合理性。若签订协议的一方故意违反约定，乡贤即可根据协议书的约定进行调解。另外，许多专项性质的乡规民约如《慈善协会章程》《居家养老协议》等，也显示出诸暨百姓在丰富"枫桥经验"内涵时对乡民需求的理性探索。毋庸置疑，这些都为乡贤调解依据的多样化提供智识支撑。

诸暨市积极吸收群众智慧，注意发挥政府引导和群众自觉两方面的积极影响，不断整合社会资源，鼓励调解形式的多元化，将乡贤调解纳入市、镇、村三级联动的枫桥式社会矛盾大调解新体系之中，成效显著。调查报告显示，5年来，诸暨市民刑事案件的发生率较以往大幅降低，而矛盾的化解率、群众的满意度和参与度、政府的认可度则稳步提升。仅以枫桥镇为例，"刑事案件从2013年的318起下降到2016年的114起，年均降幅达32%；矛盾稳定问题得到全面化解，矛盾纠纷总量从最高年的1064件减少到608件，年均下降13.2%，其中10个村获评平安无访村"[1]。实践证明，新乡贤文化下的"乡贤调解"，对"枫桥经验"在新时期的创新、发展贡献颇多。

（四）乡贤调解的展望与法治化路径探析

乡贤调解作为新乡贤文化下对人民调解的创新和发展，其中既有中华优秀传统文化的给养，也有"枫桥经验"等新时期基层治理文化的支撑，作为与社会生活相契合的调解方式，无疑有着极强的适应性和生命力。而如何更

---

[1]《"新枫桥经验"的三重密码》，载《法治周末》2017年11月28日07版。

好地发展乡贤调解作用，需要进行以下思考和路径探索。

1. 追求善治是乡贤调解的价值目标

乡贤治理，目的在于实现基层社会和谐，百姓安居乐业，乡贤调解亦然。常言道"尺有所短，寸有所长"。调解与诉讼的关系概莫能外。在当前中国城乡二元结构分化严重和法院"案多人少"、诉讼压力日益严峻的形势下，发展乡贤调解，既可以通过发动群众、不断将有识之士纳入乡贤群体，以民间智慧和力量调处息争，分担司法机关的审判重任；也可以支持乡贤参与乡规民约的制定，解决传统民事习惯和国家立法的衔接、部分法律规范在农村地区缺乏可操作性等问题。以乡贤调解传承尚和、仁爱的中华优秀传统文化，落实以"富强、民主、文明、和谐、自由、平等、公正、法治、爱国、敬业、诚信、友善"为内容的社会主义核心价值观，促进乡里秩序的和谐稳定；以集中体现群众热情和乡贤治理经验的乡规民约弥补国家立法的不足，并为立法活动提供民间智慧，这不仅是乡贤调解的价值追求，也为"枫桥经验"的创新和基层社会善治增砖添瓦。

2. 德法并举是乡贤调解的路径依赖

在倡导"枫桥经验"时，习近平总书记特别强调"善于运用法治思维和法治方式解决涉及群众切身利益的矛盾和问题"。这既是对政法机关贯彻落实"枫桥经验"提出的具体要求，也是指导乡贤调解迈上法治化轨道的关键论断。此外，"坚持依法治国和以德治国相结合"多次出现在党的全国代表大会报告中，出现在中央政治局集体学习的课堂上。德治与法治相互结合、互补互用，不仅是治国理政的重要方略，也是建设社会主义法治国家和基层社会治理创新的理论指引。"运用法治思维和法治方式"与"坚持德治与法治"，为乡贤调解走上德法并举的发展路径提供了指引。

首先，应该继续坚持将乡贤调解作为人民调解的补充方式纳入多元纠纷化解机制中。乡贤调解与人民调解有着共同的价值追求、生存土壤，调节主体和操作方式也高度重合，同为纠纷化解的"东方经验"。所以乡贤调解也是人民调解制度的补充。但是，乡贤调解在发展中保持自身特色的同时，也需直面发展瓶颈和问题。如乡贤以乡贤理事会为平台，乡贤理事会不同于依法成立的专门性调解组织——人民调解委员会。是具有"决策咨询、民情反馈、监督评议、公共服务"的互助性、非营利性的"基层民主协商和村民自治组织"，乡贤理事会的组织机构吸收了村委的主要成员，所以，乡贤理事会的人员范围远宽于人民调解委员会。同时，依据《人民调解法》，调解员的选举程序较为严格，乡贤则相对宽松。如何使每一份经由乡贤主持达成的调解协议取得与人民调解同样的法律效果，为防止当事人违反协议而进行的风险防范措施——司法确认程序，是否也适用于乡贤调解？这些都值得深思和继续探讨。如果给予乡贤调解协议与人民调解同样的法律地位，则会极大地便利乡贤调解工作的进步。

其次，应该将乡贤调解及其结果融入"诉调对接"机制中。《最高人民法院关于建立健全诉讼与非诉讼相衔接的矛盾纠纷解决机制的若干意见》《最高人民法院关于人民法院进一步深化多元化纠纷解决机制改革的意见》等文件实施以来，"诉调对接"机制不断引起司法理论界和实务界的关注，各省、市、区、县关于"诉调对接"中如何健全调解制度、完善"调判分离"和对调解协议进行司法确认等程序安排、确定部分案件立案前进行调解的具体流程、立案后的调解流程、调解机制的创新方式、加强调解队伍建设等保障性工作都做出了细化规定。浙江省也出台了《关于扩大诉讼与非诉讼相衔接的矛盾纠纷解决机制改革试点总体方案》等文件。在这一背景下，可尝试将乡贤调解融入"诉调对接"机制中，如法院吸收乡贤完善特邀调解组织和调解员名册制度，同时指导乡贤作为调解员开展工作。二者之间定期交流，法院对乡贤调解达成的调解协议予以认可，必要时可进行司法确认。这样既有利于大量民事纠纷和轻微刑事纠纷从法院分流，也有利于实现乡贤调解和人民调解、法院调解、法院审判等多元纠纷化解机制功能上的良性互动，有利于促使乡贤调解更加规范化、制度化、法治化。

最后，应该将乡贤调解落实于基层民主自治中。基层民主自治，包括农村的村民委员会制度和城市的居民委员会制度，群众在自治中依法进行自我管理、自我教育和自我服务。"枫桥经验"之所以长久不衰，关键在于其坚持人民本位思想，在党委领导下，充分依靠群众，把发扬民主与依法办事有机统一起来，运用各种有效手段化解矛盾纠纷，同时积极倡导健康向上的道德风尚，处处体现教育与帮助并重、挽救与发展兼备的社会主义法治理念，并通过一系列制度和措施，推动基层民主自治良性发展，在法治、德治正轨上不断努力，最终实现善治。而且，"枫桥经验"将乡村治理上升为群众广泛参与的制度化过程，注重激发群众的主人翁意识、参与意识、服务意识，将群众的自治热情和奉献精神转化为基层社会治理的力量源泉。这种立足现实、以民为本、法律与道德措施并举的治理模式，有助于从根本上减少矛盾，维护社会稳定，既使法治建设获得道德和舆论的支持，也让群众在参与治理的过程中感受到被尊重和自主。乡贤是群众中德才兼备的群体，乡贤调解是基层民主自治的职能之一。因此，可以鼓励乡贤参加基层民主选举，使符合条件的乡贤兼任村委会、居委会成员，这将更加积极地促进基层民主自治发挥调处息争的职能。

综上所述，乡贤调解是创新"枫桥经验"的传统文化资源，有着厚重的历史积淀、文化传统和群众基础。在推进全面依法治国和坚定文化自信的新时代，以乡贤调解化解群众的矛盾纠纷，促进基层社会的和谐稳定，是传承中华优秀传统文化的应有之义，也是实现基层社会治理体系和能力现代化的必要举措。而乡贤调解以追求善治作为核心价值，以德法并举作为路径选择，将促使其不断法治化、制度化，为多元纠纷化解机制的完善和百姓亲睦、守望相助、亲邻融洽的小康社会建设贡献力量。

四、新时代"枫桥经验"与基层善治体系创新

善治是中国古代治国理政的价值目标，也是古今基层治理的共同追求。传统善治文化凝聚着中华民族的政治智慧与法律智慧，深刻影响着国家治理方略及社会治理模式的生成及发展，是国家治理体系与能力现代化的重要资源。基层治理是国家治理的基础，基层安，则天下安；基层善治，则天下善治。

20世纪60年代初，诸暨枫桥干部群众创造了在党的领导下，发动和依靠群众就地化解矛盾的"枫桥经验"。毛泽东同志亲笔批示"要各地仿效，经过试点，推广去做"。2013年10月9日，习近平总书记对坚持和发展"枫桥经验"做出重要指示："各级党委和政府要充分认识'枫桥经验'的重大意义，发扬优良作风，适应时代要求，创新群众工作方法，善于运用法治思维和法治方式解决涉及群众切身利益的矛盾和问题，把'枫桥经验'坚持好、发展好，把党的群众路线坚持好、贯彻好。"

六十年来，"枫桥经验"不断适应与时俱进的社会需求，在始终坚守群众路线的基础上积极融合新的发展理念，持续丰富和改进工作方法，成为既体现中央精神，又反映务实本色；既创新治理模式，又保持人文关怀；既维护社会秩序和谐稳定，又促进经济文化繁荣发展的基层社会治理的成功经验。特别是党的十八大以来，诸暨干部群众在习近平新时代中国特色社会主义思想的指引下，形成了具有鲜明特色的新时代"枫桥经验"。一系列有利民生、

臻于至善的成效表明，新时代"枫桥经验"已经不局限于最初矛盾纠纷化解的经验，亦不局限于被誉为综治工作"一面旗帜"的政法经验，而是作为新时代践行党的群众路线、永葆与时俱进和服务群众本色、坚持经济发展与平安建设并重、不断推进基层治理现代化的社会治理经验，成为当代中国基层善治的典范。

新乡贤参与治理是新时代"枫桥经验"的重要内容，是在传承中国传统善治文化、构建"自治、法治、德治"三治合一的基层善治体系与"发挥新乡贤作用"等多元背景下，进行基层社会治理创新的特殊形式。当前，学界关于新时代"枫桥经验"的研究多集中于综合治理、司法审判、社会管理、人民调解等领域，[①]著述成果涉及法学、政治学、管理学等不同领域，但针对新乡贤参与治理进行分析，借以全面呈现新时代"枫桥经验"丰富内涵的研究尚显薄弱。认真梳理与阐释新乡贤参与治理的生动实践，无疑可以为我们审视传统善治文化如何在新时代"枫桥经验"中创造性转化，创新和完善基层善治体系提供一个理性的视角。

（一）固有资源：中国传统善治文化与乡贤治理经验

善治，英文谓之"good governance"，既是一个政治学概念，又是一个法学概念，古往今来，论者多矣。"人们对善治的关注与人类文明本身一样历史久远。"[②]善治国家、基层善治、良法善治等皆是政治法律生活中耳熟能详的词语。"善治"一词内涵丰富，同时兼具价值意义上的"善良之治"与工具意

[①] 这方面的突出成果有汪世荣主编：《枫桥经验：基层社会治理的实践》，法律出版社2008年10月第1版；范忠信主编：《枫桥经验与法治型新农村建设》，中国法制出版社2013年7月版；中共绍兴市委党校、绍兴市"枫桥经验"研究会主编：《"枫桥经验"与新城镇社会管理创新研究》，中国社会科学出版社2013年9月版，等等。
[②] [印]哈斯·曼德，穆罕默德·阿斯夫：《善治：以民众为中心的治理》，国际行动援助中国办公室编译，知识产权出版社，2007，第1页。

义上的"善于治理"之意。在"法治中国"语境下,善治"不只被认为是一种治理样态,更被定义为一种治理方式"①。张文显教授认为"以人为本、依法治理、公共治理"是善治的基本特质,②俞可平教授认为"法治、公正、参与、责任、稳定、回应、透明、协商"等是善治的基本要素,而善治是"公共利益最大化的治理过程和治理活动"③,体现着"还政于民",要求"公民的积极参与"。④不难发现,强调政府与公民的合作治理,保障公民权利、实现公平正义、依法运行公权力、良好安排公共治理以及促进公共利益最大化是善治论者的普遍共识。

善治不仅为现代政治法律文明所不可或缺,同时也是一个有着悠久历史文化积淀并不断变化的概念。中国传统词语中也有"善治"的明确表述,并多与"善事""善政""善法"等相联系,其理论与实践互动的过程中形成了中国古代独具特色的善治文化。如《尚书·皋陶谟》强调"德惟善政,政在养民"。《道德经》有言"居善地,心善渊,与善人,言善信,政善治,事善能,动善时"。管仲主张善事是善治的前提,《管子·枢言》曰"无善事而有善治者,自古及今未尝有也"。《管子·任法》中进而提出"有善法而不能守",则善治无所保障。王安石在《周公》中主张"盖君子之为政,立善法于天下,则天下治;立善法于一国,则一国治"。可见,善治是古代贤明思想家、政治家共同的政治愿景,选贤人、行德政、施良法、顺时势成为善治文化的基本构成。

在善治文化的影响下,中国古代形成了德法并举的治国方略,并渗透于政治生活的方方面面,不仅约束着国家层面施政方针的制定和官僚系统治理

---

① 李龙,范兴科:《关于"善治"的三个追问》,载《法制与社会发展》2017年第1期,第6页。
② 张文显:《法治与国家治理现代化》,载《中国法学》2014年第4期,第13页。
③ 俞可平:《法治与善治》,载《西南政法大学学报》2016年第1期,第6页。
④ 俞可平:《治理与善治》,社会科学文献出版社,2000,第138页。

职能的有序发挥,而且贯穿于社会层面的自我调整和治理活动,成为彰显中华民族精神与政治法律智慧的治理模式。由于地理环境、经济结构、文化背景、历史传统、社会需求等诸多因素的综合作用,中国古代形成了州县以上皇权管理与州县以下基层自治的二元权力格局,素有"皇权不下县"之说。在这一格局下,国家与基层相对隔离,皇权管理与基层自治相互依存,而与皇权管理依靠道德与法律两种方式共同为治不同的是,基层自治形成了风格独特、适应社会现实需求的德治、法治、自治三治合一的治理体系。这一体系的特色主要体现在:

其一,德治优位,贤能治理。德治为儒家所孜孜追求并积极提倡,是仁政与中华民族善良心态的体现,[1]被视为政教之本,优先于其他治理要略。德治要求为政者具备良好的道德修养,所谓为政以德。乡贤作为乡土社会中饱读经典的儒学贤达,不仅以德才取信于民,也以躬行德治施惠于民。在基层治理中,德治首先表现为导民向善、以德化民,同时又以道德感化一方不良之风俗,以崇德明礼、乡风文明为善治提供有力支撑。

其二,家族本位,伦理法治。正如《孟子·离娄上》所言,"徒善不足以为政,徒法不足以自行",在社会治理中,仅凭道德教化不足以稳定秩序,必须借助法律才能使善政、善举惠及乡梓,因而德法并举成为惩恶扬善、安民富民的有效手段。在以家庭、家族为基本细胞的传统社会,民众身处以情感、伦理和道德建立关系的熟人社会,因此为维持良好的人际交往和生活环境,法律的调整不免出现情理法的交相作用,体现出浓郁的伦理色彩。特别是宋代以后,在家国一体的社会结构中,国家法律与乡村习惯相融合,形成了具有强烈伦理特征的家法族规或乡规民约,为定分止争提供了依据,进一

---

[1] 张晋藩:《中国古代的德法共治》,载《中国法学》2018第2期,第90页。

步丰富了基层法治的内涵。

其三,调处息争,致力和谐。在儒家思想的浸染下,中华民族形成了以和为贵、追求无讼、亲邻友善、爱国爱乡的心态,无论亲族、邻里之间,多以和睦共处、患难相济为相处之道。这在以农为本和相对封闭的古代基层社会,不仅有助于百姓安居乐业,也有利于国家政策的实施和统治的稳定。而在人情、礼俗、宗法、习惯构建起的秩序中,民众以"和为贵、忍为上"的方式避免人际关系的恶化,以亲邻、族长等乡贤为主体、具有关系修复功能的民间调解成为实现诉求的首要选择,官府对乡贤调解也大力支持,这直接造就了被誉为法治"东方经验"的调解文化的发达。

丰富的实践经验表明,德治、法治、自治是中国传统基层善治体系的重要内涵,德治是善治的前提,法治是善治的保障,自治是善治的基础。基层善治是在乡贤发挥主体作用下,通过德治、法治、自治综合作用的结果。值得注意的是,在同样追求善治的新时代"枫桥经验"中,提倡自治、法治、德治的现代基层善治体系,与中国传统善治文化及乡贤治理不仅存在着治理途径在顺位上的不同,而且,不管是形式还是实质都有显著区别,以新时代"枫桥经验"为代表的现代基层善治体系是对传统基层善治体系的继承与超越。

(二)善治实践:诸暨新乡贤参与治理的样本分析

1. 新乡贤的产生及其职能发挥

"新乡贤"是与传统"乡贤"相对的概念。党的十八大以来,中央一号文件多次提出创新乡贤文化,以乡情乡愁为纽带激发新乡贤参与故乡建设的热情。2018 年,中央一号文件再次明确在深化基层自治实践中积极发挥新乡贤作用。诸暨市在新时代"枫桥经验"的创新发展过程中,面对当地基层特别是乡村地区出现真空、人才和资金外流、群众道德观念淡薄等治理困境，主动融合群众智慧，汲取中国善治文化与乡贤治理的传统资源，出台并实施一系列鼓励乡贤文化复兴的政策，将当地老党员、老干部、道德模范、企业法人、"返乡走亲"机关干部、社会工作者、经济文化能人、教育科研人员以及在农村创业建设的外来生产经营管理人才等具有一定知名度和影响力的乡村精英纳入新乡贤队伍，建立乡贤参事会、乡贤调解团、乡贤协会、乡贤帮忙团等组织，充分发挥新乡贤在乡村治理、矛盾化解、道德引领、"美丽乡村"与"平安诸暨"建设等方面的治理优势，一举改变基层治理面貌，使新乡贤参与治理成为新时代"枫桥经验"的一大特色。

2014年，《光明日报》以专栏形式对以"爱家爱乡、守望相助、诚信敬业、平等包容"为内涵的诸暨新乡贤文化进行特别报道，肯定了新乡贤参与治理的积极作用。诸暨新乡贤参与治理的路径与成效通过以下案例可管窥一二。

第一，新乡贤参与基层自治。乡贤参事会是诸暨新乡贤参与基层自治的主要平台。2015年，诸暨市专门下发《关于培育和发展乡贤参事会的指导意见》（直委〔2015〕29号），在全市普遍建立以引领先进文化、化解邻里纠纷、协办公益事业、助推经济发展、促进村民自治为主要职责的乡贤参事会。在参与治理过程中，最能体现新乡贤优势的，是新乡贤借助在亲缘、人缘、地缘上的影响力，充分发挥智库咨询和协同共治作用，通过及时了解民意和基层的实际情况，在扶贫济困、维护公序良俗、处理集体纠纷等方面有的放矢，致力社会和谐。借助"乡贤参事议事会"取得善治成效的枫桥镇枫源村和依靠乡贤参事会建立"村两委+乡贤会"共治模式的五泄镇西皇村等，是诸暨市乡贤参事会发挥职能的杰出代表。

特别是在预防、缓和以及处理集体纠纷方面，乡贤参事会作用突出。如

2012年，诸暨市人民法院湄池人民法庭专门编写的《涉诉情况通报》（2012年第4期），对"镇、村成为被告"做出风险预警。法庭认为，2011—2012年间，诸暨以乡村道路、农田水利等公共基础设施为代表的各类涉镇、村纠纷明显增多，反映出镇、村干部对纠纷的防范能力和重视程度不足，以及乡村宗族、家族、帮派观念下部分民众对镇、村干部的不信任感加剧，由此导致涉诉集体纠纷频发。诸暨市意识到仅靠法律途径难以治理集体纠纷，于是一面借鉴传统，将道德教育融于家族生活，积极培养新乡贤文化，支持宗族中贤能之士加入新乡贤群体，鼓励新乡贤引导村民以合理的渠道表达诉求；一面发挥乡贤参事会的平台优势，推动村务公开，将涉诉集体纠纷处置问题纳入有新乡贤参与的村民会议的议事范畴，由村民会议自主决定是否接受群体性纠纷的调解方案。2017年初，诸暨市已建立镇级乡贤参事会27个、村级乡贤参事会366个，会员3443名，募集各类资金4327万余元，发放困难户慰问金914.97万元，提供决策咨询1332条，收集村情民意3487条，化解矛盾纠纷1294起，充分反映出新乡贤参与自治的显著成效。

第二，新乡贤参与基层法治。新乡贤参与村规民约、社区公约以及自治章程的制定与实施，发挥调解职能参与多元纠纷化解机制的发展完善，是其参与基层法治的重要方式。尤其是新乡贤调解职能，对民众生活与基层善治贡献尤多。除了依靠乡贤参事会进行调解工作，诸暨市还出现了专门性的新乡贤调解组织，如2016年诸暨市牌头镇专门下发《关于成立牌头镇"乡贤帮忙团"调解志愿者队伍的通知》（牌委〔2016〕26号），以"市党代表、市人大代表、市政协委员、村干部、老党员、企业调解员、城建执法中队干部、律师"等11人组成调解志愿者队伍，命名为"乡贤帮忙团"，同时在镇政府办公室和牌头镇法庭挂牌办公。"乡贤帮忙团"除了重点调解镇初信初访矛盾纠纷、近年来部分信访积案、敏感时期或重大工程项目推进时引发的群体事件外，还根据情况积极参与法庭的庭前调解、派出所的治安调解、劳管所的劳务调解等，基本上实现了调解范围、调解类型的全覆盖。

与此同时，诸暨市牌头法庭与镇政府密切配合，聘请了包括"退休党政干部、退休教师、老党员、外出创业精英"等在当地有一定威望且热心调解工作的10名新乡贤，在浙江省法院系统率先组建"乡贤调解会"，积极参与人民调解和诉讼调解。另外，诸暨市各公益组织、其他镇村也纷纷成立"老娘舅帮忙团""孝娘舅服务团"等新乡贤志愿者队伍参与调解工作。由于新乡贤善于运用情、理、法相结合的调解方法，以情动人、以理服人，不少当事人在案结事了后冰释前嫌，人际关系得以修复，因而获得群众的普遍支持。近年间，乡贤调解作为人民调解的重要补充，在诸暨市遍地开花，并不断取得成效，在"婚姻家事、抚养权、赡养权、人身损害赔偿、乡邻关系、健康权、土地承包经营权"等纠纷调解中发挥了积极作用。

第三，新乡贤参与基层德治。诸暨新乡贤主要通过积极弘扬中华传统美德，发掘和传承地域特色文化，充分发挥优秀文化的移风易俗作用等来推行德治，以期实现善治愿景。2015年，在政治、经济、文化等各界著名乡贤的推动下，诸暨市成立了旨在专门弘扬中华优秀传统文化特别是孝德文化的社会团体——孝德文化研究会，广泛吸纳新乡贤力量，积极参与道德治理，通过评比"孝德村落""孝媳妇""孝女婿""孝子女"，谱写孝德歌曲，演绎经典故事，宣教"孝德文化"，重塑亲情伦理，培养"父慈子孝，兄友弟恭"的良好家风，促成"家和、族宁、邻睦"的友善氛围，并努力将"尊老、敬老、养老"的家庭孝道提升到"和睦、和谐、和美"的社会孝道，为实现基层善治做出了较大贡献。

此外，诸暨市新乡贤主动从地域特色文化——南孟文化中汲取精神给养，将南孟文化中淳朴敦厚、重义轻利、谦虚礼让、孝亲尊长、诚实守信、明礼崇德、好学尚贤、勤劳俭朴、爱国爱乡的积极因素与道德治理相融合,既捐资献力,陆续搭建南孟文化节、文化礼堂、孟子小学、南孟文化展览馆等宣传平台,充当起了"讲道德、明是非、守纪律"的"传声筒"和"广播站",使男女老幼在潜移默化中提高道德素质,培育共同价值,健全健康人格;又将南孟文化的复兴向周边扩展,使地方风俗得以改善,让更多民众受到裨益。近年来,由新乡贤力推的孝德文化和南孟文化已与社会主义核心价值观相结合,在诸暨市产生广泛影响,其对乡土文化内涵的提升、社会和谐文明风气的培养产生了积极而正面的推动作用。

2. 新乡贤参与治理基本内涵与基层善治体系的创新

需要指出的是,新乡贤参与自治、法治、德治的路径是互有交叉且相辅相成的,三者综合作用,方有基层善治之功效。而上述事例说明,追求基层善治,坚持自治、法治、德治"三治合一",是新乡贤参与治理的新时代"枫桥经验"的要义所在。不管是依托政府鼓励成立的乡贤参事会、社会组织自发成立的乡贤协会,还是法院系统特别组建的乡贤调解组织,其主要活动表现为:一是代表群众利益,参与村民会议,促进村务公开与基层自治能力的提升;二是参与村规民约的实施与完善,即在规范的执行与改进方面发挥作用;三是调解各类矛盾,避免矛盾上交,稳定基层社会秩序,特别是乡贤调解已经成为人民调解的重要补充和多元纠纷化解机制的重要内容,其具备人民调解不能替代的作用,如通过道德感化与释法明理,对涉及伦理纠纷的解决更能深入人心;四是进行文化宣传和道德引领,传承中国古代以德治本、以德化人、以德化俗的治理文化,不仅对失德、违法之人有着道德观念、价值观念的重塑作用,也对普通民众有趋利避害、远恶迁善的教化功用,有助于从源头预防矛盾的发生。

可见,村民自治、法律治理、道德治理三条路径的殊途同归,体现出新乡贤在参与自治维护乡民利益、以法律治理保障秩序稳定、以道德治理感化民众内心,传承传统文化,营造文明乡风等方面的突出贡献。而以自治、法治、德治"三治合一"的方式参与治理,也凸显出新时代"枫桥经验"中新乡贤参与治理所具有的人文魅力。体现基层善治特色,彰显政治智慧、法律智慧与道德智慧的独特优势。

新时代"枫桥经验"中新乡贤参与治理,显示出丰富的时代内涵,有力推动着基层善治体系的创新发展:第一,以善治为导向。新乡贤参与治理的实践经验表明,追求善治,崇尚和谐,调解息争,化解矛盾,既是枫桥干部群众经历岁月洗礼而永不褪色的初心,也是新时代"枫桥经验"生动实践的强大动力。第二,以人民为本位。新时代"枫桥经验"归根结底是以人民为中心,坚持群众路线,为了群众、依靠群众、服务群众的成功探索。新乡贤群体来自人民群众,服务于人民群众,其参与治理的活动是群众进行自我管理的重要体现。第三,以综治为路径。新乡贤参与治理,表明新时代"枫桥经验"实现了从群防群治的传统做法向构建自治、法治、德治"三治合一"的基层社会治理模式的转变,这既是对中国传统善治文化的吸收与借鉴,更是结合时代的发展特点不断推进中华优秀传统文化创造性转化的直接结果。

新乡贤参与治理不断促进基层善治体系的创新。近年来,诸暨市尤其重视和鼓励在外乡贤回乡参与基层社会治理,为新时代"枫桥经验"贡献新元素。[1]诸暨市在外乡贤资源丰富,诸暨人"敢闯敢拼"的人文特质和"耕读传家"的优良传统,使一大批能人志士很早就走出诸暨打拼发展,诸暨人"重情重义、恋土爱乡"的人文特性,又使众多在外的成功人士有强烈的反哺家乡、参与基层治理的意愿。近年来,诸暨市汲取"枫桥经验"宝贵财富,积极

---

[1]《诸暨市:让新乡贤成为新时代"枫桥经验"新元素》,载中共浙江省委统一战线工作部官网,http://www.qxzh.zj.cn/art/2020/6/29/art_1228998543_49320791.html。

探索乡贤工作的方式方法，以"乡情、亲情、友情"为纽带，切实凝聚起新乡贤的智慧力量，助力基层治理现代化。

首先，着力于"聚"，挖掘乡贤资源，组建乡贤组织。诸暨市在外乡贤资源丰富，早在2007年就成立了诸暨人联谊总会，这些年来不断拓展诸暨人联谊会（商会）网络，截至2020年已建立25个省外联谊会，8个省内地市级联谊会，10个海外（境外）同乡会，其中有26个城市成立了诸暨异地商会。通过联谊会（商会）、乡镇（街道）市外市内两条线摸排，形成了1300余名在外知名诸商和1800余名诸暨籍在各地各行各业的乡贤名册。近年来，大力推进镇级、村级乡贤组织建设，镇级已实现全覆盖，组建村级乡贤参事会366个，基本实现乡贤组织全覆盖。

此外，积极将新乡贤吸收到"枫桥经验"宣讲队、乡风文明理事会、邻里纠纷调解会等村级社会组织中。下发《关于加强镇乡（街道）统战工作规范化建设的实施意见》，推进统战之家、乡贤馆等阵地建设，做到联谊有组织，活动有场地。

其次，侧重于"导"，谋划乡贤活动，树立乡贤典型。诸暨市连年召开诸商大会、诸暨发展大会、诸暨发展系列周等重大活动，邀请500名以上乡贤参加，把脉诸暨、问计乡贤。结合西施文化节、袜博会、同山烧封坛节等饱含本地传统文化和风俗习惯的节会，积极开展各种形式的联络联谊、真情服务活动，乡镇（街道）一级每年召开各种形式的乡贤议事会、座谈会超百次，枫桥、东和等乡贤资源较丰富的乡镇每年还专门召开乡贤大会。评选"最美乡贤""最美诸暨人"等，专门发行《诸暨人》报、《诸商足迹》电视专栏、"诸暨人"微信公众号等，大力宣传新乡贤的创业事迹、创新成果、爱乡举措、惠民实践，营造全市上下认可、关心、支持新乡贤的良好氛围，扩大新乡贤的社会影响力和美誉度，特别是提高新乡贤参与乡村治理、矛盾调解的威望性、成功率。

再次，用心于"情"，加强乡贤联系，提供乡贤服务。建立健全《市领导联系各地诸暨人联谊会（异地商会）和在外知名诸商制度》，由市领导带队相关部门每年到所联系诸暨人联谊会（异地商会）蹲点调研，及时梳理反馈在外诸商的意见建议，帮助协调解决在外诸商在家乡的一些实际困难。利用春节、重阳节、冬至等新乡贤返乡时机，走访慰问返乡乡贤及其父母。运用互联网思维，建立诸暨在外商会会长群、"红枫"微信群等乡贤微信群，加强日常联系联络。联合农商银行推出"乡贤丰收卡""乡贤·惠系列产品"，提供优质金融服务；开展在外知名乡贤父母市内医院就医对接服务活动，加强服务针对性，减少乡贤后顾之忧。

诸暨新乡贤通过项目回归、资金回流、信息回传、技术回援、人才回乡、公益回扶等方式反哺家乡，参与基层治理，支持乡村振兴，为诸暨高质量发展助力赋能，表现出以下成效：

第一，德行天下，乡贤参与基层治理。出台《关于实施乡贤回归"千人计划"的意见》，重点将新乡贤参与村级民生实事纳入岗位目标责任制考核。新乡贤往往是一些德高望重，既有较高威信又有道德内涵和文化修养的人。如今诸暨市乡贤特别是市内乡贤已成为家长里短矛盾纠纷化解的"调解员"、信访维稳的"稳压器"、村级资产管理的"监督员"，"乡贤参与、多元共治"的乡村治理新模式初步建立。如枫桥镇枫源村运用"三上三下"民主治村，村里有建设项目或活动，都邀请乡贤参与讨论决策，并将相关内容在乡贤群里公示，确保相关工作乡贤明明白白参与，村里清清楚楚落实。

第二，爱满暨阳，乡贤参与公益慈善。新乡贤在扶危济困、捐资助学、基础建设等方面出智出力，当好乡村建设"智囊团"、公益慈善"热心人"。乡贤杨某无偿捐资1亿元建造村文化活动中心，全程督工，多次改图纸、增投资；乡贤王某捐资5000万元设立助学助困基金；乡贤宣某捐资1000万元用于枫桥镇初级中学异地新建工程；杭州市诸暨商会每年组织在杭诸暨籍和商会医疗企业医疗专家30人左右到诸暨市偏远村镇开展义诊活动；等等。

第三，情归故里，乡贤参与经济发展。据不完全统计，近年来，诸暨市80%的招商引资项目为诸商回归或在外诸暨乡贤牵线搭桥，已经成为诸暨市招商引资最重要的力量。五年来的发展大会上，乡贤经济类回归项目达60个，合计投资超600亿元。"省千人才"毛博士，绍兴"海内外英才计划"专家马博士、吴博士等一批土生土长的海内外学子陆续回到诸暨创办企业，并积极宣传诸暨的良好政策环境，在他们的带动下，每年都有近百名高端人才和数十个项目落户诸暨。这些项目和人才为诸暨市经济发展注入了源源不断的强劲动力，更好地推动了基层治理，加快了诸暨的经济建设，为新时代"枫桥经验"增光添彩。

此外，诸暨市还积极创新工作方法，形成"党建引领+乡贤助力"的模式，打通党员乡贤参与家乡建设的渠道，充分发挥农村党员先锋模范作用，激发"基层群众自治"规则体系制度活力，提升了"村民自治"数字化、精细化管理水平。如作为山区乡镇的同山镇，为破解招商引资难题，结合发展实际，以党建为引领，以乡情为纽带，积极探索"党建+乡贤"工作模式，形成互促互哺的长效模式。在常态化开展镇村两级返乡走亲座谈会、乡贤座谈会基础上，建立"党员干部—乡贤项目"一对一联络体系，充分发挥村两委干部、退职老干部、党员村民代表等"关键少数"群体的联系网络作用，将乡贤资源的挖掘与维系纵深到一线、下沉到个体。同时，组织党建联络员专题培训，更新招商政策业务知识，做好政策宣导与配套跟进。实践表明，乡情乡音，是乡贤心底最柔软的情愫。诸暨市同山镇强化乡情纽带、凸显情感链接、创新平台载体、优化政策供给，进一步激发乡贤活力、凝聚乡贤智慧、汇集乡贤力量，引导和支持乡贤在助推经济社会发展，特别是在乡村振兴和基层社会治理中发挥积极作用，取得了突出成效。

（三）时代特色：新乡贤参与治理的推陈出新

在新时代"枫桥经验"中，新乡贤参与治理不仅有着文化传承与时代发展相协的鲜明特质，也通过理性回答一系列基层治理现代化中亟须解决的瓶颈与难题，发散出积极的善治意义。

1. 实践特征

第一，传统的继承性与时代的创新性相结合。诚如《韩非子·心度》所言，"法与时转则治，治与世宜则有功"，时代发展和社会进步使得现代基层治理的内外环境日趋复杂，也对治理体系的发展与完善、治理主体的素质能力和方法技术提出更高的要求和挑战。诸暨新乡贤参与治理活动兼具三项角色。一是平衡国家权力与村民权利的调节器，二是防止国家权力滥用的天然屏障，三是阻止民众过激行为对国家治理秩序造成影响和冲击的安全阀。这意味着新乡贤群体实际上是以基层党委、政府为代表的国家行政权与村民自治权之间有效沟通的桥梁。在新的时代背景下，传统体系的德治、法治、自治顺位也向现代基层善治体系中的自治、法治、德治转变。角色定位的革新与治理体系的优化，体现出治理理念的历史的继承性与时代的创新性相结合。首先，新乡贤参与治理的背景是现代基层自治制度，其治理行为体现出与村民自治、居民自治的互补性，参与自治成为新乡贤治理职能的主要体现。其次，法律治理由传统重视实体正义向实体正义、程序正义并重转变，既反映出人民群众法律意识的提升，也反映出公平正义这一善治重要理念的深入人心。最后，现代社会以法治为基本生活方式，淡化了传统礼俗的色彩，但法安天下、德润人心，德治的意义仍然值得重视，新乡贤将传统宣教发展为对优秀传统文化、公益事业和社会主义核心价值观的宣传，是对自治、法治的补充方式。

第二，主体的内生性与基础的群众性相结合。诸暨市在新乡贤的评选标准上，实现了主体的内生性与基础的群众性相统一。一方面，新乡贤队伍建设广泛吸收基层精英，既可以是"在场"（在乡）者，也不乏"不在场"（外出）①者，还可以是外来落户者，只要有一技之长，具备"贤能"条件，都可以纳入新乡贤队伍。特别是在国家教育政策的适当倾斜下，基层民众受教育程度及水平大幅提升，促使大量德才兼备的年轻人成为新乡贤队伍源源不断的有生力量。另一方面，新乡贤具备广泛而良好的群众基础，其参与治理的活动使得这一优势进一步发挥。传统乡贤注重"贤德"，多为饱读圣贤书的知识分子，他们或出将入相，或扎根乡梓，都以具备儒家文化素养为共同特点。而同样是生之于斯、长之于斯的新乡贤群体，不仅包括学有所成的专家学者和退休前在政治、文化上有特殊贡献的党政官员，也包括有一定威望和影响力的宗族人士以及热衷基础经济发展的成功商人，还包括具有良好文化修养、在传承中华优秀传统文化中脱颖而出的"孝媳妇""孝女婿""孝子女"等普通民众，集基层政治精英、经济精英、文化精英、道德精英于一体，尽管这些人知识结构、才能大小、见识高低不尽相同，但都是某一领域得到群众认可、尊重和信赖的贤能人士，从根本上突破了传统社会以统一的儒家话语体系和儒学素养来评判人有"德"有"才"与否的单一标准的局限性，体现出新乡贤群体的进步意义。

第三，意识的自觉性与行为的公益性相结合。参与治理既反映出新乡贤群体热心乡土建设的自觉性，也反映出与传统一脉相承的公益性。正因为新

---

① 张颐武：《重视现代乡贤》，载《人民日报》2015年9月30日07版。

乡贤队伍凝聚了乡村精英与社会贤达，这些人不仅掌握着一定的社会资源和行业经验，也乐于奉献，推己及人，难忘乡愁，重视乡情，愿意利用自身在经济、政治、文化、社会等方面的优势，参与乡村治理，实现人生价值，为故乡的发展贡献一臂之力。因而，新乡贤参与治理，本质上是自觉治理意识的驱动与公益热情的发挥。特别是乡贤参事会、乡贤调解团及孝德文化研究会中的新乡贤，普遍以便利他人而非使自己获取利益为目的。公益性的形成，除了新乡贤特有的服务热情，也与诸暨市较为完备的社会保障体系密不可分。据2017年《诸暨市人民政府工作报告》披露，近五年间，诸暨市的民生水平大幅改善，城乡常住居民人均可支配收入分别达到53547元和30224元，年均分别增长9.4%和10.1%。城乡低保、最低工资、基本医疗、基础养老、残疾救助、殡葬惠民等政策提标扩面，基本公共服务均等化水平全省领先。不仅实现了城乡社区居家养老服务照料中心全覆盖，也全面改扩建城乡医疗机构，统筹推进医疗、医保和医药改革，解决民众在养老、医疗、教育方面的后顾之忧。这些改善催生出1000余家快速发展的公益组织，新乡贤公益情怀的营造也受益于此。

2. 治理意义

第一，明确了新乡贤参与治理与中国传统乡贤治理的区别。新乡贤参与治理关系着乡贤文化的复兴和善治文化的传承，是新乡贤参与治理融入中国特色基层善治体系过程中亟须解决的首要问题。二者存在以下差异：

首先，身份构成不同。中国传统社会，提倡礼法结合，特别突出"礼"的规范作用，"亲亲"和"尊尊"是礼的核心原则，亲亲父为首，强调家庭内部父权的独尊地位；尊尊君为首，反映国家治理中君权的至高无上。由于中国古代家国同构，家族本位，因而对父权和君权的服从形成了长幼尊卑上下有序、亲疏贵贱内外有别的差序格局。士、农、工、商等阶层的划分，又加剧了民众对等级秩序的深刻认同和依附性。传统乡贤既是家族的杰出代表和利益维护者，也是受到良好儒家文化熏陶的"士"人群体，具有身份上的优越性、不平等性。而当前基层治理中的新乡贤，则作为人民群众的一员，不存在身份等级差异，在治理形式上不仅温情脉脉、富有人文关怀，在治理实质上也能最大限度反映广大群众的核心利益。

其次，主体作用的不同。传统社会依靠乡贤作为绝对主体进行自治，普通民众以务农为主业，并没有进行自我管理的政治权利，亦缺乏从事治理的主体地位。因而乡贤治理是对基层社会诸如税收、教育、农田、水利等各个方面几乎没有遗漏地进行治理。今之新乡贤参与治理，与传统乡贤治理有实质性差异。"参与"二字显示出新乡贤在基层治理中发挥作用的有限性，意味着其目前尚属基层治理多元化主体中的一环，是基层治理的辅助性力量而非主体性力量，其职权的发挥也有领域的限制。不过，通过多元治理主体之间的平等对话、民主协商、理性互动、积极合作，更有利于促进治理水平的提升与良好效果的实现，作为多元主体之一的新乡贤参与治理，正是实现乡村善治与基层治理体系、治理能力现代化的必然要求。

第二，为如何兼顾党的领导与乡村精英智慧的发挥提供了经验。新乡贤参与治理与党的领导之间的关系一直是新时代基层治理的焦点问题。最新通过的宪法修正案规定，党的领导，是中国特色社会主义最本质的特征。新中国成立以来，基层党组织广泛建立健全，成为基层经济、政治、文化、社会等各项事业不断取得历史性成就的根本保障。诞生于20世纪60年代的"枫桥经验"，正是在党的领导下坚持群众路线而产生的社会治理经验。新时代"枫桥经验"与新乡贤参与治理的蓬勃发展，与党的领导及人民群众智慧的发挥相统一有着必然联系。构建"自治、法治、德治"相结合的基层善治体系，不仅为党的十九大报告所明确，而且受到各级党组织的积极贯彻。换言之，党的领导仍然是当前基层社会治理的主要特色。

在诸暨的治理实践中,新乡贤参与治理不仅没有削弱党的领导,反而增强了党组织在新乡贤群体中的影响,反映出二者之间良性运转的密切关系。一方面,新乡贤作为基层精英群体,在党的领导下开展工作,有利于将党和国家的政策有效融入中华优秀传统文化的弘扬、社会主义核心价值观的贯彻、社会主义市场经济在基层的改革与繁荣等基层治理活动中,促使新乡贤参与治理过程中保持与时俱进、紧密贴近群众需求的本色。另一方面,退休还乡的党政领导干部、乡村和社区的老党员成为新乡贤群体的重要组成,这些新乡贤经过长久党组织生活的锻炼,不仅具有丰富的人生阅历、政治经验、处事方法和治理热情,也具有发挥余热反哺基层治理的能力,往往群众威望较高,在应对群体性事件和缓和集体矛盾、宗族纠纷等重要事项上更容易获得群众的信任,在理性处理矛盾纠纷方面就显得游刃有余。因此,在发挥新乡贤作用的同时,坚持党的领导不动摇,是促进基层善治体系创新的不二法门。

第三,为如何定位基层自治与新乡贤参与治理的关系提供了范本。我国宪法确立的基层自治制度,以村民委员会、居民委员会为主要组织,以"民主选举、民主决策、民主管理和民主监督"为主要内容,以群众的"自我管理、自我教育、自我服务"为基本形式,这一制度是中国共产党领导人民群众建设中国特色社会主义民主政治过程中的一项创举。基层自治制度自20世纪80年代以来,运行良好,成就斐然,在当前仍牢固树立。新时代"枫桥经验"中新乡贤参与治理与基层自治制度相比,可以察觉显著不同:

就自治主体而言,基层自治的主体是村民和居民,即广大基层人民群众,村委会和居委会从干部的产生、治理活动的开展、治理行为的监督等都离不开人民群众在法律范围内的直接参与,充分显示出基层自治的群众性、法治性和直接民主性。而且，村委会和居委会的干部严格依据法定的选举程序产生，干部身份必须符合宪法和相关组织法规定的条件。新乡贤参与治理的主体是新乡贤，是人数占一定比例的精英群体，并非代表全部基层民众。且新乡贤的产生并非依据宪法和法律规定，而是由国家政策、乡规民约、社区公约等加以规范，体现出其产生程序的灵活性。

就自治行为而言，基层自治组织的干部虽不属于国家公职人员，但事实上却扮演着民众利益代言人和国家政策执行人的双重角色，虽不受以乡镇政府为代表的基层政权的直接领导，却在事务开展层面受其依法指导，所以基层自治的治理行为凸显强烈的政治属性。而不管是修建桥梁道路、兴办学校工厂，抑或参与制定和实施乡规民约，新乡贤的治理行为虽与法定的基层自治范围有所交叉，但公益性更加明显。公益性决定了新乡贤身份的特殊性和辅助性，因而，新乡贤参与治理在本质上属于少数人行使话语权的"精英自治"，而以村委会、居委会为代表的基层自治则是体现绝大多数民众共同利益的"人民自治"。尽管新乡贤参与治理在治理职能的发挥上反映出乡村精英群体与群众之间的亲和力和积极性，但其只能是基层自治制度的补充和发展，不能刻意夸大新乡贤参与治理作为"独立渠道"的作用，更不能取代占主体地位的村民自治和居民自治。

不难发现，新时代"枫桥经验"中新乡贤参与治理的意义，主要体现为对一系列基层善治体系创新中重要关系的厘清，而上述重要关系问题的解决，既是新时代"枫桥经验"对诸暨新乡贤参与治理的回应，也是对全国现阶段基层治理中如何发挥新乡贤作用的探索与实践。如果说实践本身是新时代"枫桥经验"中新乡贤参与治理的特殊性之表现，众多特征及意义则充分反映了新时代"枫桥经验"中新乡贤参与治理的普适性，而且，新乡贤参与治理虽与中国善治文化及乡贤治理传统一脉相承，但不论从形式抑或内容上都显示出与时代精神相契合的创新趋势。可以说，新时代"枫桥经验"中新乡贤参与治理具有特殊性与普适性、继承性与创新性的统一。

（四）善治启示：新乡贤参与治理的路径完善

新乡贤参与治理，不仅丰富了新时代"枫桥经验"的内涵，也为全国以自治、法治、德治相统一的基层善治体系创新提供了有益借鉴。在坚定文化自信、全面推进依法治国、奋力实现乡村振兴的新时期，新时代"枫桥经验"中新乡贤参与治理有以下启示：

1. 树立法治思维，推进基层治理法治化

基层治理法治化是实现善治的关键。新乡贤参与治理，不仅要强调其个人能力的发挥，也应重视其法治思维的培养。中国传统社会的乡贤治理囿于时代所限，难以脱离人治的窠臼，而现代治理的核心是以法治代替人治，更多突出制度因素，而非一味凸显人格因素。现代法治思维的魅力在于，依法维护公平正义，促进民主政治，建设法治社会，强化权利保障，加强权力约束，将良法善治发展为规则之治、理性之治、监督之治，从而避免了权力滥用的人治陷阱。

新乡贤作为协同治理的主体，也须树立法治思维，坚守法律底线，在行使职权的过程中注意依法保障民众的人身自由、人格尊严、政治权利和经济文化权利，切实满足人们对正义、效率、秩序、公平、自由等法律价值的需求。换言之，作为贤人治理传统的延续，新乡贤不可避免地带有人治的倾向性，而良好法律素养的提升，将有效避免新乡贤在参与治理时曲法就情、因言害法、对无德与失德之人片面强调道德批判无视人权保护、随心所欲扩大乡规民约的惩罚力度造成民众的权益受损，最大限度地缩小肆意妄为、违法乱纪的空间。新乡贤法治思维的树立，也能够自觉将治理行为置于群众监督下，及时保障人权和各项法定权利，时刻尊重人民群众的主体地位，更有利于把各种社会冲突和纠纷的化解纳入秩序化和程序化的轨道上，保障群众的利益诉求依法实现，加速基层治理的法治化进程。

2. 加强道德素养，充分发挥德治优势

能够延揽社会上有道德、有学识、有威望的贤才，是一个政权健康发展、实现善治的重要标志。新乡贤之所以能参与基层治理，首要因素是其具备良好的道德、学识和威望，这既得益于数千年从未中断的中华文明的道德给养，也离不开社会主义先进文化的精神引领。所以，新乡贤参与道德治理，既是中华优秀传统文化的继承者，也是社会主义核心价值观的传播者。

古往今来，尚和仁爱、崇礼明德、重义轻利、经世致用、尊老爱幼、孝敬父母、亲邻睦邻等积极因素，重义轻利、尊老爱幼等中华传统美德不断流淌在中华民族的血液里，对维系基层的宗族和睦、邻里友善、秩序稳定与文化繁荣影响深远，也铸造了新乡贤群体的社会责任感。而追求"富强、民主、文明、和谐、自由、平等、公正、法治、爱国、敬业、诚信、友善"的社会主义核心价值观与中华传统美德一脉相承，同样是新乡贤道德素养及社会担当的重要支柱。但道德的遵循依赖人的内心自觉，社会经济环境的变化随时影响着民众的道德认同感。新乡贤既是贤能之士，也是道德模范，因而新乡贤道德素养的加强，不仅有利于延续"乡村文脉"[1]、反映出一方水土的德治功效，也有利于发挥道德模范的引领作用，积极影响民众形成崇德向善的社会风尚。

3. 优化综治观念，以"三治合一"实现善治

经验表明，新乡贤坚持自治、法治、德治"三治合一"的治理途径，充分

---

[1] 黄海：《重视"软约束""软治理"：用新乡贤文化推动乡村治理现代化》，载《人民日报》2015年9月30日07版。

满足新时代基层社会治理以自治巩固人民主体地位、以法治保障权利、以德治内化人心的善治需求。"三治合一"的综治模式，在提高基层群众自治的决策水平与事务公开的透明度，促进民主法治村建设，防止乡村宗族势力、黑恶势力形成并干扰社会治安，规范村民自治组织与基层党政机关的关系，防范因公权力滥用造成政府对村民事务过度干预等方面成绩斐然。

正所谓金无足赤，任何治理方式都不可避免地存在缺陷，自治、法治、德治亦然。缺乏法治与德治的保障，自治的民主特质将黯然失色；失去自治、法治的支撑，德治的教化功用也无法落地生根；离开自治、德治的给养，法治也会陷入冰冷严酷的困境。在基层治理中，自治、法治、德治缺一不可，三者结合，既可以弥补功能上的短板，也可以最大限度地促使善治愿景成为现实。可以说，自治、法治、德治在新乡贤参与治理的过程中实现了有机统一，善治是包括新乡贤在内的所有基层自治主体的价值追求。所以，积极改善综治观念，发挥新乡贤"三治合一"的治理优势，更有利于实现基层善治，并巩固善治成果。唯其如此，才能实现中央农村工作会议所提出的"必须创新乡村治理体系，走乡村善治之路"的目标，才能更好地服务于中国特色社会主义乡村振兴事业和基层社会治理现代化，才能更好地推进新时代"枫桥经验"的创新发展。

综上所述，新时代"枫桥经验"中的新乡贤参与治理，是对中国古代善治文化以及乡贤治理经验的继承与革新，是结合时代精神、体现善治追求的重大超越。新乡贤参与治理，以基层善治为目标，以乡贤参事会、乡贤协会、乡贤帮忙团、乡贤调解团等新乡贤组织为平台，以自治、法治、德治"三治合一"为途径，以自治凸显人民主体地位，以法治外化于行，以德治内化于心，极大地丰富了基层民主自治实践；既弘扬了中华优秀传统文化和社会主义核心价值观，重构乡村文化，塑造文明乡风，又提高了新乡贤自身及群众的法治思维与法律素养，推动了基层治理法治化的进程，还建立起以基层党组织为核心、以基层自治组织为基础，多元治理主体充分协同发挥作用，共谋、共建、共治、共享的善治新格局。所以，新时代"枫桥经验"中的新乡贤参与治理，实现了经验的特殊性与普适性、文化的继承性与创新性的统一，是基层善治与社会治理创新的典范。

第二章
坚持新时代"枫桥经验",推进矛盾纠纷化解法治化

一、新时代"枫桥经验"与矛盾纠纷源头治理

矛盾纠纷源头治理是社会治理的重要方面,旨在从根源上防范风险、化解矛盾,通过凝聚和发挥基层智慧,第一时间、最低成本解决问题,构筑起预防化解矛盾纠纷、遏制重大刑事案件和社会问题发生的第一道防线。因此,矛盾纠纷源头治理不仅是建设更高水平的平安中国、法治中国的必然要求,更是实现良法善治、推进国家治理体系和治理能力现代化的题中应有之义。2021年2月,中央全面深化改革委员会第十八次会议审议通过的《关于加强诉源治理推动矛盾纠纷源头化解的意见》强调,"法治建设既要抓末端、治已病,更要抓前端、治未病。要坚持和发展新时代'枫桥经验',把非诉讼纠纷解决机制挺在前面,推动更多法治力量向引导和疏导端用力,加强矛盾纠纷源头预防、前端化解、关口把控,完善预防性法律制度,从源头上减少

诉讼增量"①。2021年7月印发的《中共中央 国务院关于加强基层治理体系和治理能力现代化建设的意见》再次强调"坚持和发展新时代'枫桥经验'"②，增强基层平安建设能力。一系列治理实践和经验表明，矛盾纠纷源头治理既是一个不断实践、探索和创新的过程，又是融顶层设计、制度规范、文化传统、经济水平等因素和地方性实践之间不断调适和动态发展的系统工程。在推进全面依法治国的今天，如何立足实际，在法治轨道破解治理困境，促进社会安定有序和治理水平持续提升，实现矛盾纠纷源头治理法治化转型，是创新发展新时代"枫桥经验"、推动基层社会治理现代化必须审慎对待的重要课题。

（一）新时代"枫桥经验"与矛盾纠纷源头治理的内在联系

新时代"枫桥经验"作为中国共产党领导人民群众创造的预防调处化解社会矛盾卓有成效的治理方式，其精髓与形成于20世纪60年代的"枫桥经验"一脉相承，万变不离其宗，即"坚持和贯彻党的群众路线，在党的领导下，充分发动群众、组织群众、依靠群众解决群众自己的事情，做到'小事不出村、大事不出镇、矛盾不上交'"③。矛盾纠纷源头治理处于推进基层治理现代化的前沿位置，无论治理目标、治理主体、治理基础、治理资源，均与新时代"枫桥经验"具有高度的相似性。

1. 在治理目标上，均注重矛盾预防化解和社会长治久安

针对矛盾纠纷急剧增长且日益复杂化、多样化而司法机关不堪重负的挑

---

① 《习近平主持召开中央全面深化改革委员会第十八次会议强调 完整准确全面贯彻新发展理念 发挥改革在构建新发展格局中关键作用》，载《人民日报》2021年2月20日01版。
② 《中共中央 国务院关于加强基层治理体系和治理能力现代化建设的意见》（2021年4月28日），国务院官网，https://www.gov.cn/zhengce/2021-07/11/content_5624201.htm。
③ 《习近平谈治国理政（第三卷）》，外文出版社，2020，第222页。

战,新时代"枫桥经验"强调各级党委、政府及社会力量、人民群众协同治理,综合运用法律、行政、政策等手段,预防化解各种民间纠纷、行政纠纷、经济纠纷和群体性纠纷,最大限度调动各方积极因素,畅通社情民意表达渠道,防止矛盾激化,就地解决问题。为了有效维护基层安定,新时代"枫桥经验"确立了诸多紧贴实际、深入人心的机制,例如,以组织工作走在预测前、预测工作走在预防前、预防工作走在调解前、调解工作走在激化前的"四前工作法"为核心的预防机制,以苗头性纠纷、易激化纠纷、经济纠纷、赡养抚养纠纷、倾向性牵连性纠纷、影响生产的纠纷优先调处为内容的"六优先"介入机制,以倾听当事人陈述要专心、调查取证要用心、心理疏导要耐心、调处纠纷要诚心、做出结论要公心、遇到反复要恒心为内容的"六个心"调解机制,等等。[1]这些机制均有助于根据矛盾纠纷的轻重缓急有的放矢,通过群策群力、及时处置,化早、化小、化苗头,把矛盾解决在源头,把隐患消除在萌芽状态。源头治理同样以在一线消除矛盾为目的,其要义在于推动矛盾纠纷预防化解的关口前移和重心下移,确保困扰群众生产生活的各种痼疾顽症能够及时有效地破解在基层。在这一层面,新时代"枫桥经验"与源头治理高度吻合,不啻为源头治理的典型样本。

2. 在治理主体上,均强调发挥各方优势形成社会治理共同体

社会治理在主体上强调多中心共治,意味着通过多元主体协同,实现党领导下的政府治理和社会调节、居民自治良性互动,最大限度地增进公共利益。新时代"枫桥经验"能够持续焕发生机,并在全国基层社会治理实践中脱颖而出,从社会治理的"试验田"一举成为体现制度优势、中国智慧、中国经验的"示范区",其原因正在于长期坚持党委领导、政府负责、社会协

---

[1] 汪世荣主编:《"枫桥经验":基层社会治理的实践(第2版)》,法律出版社,2018,第156—164页。

同、公众参与的基本格局，尤其在各级党委政府的指导、引领和协调之外，尊重人民群众的首创精神，鼓励群众和社会力量基于生产生活及人际关系恢复和矛盾化解的需要进行自觉创造，如此一来，大政方针、法律法规以及党和国家对社会矛盾纠纷化解的要求能够迅速地以行政举措、自治行为等方式贯穿于社会治理全过程。这些举措又根据问题和矛盾的变化及时调整，使新时代"枫桥经验"始终体现出与时俱进、实事求是的特色。换言之，"枫桥经验"是名副其实的多元治理主体有所分工而又齐心合力的杰作。源头治理亦离不开多元主体和衷共济，越是跨界、复杂、关联的矛盾纠纷，越是有激化、溢出、蔓延等风险和倾向的矛盾纠纷，越需要党委政府科学判断、精准施策以及社会力量和人民群众积极动员、广泛参与，使各方同向发力。因而，发挥各方优势，形成利害相关的社会治理共同体，符合新时代"枫桥经验"的基本精神，也契合源头治理的现实需要。

3. 在治理基础上，均重视广大乡村和社区的有效治理

乡村和社区是社会治理的重要单元，也是连通家庭与社会的重要纽带。广大乡村、社区的有效治理，直接关系到平安建设、法治建设基础的坚实可靠。一方面，基层矛盾纠纷虽然纷繁复杂，但极少有纠纷可以脱离乡村、社区环境而发生，尤其是常见的宅基地争议、赡养抚养争议、劳动争议、拆迁纠纷、电信诈骗等，最受群众关心也最易激化为社会问题，甚至演变为上访的案件。另一方面，乡村和社区是最基层、最前沿、最深入群众、和群众的血肉联系最密切的组织单元，矛盾纠纷在乡村、社区化解，有助于修复人际关系，增进群众互信，提升社会凝聚力，促进广大群众和睦相处，努力满足群众对安居乐业的渴望、对良好秩序的期待和对公平正义的追求。新时代"枫桥经验"最显著的优势就在于源于乡村、社区，扎根基层，通过对问题的稳妥解决，将困扰群众生产生活的消极因素转化为乡村、社区有序发展的

积极因素，促进人、社会和经济的全面发展。源头治理的主要场域依然是乡村、社区，只有矛盾纠纷不蔓延、不激增，社会治理的风险和隐患才能最大限度地消除。因此，广大乡村和社区既构成了社会治理的基础，也成为实现社会善治的最佳平台。新时代"枫桥经验"强调重视乡村、社区矛盾化解，以基层"小平安"促进社会"大平安"，正是其源头治理功能的彰显。

4. 在治理资源上，均依托法律、文化、科技等相互支撑

根据治理需求的变化，以务实理性的态度充分挖掘并综合运用法律、文化和科技等各种资源，确保社会秩序良性发展、公平正义及时实现，是新时代"枫桥经验"经久不衰的一大动力。特别是新时代"枫桥经验"在创新发展过程中，完成了由点及面，由个例到范例，由统筹各类治理资源到形成自治、法治、德治"三治融合"的制度性转变。"三治融合"也成为"枫桥经验"的"标识性创新成果"[①]。在自治层面，注重完善基层民主自治，发挥村规民约、社区公约的规范作用；在法治层面，注重运用法治思维和法治方式回应群众诉求、化解矛盾纠纷，构建各部门、各单位共同参与的"大调解"体系，法治宣传教育覆盖城乡；在德治层面，注重发掘、弘扬中华优秀传统文化，传承红色文化，推动社会主义核心价值观融入群众生活，通过新乡贤文化、家风家训、良善礼俗等教化作用，增强基层自治与法治的道德底蕴，实现继承性与创新性的统一。除此之外，新时代"枫桥经验"也敏锐地察觉到科技的力量和作用，尝试探索以智慧治理支撑并强化"三治融合"，通过构建"互联网+社会治理"的新模式，促进公共服务体系、矛盾纠纷化解机制、社会风险防控体系等转型升级，提升社会治理的智能化水平。这就把社会治理的各种优势因素和资源与时俱进地融合起来，为社会治理注入了新的动力

---

① 张文显：《新时代中国社会治理的理论、制度和实践创新》，载《法商研究》2020 年第 3 期，第 14 页。

和活力。源头治理亦是与系统治理、依法治理、综合治理等理念融会贯通以及自治、法治、德治、智治相结合的过程，其对法律、文化、科技等资源统筹协调，与新时代"枫桥经验"有异曲同工之妙。

（二）矛盾纠纷源头治理法治化的必要性及其挑战

从国家政策的走向上看，"法治"的重要性随着习近平法治思想的正式确立以及全面依法治国方略的深入推进而与日俱增，法治成为治国理政的基本方式和重要环节，"法治化"也成为社会治理体系与治理能力现代化的重要标志。正如习近平总书记在党的二十大报告中强调的："推进多层次多领域依法治理，提升社会治理法治化水平。"矛盾纠纷源头治理是社会治理的重要方面，亦须以提升法治化水平作为其发展方向。

1. 矛盾纠纷源头治理法治化的必要性

矛盾纠纷源头治理的法治化，既有助于体现法治在社会治理中基础性保障作用，也是创新发展新时代"枫桥经验"推动社会治理现代化的必由之路。

一方面，源头治理具备坚实的法治基础。源头治理关乎社会治理能否真正打通"最后一公里"，是法治建设既要抓末端、治已病，更要抓前端、治未病的关键所在。当前，普法宣传的深度和广度都有明显进步，群众获得法律知识并寻求法律手段和途径解决问题的自主性显著提升，与之呼应的是，运用法治思维、法治方式应对矛盾纠纷也成为各级党委、政府的"必修课"，这就为矛盾纠纷依法化解营造了充分的法治社会环境。同时，在各地有序实施大调解工作机制、诉源治理、非诉讼纠纷解决机制、社会矛盾纠纷调处化解综合机制、在线矛盾纠纷多元化解平台（ODR）等一批矛盾纠纷源头治理机制的运行和完善，也离不开法治力量的推动。例如，广泛存在于全国法院系统的诉源治理，即是以各级法院及法官为主体，以涉"诉"纠纷为对象，以"源"头化解为重点，以体现多元主体、多种举措、多方资源的"治理"为手段，这一机制强调人民法院应在社会治理的框架内发挥依法调处及裁判各类基层纠纷的作用，力求实现从源头上减少诉讼增量。经过诉源治理，许多存在激化苗头的民事纠纷均得到及时妥善的处理，人民群众对依法维护切身权益的需要也得以满足，诉讼的存量和增量尤其是因民事争议处理不好而转化为刑事案件的比例大幅减少。可以说，诉源治理既是一项以法治力量助推社会治理的成功机制，也是一件司法为民、利民、便民的民心工程。

另一方面，法治化是包括源头治理在内的社会治理现代化的必然选择。法治在国家和社会治理中具有固根本、稳预期、利长远的保障作用。法治元素和法治精神已经贯穿于以新时代"枫桥经验"为代表的一切社会治理实践的全过程。首先，法治化有利于合理界定多元主体的责任范围和合作空间，使各级党政机关有效克服职能"越位"或"缺位"的弊端，保证行政权力和自治权利规范行使、政府管理和基层自治良性互动，夯实源头治理的制度根基。新时代"枫桥经验"中多元主体能够合作共治，与各主体依法发挥职能密不可分。其次，充分发动和依靠群众自主解决问题，是让群众拥有获得感、幸福感、安全感最直接的方式。无论是作为红色法治文化代表的"马锡五审判方式"，还是被誉为基层治理典范的新时代"枫桥经验"，核心都在于坚持群众路线，这也是我国社会治理最杰出的创造，而法治化恰恰实现了群众路线与法治建设的有机统一，也为在源头化解纠纷、以法治造福群众奠定了基础。最后，新时代"枫桥经验"中，除法院系统的诉源治理之外，还活跃着基层监察机关对社会治理领域的法律监督、司法行政部门对基层公共法律服务体系的健全以及基层党政机关对社会信用体系的完善等，这些均为依法保护权利、协调各方利益、维护公平正义、实现良法善治提供了有力支撑，也使矛盾纠纷源头治理不仅具备"共治"优势,而且彰显"法治"特色。

2. 矛盾纠纷源头治理法治化亟待解决的现实问题

目前,矛盾纠纷源头治理依然存在着许多影响法治化转型的机制性问题,这些问题构成创新发展新时代"枫桥经验"、推动社会治理现代化的重要挑战,必须正确诊断并理性应对。

其一,多元主体依法治理合力有待加强。实现源头治理法治化,需要充分发挥多元主体遵循法律进行合作共治的作用。然而,囿于各地经济社会发展程度和对法治及社会治理认识水平的差别,目前形成的社会治理共同体的作用发挥仍受不少因素的制约。例如,一些地方党政机关之间的联动融合存在较大短板,无法实现各部门优势互补综合排查化解矛盾纠纷,也无法促成政法综治部门内部数据、信息等必要的联通与整合;再如,各地法律服务类社会组织参与治理的程度和成效差异明显,一是不少地方虽然培育了一定数量的法律服务类社会组织,但发挥作用者占比较低,二是农村地区法律服务类社会组织的建设能力和活跃度明显低于城市地区;又如,一些基层干部对群众的合法诉求了解不到位,团结、发动群众自我化解矛盾的能力不足,对风险、隐患的了解和排查不及时,等等;除此之外,党政社群之间的法治联动机制也有待提升,如不同地域综治中心、社会矛盾纠纷调处化解中心的建设与运行标准不一,风格各异,有些地方仅注重法治部门干部力量的进驻,对法律服务类社会组织和群众代表的参与支持不够。正是由于这些因素的掣肘,现有的部分社会治理共同体虽有规模而效能不彰。

其二,源头治理的制度供给水平参差不齐。社会治理强调多种规范相协并重。在基层,村规民约、社区公约、行业章程等社会规范的保障作用更加凸显,国家规范与社会规范相互补充、密切配合的治理制度体系的优势也体现得更加彻底。然而,一些影响制度供给的因素依然存在,譬如:有关社会治理和社会领域的地方立法，尚处于部分城市在《中华人民共和国立法法》（以下简称《立法法》）框架下自觉探索、试点先行的阶段，许多城市尚未摆脱依靠政策和行政手段推进社会治理的传统思维，还没有树立在法规、政策等规范的综合作用下实现良法善治的新思维。再如，乡规民约、社区公约、行业章程等社会规范一旦制定，有些地方便束之高阁，制度上墙而未能入心的现象大量存在；社会规范实施、监督、修订等缺乏必要保障，一些社会规范内容过时或不切实际的现象长期得不到纠正；社会规范之间简单模仿、忽略实效等问题普遍突出。值得注意的是，部分地区的社会治理政策仍受兜底思维、管控思维的影响，尚未完成向引领型、治理型转变，行政命令的触角及于社会规范内容的方方面面，这就限制了自治组织和人民群众发挥聪明才智的空间，使不少社会规范缺乏用武之地，以致法规政策和社会规范之间缺乏应有的默契与合力。

其三，智能化法治平台作用发挥尚不充分。近年来，随着人工智能、大数据等科学技术的日新月异，群众便捷化治理需求也日益增长，旨在重塑网络与社会关系、整合网上与线下资源、推动风险防范和纠纷化解出现颠覆性质变的智慧治理备受各治理主体青睐，各级党委政法委和公安、检察院、法院、司法局等也纷纷建立了以城市大脑、综治中心视联网工程、电子诉讼平台等为代表的智能化法治平台。然而，这些平台在现阶段的支撑下作用虽巨大但不充分。一是覆盖全域的统一的社会治理与平安建设数据平台未能真正建立，党政机关、企事业单位和基层乡镇（街道）的信息共享和衔接机制有待改进，以致对于源头发生的纠纷和事件无法精确预判和应对，不同主体间不同步、不协调、各自为政的状态依然存在；二是上至区域性的城市大脑、一体化智能联动指挥平台，下至基层综治中心视联网工程、法治乡村和法治社区终端等，各地的建设标准、发展程度、使用频率各不相同，跨区域的信息难以互联互通，影响信息分析并精准施策的水平；三是智能化法治平台的信息采集、数据更新、后台管理、系统升级等尚未满足及时、高效的要求，其智慧服务板块的设计不仅无法满足各部门及时高效监测、预防矛盾纠纷的需要，也并未完全贴合群众需求，以致让数据多跑腿、群众少跑腿的设想迟迟未能落地生根。

（三）借鉴新时代"枫桥经验"推动矛盾纠纷源头治理法治化

把脉、回应和破解矛盾纠纷源头治理中的种种问题，既是推动源头治理完成法治化转型的过程，也是创新发展新时代"枫桥经验"、实现社会治理现代化的过程。为了在法治轨道上切实提升源头治理效能，需要从以下几个方面加以改进。

1. 坚持共建共治共享，提升社会治理共同体的凝聚力

共建共治共享是新时代"枫桥经验"的重要内容，也是加强社会治理共同体建设的重要前提。共建共治共享从主体、路径、目标等不同维度体现了我国基层社会治理制度的内在逻辑和要素构成，在党委、政府、社会、人民群众互联互通、优势互补之下，既可以释放综合性、系统性的治理效能，以专业化与协同化相结合的方式破除部门分割、各自为政、政社分离的弊病，增进社会治理的活力和动力；也可以凝聚法治资源和力量，为解决跨界性、关联性、复杂性的社会矛盾纠纷提供条件；还可以让人民群众无论是在矛盾纠纷消解在未然之前，还是依法化解在已然之后，均能充分享受到良法善治所带来的平安环境和治理红利，既心情舒畅又关系和谐。因而，在新时代"枫桥经验"中得到实践和完善的共建共治共享，对于实现矛盾纠纷源头治理和构建预防性法律制度，具有十分重要的导向意义。推动矛盾纠纷源头治理法治化，必须同共建共治共享的内涵与要求联系起来。

一是结合共建的要求,各地要以完善综治中心、社会矛盾纠纷调处化解中心等建设为契机,立足本地实际,建立政法综治部门同党委、政府、社会各方之间的工作联动机制,聚合功能,融合力量,明确不同主体的角色定位和职能职责,推进其职能、权限、程序、责任法定化,理顺合作关系和沟通机制,拓展多元主体共同参与的制度化渠道,强化区域内重大风险、矛盾的防范和应对能力;二是结合共治的要求,各地须破除当前社会治理中的体制机制弊端,通过党委领导、政府负责、民主协商、社会协同、公众参与、法治保障、科技支撑的基层社会治理体系实现矛盾纠纷源头治理的法治化,加强对党政干部依法化解纠纷能力的培养,重视高质量法律服务类社会组织的培育,尤其支持和引导农村法律服务类社会组织建设,引导广大群众依法维权和依法办事,推动多元主体在依法治理过程中实现良性互动;三是结合共享的目标,密切关注人民群众最关心的利益问题和个案的实质正义与程序正义,不断优化党组织领导下的政府、社会、群众力量合作共治机制,体现依法进行源头治理的最大合力,确保源头治理变得更具科学性、民主性,实现党委、政府、社会、群众对安全稳定秩序的需求和社会公平正义的追求相耦合,让社会治理共同体更具凝聚力、生命力和影响力。

2. 加强供给能力建设,完善"三治融合"的制度保障

在"三治融合"中,以法治为轴,"三治"在实践层面呈现出"你中有我,我中有你"的样态:法治之下行自治,自治运行循法治;自治之中践德治,德治之中含法治;自治、法治、德治在有力的制度保障下,最终达到基层治理的良法善治。[1]新时代"枫桥经验"治理成效的彰显,离不开对大政方针的深刻领会和对成功做法的总结坚持,并以此为基础进行了制度层面的自

---

[1] 孙冲:《村庄"三治"融合的实践与机制》,载《法制与社会发展》2021年第4期,第22页。

觉探索，一言以蔽之，即"完善了中央立法、地方立法和社会规范的三层治理制度体系，形成了自上而下和自下而上相结合的基层社会制度供给状态"①。矛盾纠纷源头治理法治化，同样需要加强供给能力建设，形成地方立法与社会规范相互衔接的制度保障机制，形成一整套紧密相连、衔接协调的体制机制和制度安排。

一是统筹市域层面的顶层设计，着眼于社会建设和治理需要，遵循"科学立法、民主立法、依法立法"的原则，经过充分调研和论证，针对各种新型的、复杂的社会问题及容易产生重大纠纷的高风险领域等做出规定，提供自上而下的制度供给；二是立足基层社会的治理实际，重视社会规范对自治、法治、德治的支撑，在不与法律法规冲突的前提下，制定能够协调社会多方利益关系、契合城乡居民价值认同和道德追求、反映各领域（如乡村、社区、街道、行业、团体）自治实际和发展规律的社会规范，提供自下而上的制度支撑，彻底改变一些地方基层治理中社会规范边缘化、薄弱化、虚置化的现象；三是借鉴新时代"枫桥经验"中社会规范定期评估、修订机制，加强监督和实施，重视社会规范对社会主义核心价值观、中华优秀传统文化、红色法治文化、地域特色文化的传承和弘扬，让承载明是非、辨善恶、守诚信、知荣辱的社会规范深入人心，让人民群众能够在遵守规范的同时，涵养法治意识，加深文化认同，提升道德风尚。三者并重，有助于形成矛盾纠纷源头治理中重点领域有法可依、基层社会依法运转的国家法与民间法上下互通、衔接互洽的法治秩序。

3. 提升智能化法治平台建设水平，实现科技与源头治理深度融合

依托智能化法治平台进行智慧治理是新时代"枫桥经验"在新发展阶段

---

① 汪世荣：《"枫桥经验"视野下的基层社会治理制度供给研究》，载《中国法学》，2018 年第 6 期，第 5 页。

所呈现的新亮点和新特色，代表着基层社会治理在大数据时代的新趋势。在新时代"枫桥经验"的创新发展中，以基层治理"四平台"为代表的智能化法治平台扮演了重要角色，"四平台"以乡镇（街道）的矛盾纠纷化解为切入点，引入人工智能、大数据等科学技术，运用矩阵化管理理念，将政府各部门派驻机构所承担的职能与乡镇（街道）进行整合，使内容相近、职责交叉和协作密切的功能归于一类，由此完成机制重塑和力量集中，形成了"综治工作、市场监督、综合执法、便民服务"四个数据平台。"四平台"与基层综治中心视联网工程、法治乡村和法治社区终端数据共享，不仅向下改善了便民服务和执法监督、风险预测水平，也向上支撑了城市大脑等全域数据平台的信息收集与更新。矛盾纠纷源头治理法治化，亦可借鉴新时代"枫桥经验"并不断发挥各类智能化法治平台作用。

一是在各级党政机关的统筹下，完善城市大脑等平台建设，深化市域、县域、基层的数据联通，打破部门、企业、团体、基层单位之间的数据孤岛，促进信息资源的系统集成，尤其是推进政法部门之间信息资源的互联互通，加强整体层面认识和把握社会矛盾的能力，提升具体层面研判和应对各种事件的本领，在科学技术的辅助下实现"1+1>2"的治理效能；二是以便利群众、服务民生、实现社会公平正义为出发点，持续优化政法综治以及公安、检察院、法院、司法行政系统等智能化平台建设，构筑市、县、镇、村四级网上法治资源服务供给体系，合理设置应用板块，健全信息收集和问题发现、预警、流转、处置机制，推动"网上事项网上办理""网上纠纷网上化解"，推动新时代"枫桥经验"向网络版拓展和升级，持续夯实矛盾纠纷源头治理的"智能化"基础；三是增强社会治理队伍智慧治理知识和业务能力的培养，提升基层网格员队伍的法治素养，对各类治安要素、风险隐患、涉诉纠纷进行精准、动态掌握，确保各类信息更新及时、数据分析科学、后台管理有序，同时，注意信息使用的合法合规，加强个人信息与重要数据保护。

4. 回归人民中心本位，以精细化促进源头治理法治化

新时代"枫桥经验"的核心价值是以人民为中心，注意加强良好的干群关系，尊重群众的首创精神，在政策制定与实施、纠纷预防与化解等方面，始终坚持以群众满意作为检视治理成效的根本标尺，将政治效果、法律效果、社会效果的有机统一和个人利益、集体利益的协调并重作为成功化解矛盾纠纷的重要考量。因此，新时代"枫桥经验"不断向精细化治理迈进，制度关怀及于群众生活的细枝末梢，形成了一系列可参考、可复制的治理标准，使风险预防、矛盾化解、乡村振兴、经济发展等有了有温度、有效率的基层社会基础。破解矛盾纠纷源头治理精细化难题的密钥，在于以人民为中心；以精细化助推社会治理法治化的关键，也是以人民为中心。

一是要加强调查研究，以一手资料增强政策的针对性和有效性，以一线信息助力党政机关、法治部门对社会治理发展规律、存在问题的准确把握，让政策、举措接地气、入人心，着力解决政府"自上而下"的管理诉求与居民"自下而上"的权益诉求之间的矛盾；二是以标准化改进和完善精细化，用好大调解机制和社会矛盾纠纷多元调处化解机制，推动"枫桥式"派出所、司法所、法庭、检察室、电力网点等向县域、市域升级，使业已成熟的乡村、社区、乡镇、企业等基层治理标准向县域、市域延伸，让精细化的社会治理满足群众需求、符合群众期待、回应群众关切；三是依法推进社会治理精细化，加强法治政府、法治社会和法治文化建设，将诉源治理、访源治理、检源治理等融于精细化治理之中，提升源头治理的整体性、有序性和协同性，构建起紧密型、有效型的源头治理联动机制；四是重视综合绩效改革等形成新的考评体系，尤其重视对各级党委政法委和其他法治部门源头治理实效的考核与评估，补强精细化的短板，形成标本兼治、内外相维、持久长

效的基层社会治理体系，促进社会和谐与安定团结。

总之，新时代"枫桥经验"以社会和谐稳定为目标、以群众需求为导向、以"矛盾不上交"为特色，融合了马克思主义先进理论、中华民族治理智慧、中国基层社会治理实践经验，是平安中国建设、法治中国建设和社会治理现代化的杰出成果，它的与时俱进和历久弥新，已经超越了单纯的社会矛盾纠纷预防调处化解经验，而成为党领导人民群众创造的一整套行之有效的社会治理方案，亦成为中国基层社会治理制度的经典样本。矛盾纠纷源头治理的根基在基层，力量源泉在基层，实现法治化的关键也在基层，与新时代"枫桥经验"在治理目标、治理主体、治理基础和治理资源等方面存在着高度的相似性。借鉴新时代"枫桥经验"，在法治轨道上推动矛盾纠纷源头治理，通过加强共建共治共享、提升制度供给能力、增强智治支撑作用、提高精细化治理水平等，将有效发挥法治保障作用，提升基层社会治理的法治化水平，实现群众安居乐业和社会长治久安。

二、新时代"枫桥经验"与大调解体系建设

大调解是立足于被誉为法治"东方经验"的人民调解基础之上，以人民调解、司法调解和行政调解为主干，以行业性、专业性调解为重要补充，综合利用当代中国解决纠纷的各种制度资源，在保持"开放式的结构"[①]的同时，体现深厚的中华文化底蕴和鲜明的时代发展特色的矛盾纠纷多元化解机制。作为中国基层社会治理的典型，"枫桥经验"的诞生、发展和革新始终贯穿着重视调解、依靠群众化解矛盾的底色，而大调解不但成为"枫桥经验"

---

① 栗峥：《国家治理中的司法策略：以转型乡村为背景》，载《中国法学》2012年第1期，第84页。

的基本环节和长效工作机制，也被誉为"枫桥经验"升级版的精华内容①。目前，各地在坚持和发展"枫桥经验"的同时，也着力创新和深化大调解体系②，使大调解在基层社会治理法治化的进程中日益释放出积极的治理效能。基于国家治理体系与治理能力现代化以及健全矛盾纠纷多元化解机制的需要，对"枫桥经验"视域下的大调解体系进行学理探讨、实证分析和制度反思，既有助于充分认识和发挥大调解在我国基层社会治理中的作用，增强制度供给，强化制度认同，也将裨益于大调解特色的彰显，进而为实现良法善治、创新发展新时代"枫桥经验"注入新的智慧。

（一）"枫桥经验"中大调解体系的治理逻辑

"枫桥经验"的内涵在于"坚持和贯彻党的群众路线，在党的领导下，充分发动群众、组织群众、依靠群众解决群众自己的事情，做到'小事不出村、大事不出镇、矛盾不上交'"。这种立足于发挥党政干部和人民群众两个积极性，因时制宜、因地制宜、及时高效化解矛盾的核心理念，贯穿整个大调解体系的建设。因此，"枫桥经验"中的大调解体系，有着鲜明的服务于社会治理创新、综合化解社会矛盾的治理逻辑。

1. 契合民众最小成本化解纠纷的心理需求

在改革进入攻坚期和深水区的背景下，我国基层社会治理现代化的步伐加速，基于生产生活和经济原因导致的跨区域人员流动更加频繁，熟人社会渐行渐远，后乡土社会、陌生人社会成为普遍的基层社会形态，与之相伴的

---

① 冯卫国：《"大调解"体系建设的"枫桥经验"——完善多元化纠纷解决机制的新探索》，载《山东科技大学学报（社会科学版）》2018年第6期，第36页。
② 21世纪初，南通等地便探索推进大调解工作机制，综合各方优势资源，致力于矛盾纠纷的化解。党的十八大以来，随着大调解成为"枫桥经验"的重要工作方法之一，无论是治理逻辑还是具体实践等，均出现新的变化。

是，社会阶层与社会分工不断细化，社会利益关系日渐复杂，民众的法律意识和维权观念日益增强，以婚姻、继承、合同、侵权、邻里关系为代表的传统纠纷与民间借贷、知识产权、交通事故、医疗赔偿、物业纠纷、劳资纠纷等新型纠纷交织迸发。司法机关持续面临案件激增、案多人少的压力，各级政府和执法部门所接触的新旧治理难题也有增无减。人民日益增长的美好生活需要和不平衡不充分的发展之间的矛盾具体到诉讼领域，就体现为民众维护合法权益、实现公平正义的追求与耗费更多时间、精力和经济成本之间的矛盾。尤其是种类多样、层出不穷的民事纠纷，经过一场旷日持久的官司，不仅严重消释民众的维权热情，也加剧了司法资源的紧张程度和原被告双方的各项负担。因此，在保障公平的前提下，以最便捷、最快速、最低成本的方式化解矛盾纠纷，成为民众共同的心理需求。

大调解的出现恰恰契合了这一普遍心理。作为一种源于本土而又与时俱进的纠纷化解方式，大调解既不同于极具专业化、市场化色彩的源于美国的替代性纠纷解决程序 ADR（Alternative Dispute Resolution），也有别于规范性程度更高、更加追求程序正义的诉讼程序，其在专业团队建设、调解程序保障上又兼具上述机制的优点。在"枫桥经验"中，大调解一方面保持着调解员热心周到、不拘泥于固定场所、及时介入矛盾纠纷、程序简便、效率较高的传统优势，一方面在条件许可的地方，通过与人民法院共享在线矛盾纠纷多元化解平台 ODR（Online Dispute Resolution），将调解程序融入智能化、信息化治理，使最大限度提高调解效率、节约司法资源、节省社会成本的在线调解成为民众喜闻乐见且参与意愿日益增长的纠纷化解方式。尽管在调解过程中，矛盾双方不可避免地存在相互让步所带来的权利减损的情况，但随着大调解机制依法运行水平显著提升、调解员依法调解的自觉性空前高涨，大调解对民众最小成本化解矛盾纠纷的心理需求的满足以及合法权益的保障远较以往进步。

2. 体现以人为本和源头治理的基本理念

法治是人的目的性活动，维护人的尊严是法治的"终极价值追求"①。大调解作为一项社会工程，首先面临着价值选择、协调和维护的问题。早在《尚书》中，就出现了"民惟邦本，本固邦宁"的著名论断，由此形成了一系列重民、爱民、富民、以人为本的主张，构成绵延数千年之久的中国传统治理文化中最富有理性的精神内核。近现代的红色革命文化以及当代的社会主义先进文化均坚持全心全意为人民服务，把人放在首位，在促进人的幸福和发展的基础上实现民族解放、国家富强。"枫桥经验"是传统治理文化与新中国社会发展现实相结合的产物，其中的大调解亦秉持了民惟邦本的传统观念与新时代"以人民为中心"的法治核心理念。在"枫桥经验"的大调解实践中，群众路线得到完整贯彻，充分依靠人民群众化解矛盾纠纷，认真对待和保障群众的正当权利，注重从程序和实体两方面维护群众的合法权益，不因强调稳定和秩序而冲击人本的最高价值、不因减少诉讼量和一味追求效率而强制调解，始终是一以贯之的基本做法。

虽然人本价值高于效率和秩序，但并不意味着依法保障人的尊严可以忽视效率和秩序价值。"法律和秩序总是文明社会赖以存在的基础"②，实现人的充分发展、寻求高效的矛盾化解、维持和谐健康的社会秩序，恰恰是构建法治社会和基层社会治理创新的一致追求。相较于司法的被动性，"枫桥经验"的一大特色就是主动介入矛盾纠纷，"化早、化小、化苗头"，"第一时间发现、第一时间现场化解"。由此形成的"四前工作法"③和"四先四早工作

---

① 李桂林：《法治价值观：以人的尊严为导向》，载《法学》2020年第4期，第76页。
② [英]丹宁著，李克强、杨百揆、刘庸安译：《法律的正当程序》，法律出版社，2015，第4页。
③ "四前工作法"，即组织建设走在工作前，预测工作走在预防前，预防工作走在调解前，调解工作走在激化前。

机制"①，均强调预防为主、预警在先，通过主动地教育和调解等方式，从速解决困扰民众生产生活的各种问题，将矛盾纠纷化解在萌芽状态和第一现场，有效遏制矛盾扩大、蔓延和激化。这种为化解纠纷赢得先机，同时重视发现和消解矛盾产生根源的做法，正是"源头治理"的要义所在。在"枫桥经验"的大调解机制下，矛盾纠纷的预防和解决不再局限于各类生活矛盾频发的乡村和社区，而是扩大到司法、行政、企业等各个领域，既往的事后救济向源头治理转型，重大复杂的矛盾纠纷及群体性事件大幅减少，防微杜渐的功效进一步凸显。

3. 适应综合治理和依法治理的现实需要

在当前的基层社会治理中，综合治理和依法治理并行不悖，前者强调协同之治，后者重视规则之治。二者并非现代社会所独有，皆为源自中国古代并在当代得到创造性转化与创新性发展，且为实践所证明了的行之有效的治理方式。西周时期，周公从治国理政的顶层设计出发，提出了"明德慎罚"的综合治理之道，后世逐渐丰富了这一认识，形成了"德主刑辅""明刑弼教"的治理方略，德法的关系在《唐律疏议》的表述最为精辟："德礼为政教之本，刑罚为政教之用。"此外，礼乐政刑，综合为治，亦是中国传统一直提倡和奉行的治理观念。四种方式各有侧重，在分别施策的基础上又形成合力，共同服务于裨益世道民心、维护社稷安稳的需要，所谓："礼以道其志，乐以和其声，政以一其行，刑以防其奸。礼乐刑政，其极一也，所以同民心而出治道也。"②依法治理同样源流久远，春秋战国之际，法家主张"以法治国""以吏为师"，国家法律直接向基层渗透，以致经过变法的秦国"妇人、

---

① "四先四早工作机制"，即预警在先，苗头问题早消化；教育在先，重点对象早转化；控制在先，敏感时期早防范；调解在先，矛盾纠纷早处理。
②《礼记·乐记》。

婴儿皆言商君之法"①。此后，历代虽以儒为尊，但基层长期保持着强化内心引导的道德治理与偏重行为评价的法律治理相统一，以家训族规、乡规民约为代表的民间法与以律例典章为核心的国家法相融合的基本样态。

在"枫桥经验"中，大调解延续了综合治理的传统，并根据社会发展和治理实际，形成了各地党委和政府充分发挥政治优势，基层群众性自治组织、各行业组织及民间公益力量共同参与，警调、检调、诉调、仲调、访调等矛盾化解渠道全面对接，人民调解、司法调解、行政调解相得益彰的多调联动机制。随着科技的日新月异，大数据、人工智能等技术在更多层面和领域融入大调解之中，以技术革命引领观念更新、以科技手段破解治理难题、以综治网络推动社会服务、以"互联网+"促进公共安全、以智慧平台回应调解需求，成为丰富和发挥大调解效能的时代特色。与此同时，通过"上下互动"，"枫桥经验"中大调解的制度供给持续增强②，基于自治需要而日渐完善的村规民约、市民公约、社团章程等社会规范，基于法治需要而日渐丰富的国家立法与地方立法，基于德治需要而日渐弘扬的中华传统美德、社会主义核心价值观，使基层社会治理的规范体系不断健全。依法治理不仅在道德规范、社会规范和国家规范的互补互用中有效实施，依法保障民众合法权益、依法促进社会有序发展也在法治、自治、德治的互治中进一步彰显。

（二）各地构建大调解体系的实践及特色

当前，"枫桥经验"在全国的推广中不断凸显治理成效。不仅其发源地浙江省诸暨市枫桥镇致力于融合传统的治理智慧和与时俱进的理念、政策和科

---

① 《战国策·秦策》。
② 汪世荣：《"枫桥经验"视野下的基层社会治理制度供给研究》，载《中国法学》2018年第6期，第8页。

技，在提升基层社会治理法治化、智能化、专业化水平的进程中打造"枫桥经验"的升级版；而且，全国各地在坚持和发展"枫桥经验"的实践中，也注意结合本地的经济社会发展实际和历史文化底蕴，探索、创新具有不同地域、不同行业、不同领域特色的"枫桥经验"。由此而得到充实提升的新时代"枫桥经验"，已经远远超出诸暨干部群众集体治理智慧的范畴，名副其实地体现"枫桥人民、浙江人民和中国人民"共同贡献的"有关基层社会治理的一整套的智慧和方案"[①]。因此，"枫桥经验"中的大调解，既有发源地的制度探索，也有其他地方在推广"枫桥经验"中进行的制度构建，而这些地方的实践都无一例外地遵循了大调解的治理逻辑。以下主要以浙江省诸暨市、陕西省延安市、广东省佛山市南海区在创新发展"枫桥经验"中大调解体系的建设情况为例。

1. 全面系统又具体细致的诸暨实践

在"枫桥经验"的全国实践中，诸暨大调解体系的建设最具典型性和完整性，无论是依据的制度化、架构的体系化、运行的规范化都居于全国前列。这与诸暨作为"枫桥经验"发源地获得各级党和政府从领导、组织、保障等各个环节的大力支持和政策红利有关，最关键的原因，还在于诸暨干部群众自主性地根据当地矛盾纠纷化解的需要进行主动而坚持不懈的探索与完善。

首先，诸暨在2012年颁布了《关于成立诸暨市社会矛盾纠纷"大调解"体系建设领导小组的通知》，随后具体实施意见、人民调解与行政调解、社会化调解体系、诉调对接、警调对接、检调对接等规范性文件相继出台，这些政策性的文件与广大基层村社自行制定的乡规民约、社区公约等涉及调解内

[①] 张文显：《新时代"枫桥经验"的理论命题》，载《法制与社会发展》2018年第6期，第2页。

容的自治规范上下联通，初步构成了大调解的制度体系。

其次，诸暨市在大调解体系构建中，注意尊重和扶持民间公益力量投入调解工作，不仅形成了涵盖医疗纠纷、劳动争议、婚姻家庭、道路交通事故、消费纠纷、学生伤害、环境保护、物业纠纷、商业纠纷、电力纠纷、建筑纠纷等十余家行业性、专业性人民调解委员会，而且，还组建了枫桥"老杨调解中心""娟子工作室"等三十多个品牌调解室，支持成立调解志愿者联合会、乡贤帮忙团等调解志愿者队伍，这些组织和工作室承担着大量调解事务，具有"民事民调"的鲜明特色，构成大调解体系的重要基石。

再次，诸暨为保障大调解依法运行，发布了一系列程序性文件，对各类调解的纠纷受理、证据收集、调解过程、协议签订、司法确认、案件回访、台账填写、卷宗保存等基本环节进行统一和规范，同时强调增强法律法规的援引，做到以情动人、以理服人与"事前讲法、事中析法、事后明法"相结合，使大调解的标准化、法治化水平大幅提升。

2. 红色文化与时代发展相融合的延安实践

与诸暨相比，延安在学习、借鉴"枫桥经验"时，非常注意将厚重质朴而又历久弥新的红色文化及本地矛盾纠纷多元化解的实践探索，与"枫桥经验"结合起来，一边突出"枫桥经验"的引领作用，一边从文化传统和治理实际出发构建和完善"枫桥经验"延安版。就大调解而言，延安呈现出两大饶有特色的做法：

其一，从红色文化和延安精神中汲取治理经验，对社会治理现代化和大调解体系创新提出明确的标准。1940年2月1日，毛泽东在延安公众大会上提出了著名的"十个没有"，即没有贪官污吏、土豪劣绅、赌博、娼妓、小老婆、叫化子、结党营私之徒、萎靡不振之气以及没有人吃摩擦饭、没有人发国难财。这是延安时期中国共产党领导下的陕甘宁边区社会治理成效的生动反映，是边区干部群众以进步的观念和实事求是的态度谋求安定团结的社会秩序和风清气正的社会环境的真实写照。当前，延安传承和创新了这一优秀治理经验，以大调解为枢纽，各行各业都提出有针对性的新时代"十个没有"治理标准，涵盖学校、医院、市场、交通、景区、酒店、网吧、社区、网格、村组等与群众生活密切相关、矛盾纠纷多发易发、治安问题相对较多的基本领域。

其二，创造性地提出和完善"两说一联"工作机制，使大调解的内容更加丰富。"两说一联"最初是"群众说事，法官说法，干部联村"，此后，核心环节"法官说法"逐渐发展为"执法者说法"，即群众纠纷涉及哪个部门的事务，该部门的执法人员负责为争议双方讲解法律法规，通过调解的方式化解矛盾。不仅如此，延安干部群众还在大调解中延续了重视调解、深入田间地头调查研究、就地解决问题的"马锡五审判方式"，利用法制宣讲、法律咨询等机会在基层调处纠纷，对于行动不便的当事人专门"送法下乡"，上门调解，使调解方式灵活多样，调解结果深得人心。

3. 锐意革新和多措并举的南海实践

佛山市南海区地处南国，经济发达，工业基础雄厚，改革意识鲜明，较之诸暨、延安，南海既有虚心学习"枫桥经验"、将优秀做法结合本地情况进行对接和转化的姿态，也有以改革创新精神为引领，在社会治理特别是大调解体系的构建中大胆探索新模式、新路径的果敢。自印发《关于构建共建共治共享的社会矛盾纠纷多元化解工作机制的意见》（南发〔2018〕7号）以来，短短两年，南海大调解的机制建设已初显成效，集中表现在两个领域：

一是初步形成了系统化的乡镇大调解体系。以丹灶镇为例，该镇强调"源头治理，预防在前，调解优先"的治理理念，树立系统思维，加强沟通协调，构建起"一个中心（丹灶镇多元矛盾纠纷化解中心）统筹+多部门（司法、人社、法庭、社区民警中队）驻点联合+村居基层预防"的大调解格局和"一站式接待、一揽子调处、一链条解决"的工作机制。同时，在村居、行业、部门培育和设立调解工作室，通过政府购买服务的方式引入第三方调解组织，充实专业性的调解队伍。为了推进大调解的规范管理，丹灶借助调解数据库平台，将案件录入、信息更新与以案定补、常规补贴相挂钩，促进了大调解的智慧化运行。

二是组建诉前和解和速裁中心，构筑区、镇两级诉前和解网络。2019年，南海法院成立诉前和解和速裁中心，各人民法庭成立工作室，承担诉前事务的集约办理、诉前调解和民事速裁等工作职能，在纠纷化解领域，主要涉及立案庭登记确认的"民诉前调案件"（须经诉前和解和速裁中心办理的民诉前调案号的案件）和"非民诉前调案件"（须经诉前和解和速裁中心处理的立为简易程序的案件）。尤其是建立法官与专职调解员一对一业务指导机制，通过案例教学、现场指导等方式提高调解员的专业素质和调解技能。该中心运行以来，调解成功的案件比例和调撤率稳步上升，应入尽入、能调则调、当裁则裁、调裁对接、流畅高效、智慧精准、便民利民成为赢得法官、调解员和当事人普遍认可的共同特色。

（三）各地大调解体系建设的发展难题与瓶颈

虽然各地在坚持和发展"枫桥经验"中，从社会状况、经济环境、文化传统、风土人情和制度规范等具体层面出发，对大调解体系进行了必要的探索和改进，并在化解矛盾纠纷、维护地方稳定、促进经济发展等方面取得了一定成效，但大调解体系建设中仍存在许多普遍而棘手的难题。

1. 大调解体系的法律法规供给不足

大调解是我国社会治理中矛盾纠纷预防和化解的重要机制，而这一机制无论是构建、实施和改进,始终依据的是中央公布的各项政策性文件,如中共中央印发的《法治中国建设规划(2020—2025年)》中提出:"积极引导人民群众依法维权和化解矛盾纠纷,坚持和发展新时代'枫桥经验'。充分发挥人民调解的第一道防线作用,完善人民调解、行政调解、司法调解联动工作体系。"[①]在中央政策的推动下,各省、市、区县均出台了相应规划、意见或实施方案。这固然需要结合各地的治理实际因事施策,然而,仅就目前坚持和发展"枫桥经验"较为出色的诸暨、延安、南海而言,不仅大调解的建设方案不尽相同,各地的人员配置、经费支持、场地保障、部门协作以及各种调解组织、调解方式的联动情况也千差万别。这就导致各地的制度建设经验带有强烈的地域性的经济、文化、社会等烙印,虽然在价值层面和治理理念上具有一定的相似性,但从中总结并提炼出可供复制和推广的能够上升到跨区域乃至全国的具体经验,尚存在较大困难。

在法律法规层面,2011年实施的《中华人民共和国人民调解法》(以下简称《人民调解法》)虽对人民调解委员会的性质与组建、人民调解员的选任与培训、调解程序的开展与当事人在调解中的权利义务、调解协议的达成和司法确认等事项有所明确,但大调解的内容语焉不详,而且,《人民调解法》在十余年间未修订,许多条文简单而粗疏,又缺乏与时俱进的法律细则的保障。此外,在中央已经通过《立法法》充分赋予设区的市拥有"城乡建设与管理、环境保护、历史文化保护"等方面的地方立法权的情况下,各地在大调解体系的地方立法仍极度薄弱。毋庸置疑,经过长期的实践,作为一种在"枫桥经验"中发扬光大,并实现矛盾纠纷化解资源优势互补、有机衔接、协调联动的工作机制,大调解在基层社会治理中具有独特的功能和地位。目

[①]《法治中国建设规划(2020—2025年)》,载国务院官网,2021年1月10日http://www.gov.cn/zhengce/2021-01/10/content_5578659.htm。

前法律法规供给不足严重制约着大调解体系的发展。因此，大调解的相关立法考验着中央和地方两方立法积极性的发挥，也影响着基层社会的依法治理，以及更加具有系统性和可操作性的矛盾纠纷多元化解机制的法治化、规范化、制度化运行。

2. 社会规范的供给机制亟待改进

在大调解体系中，人民调解无疑是最基础也最关键的一环。与司法调解、行政调解主要依靠以公权力为后盾的政策、法规不同，人民调解除了援引法律法规，更大程度上依靠的是"地方性知识"属性鲜明的"与特定的社区、地域、人群的风俗习惯、文化传统紧密相关"的乡规民约和居民公约[1]。乡规民约和居民公约虽然缺乏公权力的保障，但同样是化解矛盾纠纷的重要依据，也是体现基层民主自治的重要内容，又是与以法律法规为代表的国家规范相对应的凝聚民间治理智慧的社会规范的核心组成部分。"枫桥经验"所提倡和追求的"小事不出村、大事不出镇、矛盾不上交"，正得益于乡规民约和居民公约作用的发挥。然而，在当前的大调解实践中，各地乡规民约和居民公约的发展水平快慢不一，制定程序、修订程序和监督程序均存在明显短板，民众对乡规民约和居民公约的了解程度和利用其维护自身合法权益的自觉性也各有差异。这些情况严重制约着乡规民约和居民公约的发展，也影响着社会规范的供给机制的稳定运行。

例如，在乡规民约的制定上，各地的探索截然不同。在"枫桥经验"的诞生地浙江省诸暨市，自2014年起，逐步在重点街道办和乡镇选取多个村庄、社区进行试点，尝试构建起"1（1套自治章程）+1（1套乡规民约或社区公约）+X（多个实施细则）"的总分有别、内容协调的社会规范体系。这些

---

[1] 范忠信、武乾、余钊飞等：《"枫桥经验"与法治型新农村建设》，中国法制出版社，2013，第110—111页。

乡规民约、社区公约详细规定了农村和社区的"小微权力"清单，使治理行为和矛盾纠纷化解越来越精细化。而在其他地方，许多乡规民约、社区公约还仅仅停留在"制度上墙"的层面，不仅内容高度概括，缺乏可操作性，而且多为复制、照搬同区域或者发达地区的文本，难以体现本地的治理特点，更难以满足矛盾纠纷化解的需要。再如，目前各地制定并实施的乡规民约、社区公约普遍缺乏规范性的修订程序和监督程序，以致有些内容数年不变，或者毫无适用空间。随着立法的完善，国家规范的变动情况加剧，无论是群众耳熟能详的刑法、民法等基本立法，还是群众通过诉讼解决纠纷的程序法规定，都存在不断修订且屡出新章的现象。这就造成乡规民约、社区公约中的不少内容均需要及时改进，方能适应法律的变动。而现实中，这样的改进往往滞后而又缺失。至于乡规民约、社区公约的监督程序，更因社会规范本身的无法有效实施而难以保障。

3. 行业调解的制度供给水平参差不齐

行业调解既是人民调解的延伸，也是大调解中日渐丰富的新内容。由于行业纠纷经常涉及行政机关的相应职能，因而，各地在探索行业调解的实践中普遍采取协同共建的方式，整合行政机关（包括人社部、公安局、国土局、城建部、卫计委、质监局、工商局、水务局、信访局等）、人民调解委员会及社会力量，分别就劳动争议、人事争议、交通事故纠纷、治安纠纷、农村股权纠纷、承包地纠纷、医疗事故纠纷、产品质量纠纷、消费者权益保护纠纷、房地产纠纷、物业管理纠纷、拆迁纠纷以及涉及行业的重大、群体性纠纷组建专业性的调解队伍。其中，最具代表性的有道路交通事故人民调解委员会、医疗纠纷人民调解委员会、婚姻家庭纠纷人民调解委员会、劳动争议调解委员会、企业或商会纠纷人民调解委员会等。尤其是在经济发达的东部沿海地区，商会调解委员会依托商会平台，以乡情乡愁为纽带，凭借乡亲之间信任度高、易于沟通等优势，通过在外的"新乡贤"等，及时化解矛盾纠纷，在调解中时常取得事半功倍的成效，既维护了各方权益，也为良好的经商和创业环境做出贡献。但是，受制于各地行业调解委员会建设水平及资金保障等影响，行业调解的制度供给仍存在明显不足。

一方面，行业调解的制度化差异明显。在经济条件较好、治理水平较高的浙江诸暨，为确保行业调解的规范运行，市委、市政府牵头，相继出台了一系列完善行业内部治理机构、推进行业调解工作的文件，这些文件的施行，有力推动了"综治进企业""调解进企业"，并形成了"五有"（有工作机构、有调解人员、有工作场所、有工作制度、有运行机制）+"六统一"（名称统一、印章统一、场所标志统一、徽章统一、工作程序统一、文书格式统一）+"七项制度"（例会制度、工作责任制度、请示汇报制度、排查制度、登记制度、学习制度、奖惩制度）+"六个上墙"（调解人员名单上墙、调解委员会职责上墙、调解委员会任务上墙、调解工作的原则上墙、调解纪律上墙、当事人权利和义务上墙）的制度体系[1]。但在治理水平不一的其他地区，行业调解尚处于各自探索、各自为政的阶段，机构组织多样、人员构成多元、制度繁简不一、效果优劣有别等成为行业调解发展的共性。另一方面，行业调解的经费来源单一且薄弱。调解在更大程度上被视为一项公益性事业，调解的成功绝大多数依靠富有奉献精神，热心调解事业，具有一定的亲缘、人缘、地缘影响力和生活阅历的志愿者、调解员，经过耐心的说教和专业的技巧等来实现。而这些志愿者、调解员即使在企业、商会中，也仅仅依靠非常有限的"以奖代补"的经费维持必要的工作开支，在减少商会"会费"的今天，商会调解组织的生存压力进一步增大。这就严重地制约了行业

---

[1] 汪世荣、朱继萍：《人民调解的"枫桥经验"》，法律出版社，2018，第158页。

调解的稳定发展，更遑论形成可供复制和推广的标准与经验。

4. 调解员队伍建设缺乏稳定的制度保障

《人民调解法》第 14 条规定："人民调解员应当由公道正派、热心人民调解工作，并具有一定文化水平、政策水平和法律知识的成年公民担任。县级人民政府司法行政部门应当定期对人民调解员进行业务培训。"该条规定明确了调解员的任职条件，但门槛较低且相对笼统，加之当前尚无专门的人民调解职业培训院校和人才培养机构，高校中也无相应的调解专业，这就导致调解员队伍处于一个人员更换频繁、专业素质和综合能力无法长久保障的状态。此外，调解员队伍囿于制度建设的滞后和不足，还相继暴露出一些问题。如调解员长期处于负压状态，心理问题频发。随着诉调对接的有序开展和各地调解与速裁中心的建立，大量适用简易程序或者普通程序的民事案件分流至调解程序，调解员的办案压力急剧增加，虽有法官的一对一指导，仍经常处于案多人少、力不从心的境地。而调解员经办案件时大都面临双方当事人的唇枪舌剑、语言刺激和情绪干扰，既要有足够的耐心、高超的方法，还要有足够强大的心理。许多调解员特别是年轻调解员长时间处于矛盾双方的负面情绪之中，还要面对经费问题的掣肘，自身也要协调好工作与家庭的关系，因此往往滋生出心理疾病。这一问题亟须制度性的心理培训加以解决。

再如调解员面临的纠纷类型和化解平台日渐多样，专业技能的短板愈加凸显。在大数据时代，以"在线受理、在线调解、在线化解矛盾"为主干的线上调解平台日渐成为大调解中不可或缺的组成部分。线上平台的运行，既促进了部门、行业、群众、专业咨询机构、调解员之间的互动，也提升了矛盾纠纷化解的效率。但是，无论是浙江诸暨、广东南海，抑或陕西延安，大多数德高望重的调解员都是退休的党员干部，普遍存在年龄偏大且不善于使用智慧手段的问题，导致传统的面对面就地化解矛盾无法及时有效地与"陌生"的线上调处相衔接，而这些高龄调解员又是调解队伍中的宝贵财富。如何推动高龄调解员适应智慧化的线上调解，仍需从制度层面进行有益探索。又如，调解员作为一种强调专业素养和社会责任的职业，缺乏资格评定、等级认定等制度保障。当前，拥有心理学、社会学、法学、管理学等学科背景的年轻人不断涌入调解员队伍，调解员队伍的年龄结构、知识结构都发生了积极的变化。但由于资格评定、等级认定等立法空白，众多优秀的人才无法从非职业化的调解队伍中获得社会认同，极大地影响了调解员队伍的人心稳定和持续发展。

在上述问题中，最核心的问题是从法律法规到社会规范即整个制度体系对大调解保障的不足，这也是大调解在实现制度化、法治化、规范化运转进程中所面临的最大瓶颈。

（四）"枫桥经验"中大调解体系制度供给的路径完善

解决上述问题，克服机制运行的制度性瓶颈，可以从以下几个方面着手，完善大调解体系的制度供给。

1. 发挥顶层设计和地方立法权的制度优势

大调解体系与社会治理一样，均为涉及面广、内容庞杂的系统工程，仅靠基层干部群众自下而上式的探索，虽可丰富矛盾纠纷多元化解的实践和案例，但形成跨区域乃至全域性的制度供给，尚需自上而下且协调各方的顶层设计。在大调解体系中，最普遍也最为人民群众所熟悉的是人民调解，而最考验行政部门矛盾化解智慧的是行政调解，最具法律约束力和司法公信力的是司法调解，此外还出现了类型各异、层出不穷的专业性、行业性调解，不仅有横向领域划分，而且有纵向的深度发展，呈现出纵横交错、传统调解机制与新型调解方式互补互用的新格局;同时,执法部门、司法部门、自治力量形成合力,不再各自为政,并产生了调解程序规范化、调解力量集中化、调解程序前置化、调解成效综合化的积极成效。这些宝贵经验值得通过法律法规和国家政策予以确认,再通过各级党和政府有针对性的顶层设计运用于当地的社会治理之中。如此一来,治理经验可以从个案向区域扩散,治理思维可以由重点向全面转型,大调解体系的建设也更能体现出在法治化轨道上的问题导向、需求导向和目标导向,夯实基层社会治理现代化的制度基础。

在"枫桥经验"的制度供给中,法律法规、行政规章等国家规范的制度引领作用突出,这些规范的制定与中央顶层设计相契合,是基层社会治理所必备的制度支撑,又为乡规民约、社区公约、市民公约、行业章程等具有自治性的社会规范提供了蓝本,从而使社会治理呈现出中央立法、地方立法和社会规范层次分明的多重制度体系与上下互通、内外相维的制度供给状态。在当前中央有关大调解体系建设的立法暂付阙如而政策性文件趋于稳定的情况下,各地可以探索运用地方立法权,结合各地治理的需要和特点,从城乡建设与管理、环境保护、历史文化保护等地方治理事务的具体领域和环节出发,将大调解的运行机制、人员配备、人才培养、考核奖惩、经费保障等内容纳入立法之中,增强地方立法的供给力度,发挥地方立法在中央立法、社会规范中承上启下的作用,以地方立法平衡多元治理主体之间平等互动、合作互利、相互协商的关系[1],引导干部群众崇德尊法、尚和向善,进而使大调解体系更多依靠国家政策、法律法规和社会规范所形成的合力,将权威性、

---

[1] 梁平教授认为,法院调解与行政调解之间可以通过签订合作协议等方式创新矛盾纠纷的化解机制,这对地方立法也有一定的参考价值。见梁平:《"大调解"衔接机制的理论建构与实证探究》,载《法律科学》2011年第5期,第160页。

稳定性牢固地矗立于坚实的制度供给之上，更好地服务于社会治理特别是市域社会治理现代化。

2. 促进社会规范与国家规范的协调与对接

虽然法律法规的不断健全挤压着社会规范的发展空间，遇到纠纷首先找法、用法，通过法律渠道维护权益也成为群众的基本共识，但毫无疑问的是，国家规范一经确立便具有一定的滞后性和局限性。社会生活的日新月异和某些古今通用的传统习惯的根深蒂固，都催生并促使国家规范之外的社会规范的蓬勃发展。正如勒内·达维德所言："立法者可以大笔一挥，取消某种制度，但不可能在短时间内改变人们千百年来形成的，同宗教信仰相连的习惯和看法。"①一个和谐、稳定、健康的社会，必然是多种主体共同参与治理、共享治理成果，多种规范有机融合、相得益彰，公权力的行使与个人权利的主张各有限度而又相辅相成的社会。因此，在大调解体系的构建中，除了完善国家规范，更需建立一系列规章制度以确保社会规范的良性发展，这也最能体现基层社会依靠"自治解决纠纷的机制和能力"②。

首先，建立常态化的社会规范制定机制。在乡规民约、社区公约、行业章程的制定中，应形成"发起—讨论—表决—备案—宣传"的完整流程，保障自治主体的参与权、知情权、监督权，充分体现基层社会自治及干部群众共同意愿和集体智慧。其次，建立定期的社会规范修订机制。虽然社会规范自身具有较强的稳定性，但对于涉及群众切身利益的内容，仍需注意与国家规范的协调和衔接。特别是对于重要法律如《民法典》实施后法律文本中的一些新变化（人格权、基层群众性自治组织法人为特别法人、个人信息和网络

---

① [法]勒内·达维德，漆竹生译：《当代主要法律体系》，上海译文出版社，1984，第467页。
② 吴英姿：《"大调解"的功能及其限度——纠纷解决的制度供给与社会自治》，载《中外法学》2008年第2期，第319页。

虚拟财产受保护等），社会规范也应及时通过修订程序加以调整，借以克服乡规民约、社区公约、行业章程等一旦制定往往数年不变，有些内容与法律法规、国家政策及社会生活进步严重脱节的弊端。再次，建立统一的社会规范合法性审查机制。如何避免社会规范"制度上墙"却难以深入人心，避免其内容与政策法律冲突仍大行其道，除了自治主体启动修订程序自我纠正外，还应加强政府在职责范围内对社会规范的审查力度，形成稳定、统一的审查机制，使社会规范依法发挥实效。最后，建立有效的社会规范的执行和监督机制。在自治主体自行实施与监督之外，各级政府可以借助巡视巡察，定期或不定期地督促社会规范的执行情况，弥补社会规范本身威慑力、执行力、权威性不足的缺陷，检验适用成效，以国家监督机制助推基层社会自治、法治、德治路径的革新以及大调解体系的完善。

3. 加强调解员管理机制的法律、政策扶持

目前，我国已经颁布《中华人民共和国法官法》《中华人民共和国检察官法》《中华人民共和国监察官法》，而人民调解员法仍处于空白状态。对于调解员队伍的选拔、考核与奖惩等管理事项，亟须通过政策、法律法规予以强化。一方面，可以制定人民调解员法，规定科学务实的调解员队伍选拔标准、专职调解员的考核标准，建立统一的调解员资格评定和等级认证制度。在诸暨市探索出台的《专职人民调解员考核标准》中，政治纪律、工作任务、业务要求等细化为13项具体内容，并关联有明确分值；另外，对于"超额完成调解案件的""成功调解重特大纠纷的""调解案例被省、市等录用的"，作为"附加分"加以专列。这套采取"自评分"与"考核分"相结合的标准在施行后，增强了调解员依法调解、依规施策的法治意识，极大地规范了调解员的言行和工作程序，并在潜移默化中提高了调解员的综合素质。这一制度性的创新无疑为立法提供了先验。同时，调解员资格评定和等

级认证制度至今尚存在于探索阶段，各地在实践中虽然在配备场地、物资、服装等方面做出努力，但调解员队伍的职业化发展依然任重道远。通过制度化、常态化的资格评审和等级认证，将优秀人才、后备人才留在调解员队伍中，确保调解员队伍保持较高的稳定性和创造力，需要法律进一步确认和规范。

另一方面，建设专门性的调解员培训基地，解决调解员所需的心理、知识、技能、经验等问题。大调解体系的迅速发展，使调解员队伍已不再局限于传统观念中的专职调解员，热心调解工作和公益事业的党员干部、执法人员、司法人员、新乡贤、志愿者、新闻媒体人、仲裁员等，都以专职或兼职调解员的身份越来越多地出现在不同领域和场合。如何实现调解员队伍从庞大走向专业，既保持多元的技能特点，又坚持统一的规章制度，必须从制度供给层面给出对策。可以组建特色鲜明的调解员培训基地和涵盖法学、心理学、社会学、经济学、政治学、管理学等学科背景相融的师资队伍（包括学历欠缺但拥有丰富经验和良好口碑的资深调解员），同时建立培训标准和履职规范，通过专家授课、帮扶指导、现场观摩、心理辅导、案例教育等方式，采取集中授课、定期授课等手段，为调解员职业技能和调解水平的提升尤其是化解各类复杂疑难的矛盾纠纷提供智力支撑、平台支持、制度保障。

4. 提炼、总结和汲取跨区域性的制度建设经验

"枫桥经验"之所以被中央认可和推广，成为基层社会治理创新的典范，正在于其自身从诞生、发展和蜕变整个过程都体现出许多具有跨区域性和推广价值的治理要素，这些要素与大调解体系的治理逻辑高度吻合，也对解决当前中国基层社会治理中出现的新旧问题有一定指导和借鉴意义。而"枫桥经验"不仅被写入十九届四中全会通过的《中共中央关于坚持和完善中国特色社会主义制度推进国家治理体系和治理能力现代化若干重大问题的

决定》、十九届五中全会通过的《中共中央关于制定国民经济和社会发展第十四个五年规划和二〇三五年远景目标的建议》、十九届六中全会通过的《中共中央关于党的百年奋斗重大成就和历史经验的决议》，也多次出现在中央有关乡村振兴、社会治理的重要文件中，成为中国特色社会主义制度体系中不可或缺的一颗明珠。大调解体系的建设同样需要优秀经验和先进制度的引领与示范。浙江、陕西、广东乃至全国各地的大调解体系建设，不仅在制度创新上起着举足轻重的"试验田"作用，更有望成为大调解体系日臻完善进程中可供学习、复制、推广的"示范区"。尤其是浙江诸暨对大调解体系的制度化和规范化探索，陕西延安将体现红色基因和光荣传统的红色革命文化融入大调解体系建设之中，广东南海将改革精神与大调解体系的丰富及健全结合起来等，都为经济基础相同、文化习俗相融、群体性格相似、地理区位相近的同类地区大调解体系的探索提供了积极参考。对于这些经过实践检验并符合治理逻辑的优秀内容，应及时通过更高层面的制度建设予以确认。

在这一过程中，还需注意加强地方与高校、科研院所的合作，充分发挥高校及科研院所的智库作用，从理论层面对地方大调解体系建设中的方案、做法、成绩、不足等进行总结，实现严谨务实的学术研究与服务地方治理体系、治理能力提升的需要有机融合。高校、科研院所在总结经验的过程中，既可以从典型案例、优秀做法出发，凝练出具有代表性、普遍性和"样本"意义的治理经验，也可以针对调查研究和学术探讨中发现的问题结合地方治理的实际给出相应对策，还可以通过培训教育、座谈研讨等形成弥补地方调解员队伍培养和管理机制中存在的短板。现实中，许多地方也自觉与高校、科研院所接洽，通过合作课题等形式主动寻求对实践经验的理论分析，为大调解体系的持续改进提供来自高校、科研院所的调研报告和智库成果。这些方面充分说明，服务于地方实践创新的学术研究均可转化为制度改进的动力与内容，更有助于深化各地对大调解体系的科学认识，激发调解员队伍化解矛盾纠纷、参与基层治理的活力，增进制度认同，为营造和谐稳定的社会环境、提升基层社会治理效能奠定坚实基础。

除了上述对策之外，仍需看到，以大数据、人工智能等为代表的智慧手段在社会治理中日益发挥积极影响。"科技支撑""智慧治理"也成为完善大调解体系的重要内容。因此，应积极适应智慧手段的日新月异给社会治理带来的变化，通过构建、优化、完善信息化大调解平台，实现大调解体系内各种调解线下衔接向线上衔接的转型，促进各部门信息共享、互联互通，通过统一平台协同发力，有效克服大调解机制运行中的各种障碍，为群众诉求的解决节约成本，为预防、调处、化解矛盾纠纷提供便利条件，并总结经验，将可复制、可推广的内容及时上升为法律法规，确保制度长久运行。

综上所述，随着各地坚持和发展"枫桥经验"，推进基层社会治理创新进程的加速，大调解体系不仅具有特色鲜明、内涵丰富的治理逻辑，而且在协调各方力量、化解矛盾纠纷、服务民众需要、维护地方稳定等方面的作用日益突显。为了确保大调解体系在法治轨道上良性运转，需要从法律法规等国家规范，乡规民约、居民公约、行业章程等社会规范的各个层面共同发力，构建上下互通、内外融洽的规范体系，为大调解体系的发展及"枫桥经验"的创新提供充足的制度供给。

三、新时代"枫桥经验"与标准化推进平安建设

标准化是党中央治国理政的新理念，也是社会治理现代化的重要因素。新时代"枫桥经验"与社会治理的标准化密切相关，尤其是延安市在传承党在延安时期"十个没有"经验、坚持和发展新时代"枫桥经验"，努力提升新

时代社会治理水平的过程中，在标准化方面进行了卓有成效的探索，极大丰富了社会治理的内涵，也为平安建设提供了具有标准化特色的延安样本。

（一）标准化及其在平安建设中的作用

国家标准《标准化工作指南第 1 部分：标准化和相关活动的通用词汇》（GB/T 20000.1—2002）对"标准化"的定义是："为了在一定范围内获得最佳秩序，对现实问题或潜在问题制定共同使用和重复使用的条款的活动。"同时在定义后注明：（1）上述活动主要包括编制、发布和实施标准的过程；（2）标准化的主要作用在于为了其预期目的改造产品、过程或服务的适用性，防止贸易壁垒，并促进技术合作。[①]作为一种类型化的思维方法，对重复性工作制定标准、实施标准与改进标准的过程，标准化实质上就是坚持问题、需求和目标导向，推动治理主体各负其责、共同推进、实现共治的过程[②]。其具体包括国家标准、地方标准、行业标准、团体标准、企业标准等。

党的十八大以来，以习近平同志为核心的党中央高度重视标准化工作。2016 年 9 月 12 日，习近平总书记在致第 39 届国际标准化组织大会的贺信中指出："标准是人类文明进步的成果。从中国古代的'车同轨、书同文'，到现代工业规模化生产，都是标准化的生动实践。伴随着经济全球化深入发展，标准化在便利经贸往来、支撑产业发展、促进科技进步、规范社会治理中的作用日益凸显。标准已成为世界'通用语言'。世界需要标准协同发展，标准促进世界互联互通。中国将积极实施标准化战略，以标准助力创新发

[①]《标准化工作指南第 1 部分：标准化和相关活动的通用词汇》（GB/T 20000.1—2002），第 227 页。
[②] 褚宸舸：《基层社会治理的标准化研究——以"枫桥经验"为例》，载《法学杂志》2019 年第 1 期，第 18 页。

展、协调发展、绿色发展、开放发展、共享发展。"①根据《中国标准化发展年度报告（2019）》，仅2019年，我国在社会治理方面，落实国务院简化行政审批、优化政务服务和推动政务公开等工作部署，发布了《投资项目建设审批代办服务规范》等国家标准，推动开展全国基层政务公开标准化规范化试点，17部委编制《重点领域基层政务公开标准指引》；中央网信办修订《个人信息安全规范》国家标准；发展改革委、财政部在社会信用体系建设中推进应用《组织机构统一社会信用代码编制规则》系列国家标准；公安部推进爆炸物和爆炸装置国家标准制定；司法部推动组建律师服务等标准化技术组织；应急管理部推动出台安全生产、消防、危险化学品等领域40项国家标准；国管局等下达第二批20家机关事务标准化试点项目。

2019年9月11日，国务院新闻办公室就中国标准化改革发展成效有关情况举行发布会，国家标准化管理委员会负责人进一步介绍道："在社会治理方面，标准化工作坚持试点先行，对促进基本公共服务均等化、优化营商环境、提升政府行政效能等方面发挥重要的作用。发布实施了《社会管理公共服务标准化工作的'十二五'行动纲要》《社会管理和公共服务标准化的发展规划》，开展了国家级的标准化试点500多个，制定实施1100多项标准，初步形成了覆盖广泛、重点突出的社会管理和公共服务标准体系。尤其是在推动行政许可审批事项的标准化试点工作和组织开展'美丽乡村'标准化试点等方面，我们都进行了良好的标准化实践。"②

除了上述"促进基本公共服务均等化、优化营商环境、提升政府行政效

---

① 习近平：《致第39届国际标准化组织大会的贺信》，新华社北京9月12日电，载新华网，http://www.xinhuanet.com/politics/2016-09/12/c_1119554153.htm。
②《新闻办就中国标准化改革发展成效有关情况举行发布会》，载国务院官网，http://www.gov.cn/xinwen/2019-09/11/content_5429188.htm。

能等",标准化对社会治理的积极作用还在于:

其一,有助于增加治理方案的推进力度。党的十八大以来,基层社会治理在尊重实践经验和发展规律的基础上,越来越重视顶层设计,党的十九大和十九届四中全会以及习近平总书记的一系列重要讲话,都提出了具有中国特色、反映时代智慧和现实需求的治理方案。如习近平总书记在基层代表座谈会上强调:"要加强基层党组织和基层政权建设。基础不牢,地动山摇。只有把基层党组织建设强、把基层政权巩固好,中国特色社会主义的根基才能稳固。'十四五'时期,要在加强基层基础工作、提高基层治理能力上下更大功夫。要加强和改进党对农村基层工作的全面领导,提高农村基层组织建设质量,为乡村全面振兴提供坚强政治和组织保证。要加强和创新基层社会治理,坚持和完善新时代'枫桥经验',加强城乡社区建设,强化网格化管理和服务,完善社会矛盾纠纷多元预防调处化解综合机制,切实把矛盾化解在基层,维护好社会稳定。"[1]社会治理的重心在基层,国家发展的基石在基层,尽管基层社会的治理水平千差万别,面对的问题特别是矛盾纠纷各种各样,但并不能否认广大基层社会治理环节存在大量具有普遍意义的因素,标准化的恰好发挥是为基层社会治理提供一种科学性、技术性的解决思路。有了适用于广大基层的治理标准,国家有关基层社会治理的顶层设计才能落地生根。正如2017年6月12日,中共中央、国务院《关于加强和完善城乡社区治理的意见》提出的要求所言:加快建立城乡社区治理标准体系,研究制定城乡社区组织、社区服务、社区信息化建设等方面基础通用标准、管理服务标准和设施设备配置标准。

其二,有助于强化治理主体的责任意识。牢固树立责任意识将极大地裨

---

[1] 习近平:《在基层代表座谈会上的讲话(2020年9月17日)》,载《人民日报》2020年9月20日02版。

益于各方治理主体激发担当精神，致力于治理能力和水平的提升。《中国共产党问责条例》明确规定，党员干部履行管理、监督职责不力，职责范围内发生重特大生产安全事故、群体性事件、公共安全事件，或者发生其他严重事故、事件，造成重大损失或者恶劣影响的；在教育医疗、生态环境保护、食品药品安全、扶贫脱贫、社会保障等涉及人民群众最关心最直接最现实的利益问题上不作为、乱作为、慢作为、假作为，损害和侵占群众利益问题得不到整治，以言代法、以权压法、逐利违法、徇私枉法问题突出，群众身边腐败和作风问题严重，造成恶劣影响的，均属于"应当予以问责"的具体情形。我国的社会治理制度既强调"共建共治共享"，也强调"人人有责，人人尽责，人人享有"，这是坚持以人民为中心的发展思想的必然要求，也是我们党全心全意为人民服务的宗旨在社会治理层面的集中体现。社会治理的标准化进程，也是不断明确治理要求、治理目标、治理任务、治理责任的持续发展的过程，上述两则由《中国共产党问责条例》所规范的问责事项，正是对社会治理领域与人民群众切身利益息息相关的问题的回应。而社会治理的标准化建设，将促进社会规范对治理主体责任的明确和对其行为的约束，做到权责相应，促使干部群众在参与治理时专注公共事业，增强为民初心。

其三，有助于推广社会治理的先进经验。"枫桥经验"之所以具备可推广、可复制的普遍性价值，不仅在于其依靠群众就地化解矛盾纠纷的智慧，也在于形成了一整套社会治理的标准化体系，为全国各地的社会治理现代化提供了"标准化+社会治理"的蓝本。自2014年启动，至2017年验收，"枫桥经验"的发源地浙江省诸暨市共完成22项标准，具体包括矛盾化解标准（包含基层社会矛盾纠纷大调解体系建设规范、信访事项办理工作规范、基层网格员管理规范等），公共安全标准（包含乡镇社会治安防控体系建设规范、乡镇网络舆情处置规范、乡镇防汛防台应急预案规范、枫桥镇突发事件应急预案、枫桥镇应急联动管理规范、乡镇安全生产监管规范、食品安全管理规范等），违法监管标准（包含社会治理"一张网"建设与管理规范、特殊人群管理规范、乡镇违法监督规范等），公共服务标准［乡镇行政服务中心管理与服务规范、村级（社区）便民服务中心管理与服务规范、乡镇环境卫生管理规范、乡镇优抚管理服务规范、乡镇养老保险管理服务规范、乡镇医疗保险管理服务规范等］，民主自治标准（包含民主治村规范、村规民约制定修订规范、社区社会组织管理与服务规范等）。[1]这些标准的实施和完善，提升了诸暨市干部群众参与治理的能力，赋予了"枫桥经验"以新的时代特色，是"枫桥经验"领先于全国其他地方社会治理模式的显著标志。

2021年10月，中共中央、国务院印发《国家标准化发展纲要》，指出标准是经济活动和社会发展的技术支撑，是国家基础性制度的重要方面。标准化在推进国家治理体系和治理能力现代化中发挥着基础性、引领性作用。新时代推动高质量发展、全面建设社会主义现代化国家，迫切需要进一步加强标准化工作。《国家标准化发展纲要》特别指出，要"推动行政管理和社会治理标准化建设。探索开展行政管理标准建设和应用试点，重点推进行政审批、政务服务、政务公开、财政支出、智慧监管、法庭科学、审判执行、法律服务、公共资源交易等标准制定与推广，加快数字社会、数字政府、营商环境标准化建设，完善市场要素交易标准，促进高标准市场体系建设。强化信用信息采集与使用、数据安全和个人信息保护、网络安全保障体系和能力建设等领域标准的制定实施。围绕乡村治理、综治中心、网格化管理，开展社会治理标准化行动，推动社会治理标准化创新"，"营造标准化良好社会环境。充分利用世界标准日等主题活动，宣传标准化作用，普及标准化理念、

---

[1] 汪世荣、褚宸舸：《"枫桥经验"：基层社会治理体系和能力现代化实证研究》，法律出版社，2018，第430—431页。

知识和方法，提升全社会标准化意识，推动标准化成为政府管理、社会治理、法人治理的重要工具。充分发挥标准化社会团体的桥梁和纽带作用，全方位、多渠道开展标准化宣传，讲好标准化故事。大力培育发展标准化文化"。①

（二）延安实践创建了平安建设的标准化体系

历史是最好的教科书，延安这块中国革命圣地正是在陕甘宁边区培育形成的，它以非凡的革命实践领导全国革命走向胜利，它离不开陕甘宁边区社会治理的成功，这里的红色血脉凝结着无穷智慧。在中国共产党的领导下，陕甘宁边区瞄准亟须解决的社会问题，破解阻碍革命进程和人民安定的现实因素，充分运用政策、法律、道德、风俗等手段，以教育宣传为基础，以法治建设为保障，创造了社会治理的模范样板，经过三年的综合治理，取得了突出成效。1940年2月1日，毛主席在延安民众讨汪（精卫）大会的演讲中颇为自豪地说："这里（延安）一没有贪官污吏，二没有土豪劣绅，三没有赌博，四没有娼妓，五没有小老婆，六没有叫化子，七没有结党营私之徒，八没有萎靡不振之气，九没有人吃摩擦饭，十没有人发国难财。"②1940年5月，毛主席会晤陈嘉庚时重申了这"十个没有"。"十个没有"反映出陕甘宁边区政治清明、社会进步、人民安居乐业的良好风气，是党领导社会治理成效和经验的集中体现，也是延安精神在社会治理领域的生动实践。2020年4月，习近平总书记在陕西考察时提出："毛主席当年概括了延安的'十个没有'。'延安作风'和'西安作风'的巨大反差让许多民主人士感叹：'中国的

---

① 《中共中央国务院印发〈国家标准化发展纲要〉》，载新华网，http://www.news.cn/politics/zywj/2021-10/10/c_1127943309.htm。
② 《毛泽东选集》第2卷，人民出版社，1991，第718页。

希望在延安。'"

在局部执政的十三年里,中国共产党和陕甘宁边区政府以维护社会稳定、增进人民福祉为目标,从社会风气、法律制度、文化教育、民生保障等方面进行了大规模的社会改造,实现了边区政治上的廉洁,振奋了民众的奋斗热情,净化了社会风气,改善了民众的生活,培育了社会的新民主主义革命理想,治理成效得到了全世界关注的主要原因包括坚持党的领导、重视宣传教育、重视发挥群众的首创精神、重视情理法结合等。近年来,延安市坚持以习近平新时代中国特色社会主义思想为指导,全面贯彻落实党中央关于推进社会治理现代化决策部署和省委工作要求,围绕平安中国、法治中国建设工作实际,坚持新发展理念,持续推进以延安精神为灵魂、以新时代"十个没有"为目标、以"两说一联"为载体的社会治理创新,不断完善系统治理、依法治理、综合治理、源头治理体制机制,筑牢基层基础,营造了平安稳定的社会环境,人民群众获得感、幸福感、安全感明显增强,形成了新时代"枫桥经验"的延安版。

新时代"十个没有"名为平安建设的主要目标,实质上也是社会治理中各个单位、行业检视、提升治理能力和治理水平的重要标准。延安市"十个没有"平安建设在社会治理标准化方面有两大特点:

1. 体现问题导向,坚持重心下移,突出基层治理特色

党的十八大以来,各级党委和政府以及基层自治组织均重视通过自治、法治、德治相结合,创新基层社会治理路径,尤其在社会规范的制定方面取得了斐然成就。据《中国人权法治化保障的新进展》白皮书介绍,截至2016年,全国98%的村制定了村规民约或村民自治章程,城市社区普遍制定了居

民公约或居民自治章程，村规民约、社区公约等在社会治理中的作用得到发挥。①2017年，中共中央、国务院下发《关于加强和完善城乡社区治理的意见》，进一步提出"充分发挥自治章程、村规民约、居民公约在城乡社区治理中的积极作用，弘扬公序良俗，促进法治、德治、自治有机融合"。②以自治章程、村规民约、居民公约等为代表的社会规范在社会治理中发挥了重要作用，全国各地广泛制定此类规范无疑将加速社会治理的规范化、制度化和法治化进程。然而，各类村规民约、社区公约的内容因针对事项、参考文本以及当地历史文化、经济状况的不同而存在明显差异，有的村规民约和社区公约仅仅停留在"制度上墙"层面，不仅未能发挥作用，而且也未能深入人心。与此同时，各行各业的自治章程也存在此类问题，零散多样、瑕瑜互见、难以落实等现象非常普遍。

新时代"十个没有"的提出，在促进以自治章程、村规民约、居民公约等为代表的社会规范的实践应用，推动社会规范制度供给的完善中发挥了积极作用。新时代"十个没有"直面广大基层社会存在的扰民问题，将人民群众最恨、最怨、最烦的事情列为首要对象；新时代"十个没有"将基层社会治理的目标具体化、简明化，便于干部群众了解和熟悉。如平安村组、社区、小区、网格的创建标准紧紧围绕延安当地严重影响民生安康的种种乱象而展开。详见下表③：

---

① 《白皮书：全国98%的村制定了村规民约或村民自治章程》，载国务院官网，http://www.gov.cn/xinwen/2017-12/15/content_5247494.htm。
② 《中共中央国务院关于加强和完善城乡社区治理的意见》，载国务院官网，http://www.gov.cn/gongbao/content/2017/content_5204888.htm。
③ 本表材料源于延安政法委市级文件。

基层新时代"十个没有"创建情况简表

重点领域	创建主体	创建标准	备注
平安村组	各行政村	一、没有家族势力；二、没有吸贩毒品；三、没有聚众赌博；四、没有封建迷信；五、没有邪教传播；六、没有乱砍（开）乱挖；七、没有矛盾激化；八、没有非正常上访；九、没有村干部违法违纪；十、没有刑事案件。	其中，后三条标准结合活动开展情况有所改进，修正为：八、没有越级上访；九、没有刑事案件；十、没有破坏环境。 此外，这一标准在实践中因各地情况不同也有所调整，如某村"十个没有"标准调整为：一、没有环境脏乱；二、没有不敬不孝；三、没有涉毒涉赌；四、没有三防缺位；五、没有封建迷信；六、没有非法上访；七、没有安全隐患；八、没有邻里纠纷；九、没有滥砍滥伐；十、没有违法经营。
平安社区	各社区	一、没有群体事件；二、没有消防隐患；三、没有刑事案件；四、没有三防缺位；五、没有邻里纠纷；六、没有"黄赌毒"；七、没有乱搭乱建；八、没有环境脏乱；九、没有越级上访；十、没有乱停乱放。	三防，即人防、物防和技防，是安全防范的三个范畴和三种手段。 与"平安村组""平安网格"不同，"平安社区"和"平安小区"的标准均为2016年"十个没有"平安建设活动开展之后逐步确立的。从村组到社区、小区、网格的完整延伸，也反映出"十个没有"对基层社会的全覆盖。
平安小区	各小区	一、没有偷盗事件；二、没有赌博斗殴；三、没有邻里纠纷；四、没有歪风邪气；五、没有乱停乱放；六、没有脏乱现象；七、没有安全隐患；八、没有封建迷信；九、没有防盗窗网；十、没有上门兜售。	
平安网格	各楼栋	一、没有入室盗窃；二、没有矛盾激化；三、没有聚众赌博；四、没有卖淫嫖娼；五、没有吸贩毒品；六、没有乱搭乱建；七、没有卫生死角；八、没有安全隐患；九、没有脱管漏管；十、没有非法活动。	

上述标准，都一一对应群众生活中最迫切需要解决的问题，与人民群众的幸福感、获得感、安全感息息相关。在坚持标准化治理，追求"十个没有"目标实现的过程中，旨在维护社会稳定、改善人际关系、促进民生发展、传承历史文化的村规民约、社区公约等社会规范，也必然会在化解各类矛盾纠纷时发挥一定的作用，不仅成为社会治理的有效依据，也成为新时代"十个没有"平安建设的重要内容。这就形成新时代"十个没有"标准与村规民约、社区公约良性互动、互为补充的关系，将制度在社会治理标准的实现和群众矛盾纠纷的化解中从"挂在墙上"转变为"深入人心"。

与此同时，新时代"十个没有"平安建设在基层的开展中，也不断产生新的标准，为社会规范补充新的内容。如"平安网格"中，延安对各级网格工作人员明确责任，形成了网格化管理的行为规范。详见下表①：

新时代"十个没有"平安建设四级人员职责

责任主体	具体职责
社区片长	1. 社区片长由社区工作人员担任，对社区划分的网格区域进行全面管理，负责管理网格内的网格长等工作人员。 2. 社区片长要"一岗多责"，全面熟悉社区工作职责及业务知识，全面负责网格内党建服务、民政服务、文化体育教育服务、医疗卫生服务、环境卫生服务、劳动保障服务等工作，与辖区网格长共同做好网格管理。每周组织网格工作人员召开会议，听取汇报，分析解决网格内的问题，并及时向社区党组织反馈。 3. 社区片长要合理筛选、整合网格内群众资源力量，强化群防群治体系建设，提高网格社会面稳控能力。社区片长要每周召集社区代表，分析研判辖区稳定问题、民生问题，体察民意，倾听民声，协调解决各类矛盾。 4. 社区片长要充分利用各类群众资源，建立完善信息反馈网络体系，做到出租房屋流动人口、群体性事件等社会不稳定因素，以及网格内的环境卫生、综合治理、消防安全、计划生育存在的问题，第一时间发现，第一时间到现

---

① 本表材料来源于延安市宝塔区枣园街道办某小区。

续表

责任主体	具体职责
社区片长	场，协同网格长第一时间处置。 5. 社区片长要对网格内工作人员、社会力量等混合编组，并及时调整变更，全面落实维护稳定、服务群众工作机制要求。对于居民反映的问题现场能够解决的，在可控范围内把问题解决在网格内；现场不能解决的，带回社区移交专项工作人员进行处理，并将处理结果及时反馈给居民；社区无法解决的问题和突发性事件，立即上报相关部门，争取"小事不出网格，大事不出社区"。
网格长	服从社区片长领导，当好"八大员"： 1. 沟通联络员。网格长是网格化管理的具体实施者，承担着上达社区、办事处，下联社区居民群众的工作任务，在遇到超出处置能力范围的事件时，要及时上报。 2. 采集信息员。网格长要熟悉和掌握所辖网格区域内的户籍人口、常住人口、流动人口、商业网点等基本信息的基本概况。经常性、及时地将网格内的基本信息报社区工作站操作员，确保数据信息库基本信息真实、准确。要按照真实性、准确性、全面性、时效性的原则，对所辖区域的部件、事件数据信息进行采集汇总，全面掌握所辖区域的部件分布和现状情况，做到底数清、情况明。 3. 便民服务员。网格长在接到群众问询电话后，要将各项服务工作的流程、需要准备的材料一次性告知居民，并及时受理居民群众所需的计生服务、低保申请、困难救助、廉租房申请、民政优抚、残疾人服务、下岗就业、安全生产、隐患排查、社会治安综合治理、园林绿化、环境整治、卫生防疫、户籍服务、流动人口等各项工作业务。 4. 安全监管员。网格长要始终绷紧安全这根弦，将所辖区域内的机关、企业、单位、商业部门的安全生产工作抓在手上，配合相关部门排查、掌握安全隐患，并协调做好督促整改工作。要积极协助社区民警做好辖区秩序的维护工作，发现危害社会稳定的行为要在及时上报社区和派出所的同时，做好劝告、引导教育工作。 5. 卫生监督员。网格长要对所辖区域的环境卫生做好督导，经常性地督促辖区单位和机关商业店铺，按照"门前四包"的要求做好督促检查，同时要对网格内的"牛皮癣"、小广告及时督促清理。 6. 维稳接待员。网格长要掌握所辖区域内的社情民意，记好民情日记，做好信访和社会矛盾稳定工作，并要及时向社区、办事处反馈区域内的重大社情民意。 7. 文明传播员。网格长要将文明创建工作当作经常性的工作任务，引导社区

续表

责任主体	具体职责
网格长	居民开展移风易俗，提倡积极健康的生活方式，把创建文明社区、文明楼栋、五好家庭活动作为自觉行动，弘扬新风。 8. 政策宣传员。网格长要及时把中央、省、地、市的路线、方针、政策等重大决策，宣传到所辖居民群众中，引导居民把上级的决策、决定变为居民的自觉行动，架起区委、区政府、办事处、社区联系居民的连心桥。
网格员	1. 全面走访社区居民，及时采集网格内人口、房屋、单位等基础信息，做到底数清、情况明、信息准。 2. 及时了解居民服务需求和诉求事项，积极提供帮助，实行直接办理或代办服务，最大限度满足居民的需求。 3. 及时排查、化解网格内发生的矛盾纠纷和不稳定因素，本人无法化解的上报社区予以化解。 4. 及时排查网格内治安、安全隐患，加强治安巡查，发现治安问题及时解决或上报社区予以解决。 5. 积极向社区居民宣传社会管理和法律知识，提高居民对社区服务管理的知晓率和参与率。 6. 在本网格内综合履行社会治安、社会保障、劳动就业、计划生育、城市管理、安全生产、食品药品安全等服务管理。 7. 积极配合社区组织居民开展积极健康的文体娱乐活动和社区公益行动。
楼栋长	1. 负责对本楼栋居民宣传和学习党和国家的方针政策、法律法规；带头执行小区业主委员会的决议和决定；配合搞好小区居民的公益事业和文体活动等。做到上情下达、下情上报、信息畅通。 2. 及时了解和掌握本楼居民的基本情况，尤其是常住户、租房户人员结构和变更情况，掌握离退休人员、下岗失业人员、困难户、新婚人员及新生儿、流动人口情况。 3. 负责维护楼栋治安，全力配合小区搞好防火防盗、治安消防、卫生巡查，及时发现本楼各类安全隐患，做好抢险救灾应急和环境卫生的督导，全面提升小区治安防范水平。遇到紧急情况和突发事件，及时向网格员、网格长及社区片长汇报。 4. 对楼栋环境卫生进行定期检查，督促居民保持楼道干净整洁，无堆放杂物、无涂写乱画、无张贴小广告，发现有不文明现象要及时制止。 5. 带头遵守执行小区的管理规定，协调好家庭、邻里之间发生的纠纷，主动化解各类矛盾，倡导建立文明和谐的邻里关系，促进邻里团结，共同创建和谐小区。 6. 积极完成社区片长、网格长、网格员交办的各项临时工作。

由此可以看出，新时代"十个没有"的深入推进，打破了各种社会规范长期存于纸面却无法有效实施的困境，而且以简明扼要的形式让群众感受到法治的重要性，并不断以新的内容为社会规范注入新鲜血液。换言之，新时代"十个没有"的提出和发展，是对社会治理制度供给体系的丰富和充实。

2. 重视拓展延伸，覆盖各行各业，丰富平安建设的内涵

延安市委政法委在深入调研基础上，于2021年11月出台了《延安市平安建设指导性标准体系》（以下简称《指导性标准体系》），提出了延安市平安建设的2.0版。《指导性标准体系》的主要内容包括指导思想、工作目标、主要内容等方面，是延安市平安建设的最新实践成果。其指导思想明确要求：坚持以习近平新时代中国特色社会主义思想为指导，深入学习贯彻习近平法治思想，全面贯彻落实习近平总书记来陕考察重要讲话精神，认真落实省委平安陕西建设领导小组《关于加快推进社会治理现代化建设更高水平平安陕西的实施意见》等部署要求，以总体国家安全观为统领，以共建共治共享为导向，以防范化解市域社会治理重大风险为着力点，以基层社会治理创新、平安创建活动为抓手，不断完善党委领导、政府负责、民主协商、社会协同、公众参与、法治保障、科技支撑的社会治理体系。全面提升平安延安建设科学化、社会化、法治化、智能化水平，不断增强延安百姓获得感、幸福感、安全感。努力构建良好社会风气，为全市经济高质量发展和追赶超越创造安全稳定的社会环境。

《指导性标准体系》的总体目标是，以标准指导平安创建活动，推动平安延安建设系统化、制度化。将弘扬延安精神、传承红色基因与社会治理创新结合起来，强化系统治理、依法治理、综合治理和源头治理，针对群众生产生活中的各种治理盲点和治理真空提供指导性标准，把与群众生产生活密切相关的各行业、各领域、各单位都纳入治理范围，将平安创建活动与行业

管理、基层治理、乡村振兴深度融合，推动基层扬长补短、创新创优，为发展具有深厚历史底蕴与鲜明时代特色、彰显人民群众创造力的中国社会治理制度注入新的智慧和内容。

《指导性标准体系》的具体目标包括：一是政治安全更加牢固。维护国家政治安全工作体系不断健全、能力不断提升，维护国家政治安全更加有力，意识形态持续安全，执政基础更加巩固。二是风险防范更加有力。防范化解重大风险体制机制不断健全，应急处置重大突发案（事）件能力显著增强，风险预测预警预防能力进一步提高，保障和改善民生力度进一步加强，社会矛盾从源头上得到预防和减少。三是社会秩序更加良好。社会治安防控体系健全完善，预防和打击违法犯罪能力明显增强，重大刑事案件、群体性事件等不断减少，突出治安问题得到有效整治。四是公共安全更加稳固。公共安全风险监测预警体系健全完善，突发事件应急处置机制建立健全，公共安全隐患及时排查整治，重特大事故有效遏制。五是人民更加安居乐业。社会心理服务、公共法律服务、基本公共服务等保障体系健全，矛盾及时有效化解，社会安定有序，人民群众的获得感、幸福感、安全感不断提升。

《指导性标准体系》由两部分构成，第一部分明确各级政府、基层自治组织、家庭以及单位（部门）等主体的新时代"十个没有"平安建设的指导性指标，第二部分明确校园、商场、医院、交通等重点领域和重点行业的新时代"十个没有"平安建设的指导性指标。其中，第一部分包括7个方面，第二部分包括12个方面，建立了19个覆盖全域的治理范围。

重点区域新时代"十个没有"创建标准如下：

（1）新时代"十个没有"平安市创建标准

一是没有重大群体性事件；

二是没有重大邪教事件；

三是没有重大宗教极端活动、民族分裂活动；

四是没有暴力恐怖活动；

五是没有重大金融安全事件；

六是没有重大生态安全事件；

七是没有重大文化安全事件；

八是没有重大网络安全案件；

九是没有重大公共安全事故；

十是没有严重黑恶势力犯罪。

（2）新时代"十个没有"平安县（市、区）创建标准

一是没有危害国家安全犯罪；

二是没有邪教和非法宗教活动；

三是没有重大生态环境事件；

四是没有黑恶势力犯罪案件；

五是没有重大恶性刑事案件；

六是没有重大舆情处置不当；

七是没有影响恶劣的个人极端案件；

八是没有重大公共安全责任事故；

九是没有突发事件应急管理缺陷；

十是没有境外非政府组织非法活动。

（3）新时代"十个没有"平安乡镇（街道）创建标准

一是没有黑恶势力犯罪；

二是没有封建迷信活动；

三是没有"黄赌毒"；

四是没有非正常群体性上访；

五是没有环境污染事件；

六是没有舆情处置不当；

七是没有安全生产事故；

八是没有社会安全事件；

九是没有重大刑事案件；

十是没有重大群体性事件。

（4）新时代"十个没有"平安村组创建标准

一是没有宗族恶势力；

二是没有环境脏乱；

三是没有封建迷信；

四是没有"黄赌毒"；

五是没有刑事案件；

六是没有非法上访；

七是没有民主自治不到位；

八是没有人防物防技防缺位；

九是没有重点人员管理缺位；

十是没有公共安全责任事故。

（5）新时代"十个没有"平安社区创建标准

一是没有黑恶势力；

二是没有环境脏乱；

三是没有封建迷信；

四是没有"黄赌毒"；

五是没有刑事案件；

六是没有非法上访；

七是没有民主自治不到位；

八是没有人防物防技防缺位；

九是没有重点人员管理缺位；

十是没有公共安全责任事故。

（6）新时代"十个没有"平安家庭创建标准

一没有家庭暴力；

二没有吸食毒品；

三没有参与邪教；

四没有封建迷信；

五没有奢侈浪费；

六没有虐待老幼；

七没有参与赌博；

八没有环境脏乱；

九没有邻里矛盾激化；

十没有不良征信记录。

（7）新时代"十个没有"平安单位（部门）创建标准

一是没有吃拿卡要；

二是没有铺张浪费；

三是没有冷漠横推；

四是没有萎靡不振；

五是没有治安案件；

六是没有违规经商；

七是没有越级上访；

八是没有三防缺位；

九是没有干部违法；

十是没有失密泄密。

重点行业(领域)新时代"十个没有"创建标准如下：

（1）新时代"十个没有"平安校园创建标准

一没有校园欺凌行为；

二没有食品安全问题；

三没有安全责任事件；

四没有宗教传播行为；

五没有巡逻监控盲区；

六没有消防安全隐患；

七没有门禁管理缺失；

八没有非法经营商店；

九没有环境脏乱现象；

十没有师德失范行为。

（2）新时代"十个没有"平安商场创建标准

一没有绺窃盗窃行为；

二没有消防安全隐患；

三没有监控视频缺位；

四没有虚假广告宣传；

五没有欺行霸市现象；

六没有不当竞争行为；

七没有强买强卖行为；

八没有价格欺诈行为；

九没有假冒伪劣商品；

十没有安全责任事故。

（3）新时代"十个没有"平安娱乐场所创建标准

一没有无证经营；

二没有"黄赌毒"；

三没有绺窃盗窃；

四没有三防缺位；

五没有违规经营；

六没有管理失范；

七没有噪声污染；

八没有邪教活动；

九没有有害信息传播；

十没有安全责任事故。

（4）新时代"十个没有"平安医院创建标准

一没有医药安全问题；

二没有消防安全隐患；

三没有医药推销行为；

四没有非法行医行为；

五没有医疗责任事故；

六没有过度医疗行为；

七没有传染病源扩散；

八没有红包回扣乱象；

九没有医患纠纷激化；

十没有虚假医疗广告。

（5）新时代"十个没有"平安酒店创建标准

一没有食品安全问题；

二没有消防安全隐患；

三没有绺窃盗窃案件；

四没有三防缺位现象；

五没有涉黄涉赌涉毒；

六没有个人信息泄露；

七没有欺客宰客行为；

八没有违规登记行为；

九没有环境脏乱现象；

十没有发生安全事故。

（6）新时代"十个没有"平安景区创建标准

一没有绺窃盗窃行为；

二没有公共安全隐患；

三没有监控视频缺位；

四没有文物保护缺位；

五没有无证导游行为；

六没有强买强卖行为；

七没有治安刑事案件；

八没有欺诈消费乱象；

九没有游客投诉事件；

十没有环境脏乱现象。

（7）新时代"十个没有"平安交通创建标准

一没有扒窃盗窃；

二没有非法运营；

三没有价格欺诈；

四没有超载拒载；

五没有违章驾驶；

六没有乱停乱放；

七没有违禁品上车；

八没有不文明服务；

九没有监控视频缺位；

十没有重大交通事故。

（8）新时代"十个没有"平安井场创建标准

一没有无证上岗行为；

二没有盗贩油气行为；

三没有未批先建行为；

四没有企地矛盾纠纷；

五没有安全监管缺位；

六没有风险预防缺位；

七没有监控视频缺位；

八没有安全生产隐患；

九没有安全责任事故；

十没有污染环境事件。

（9）新时代"十个没有"平安银行创建标准

一没有监控盲区；

二没有不文明服务；

三没有安保缺位；

四没有消防隐患；

五没有支付错误；

六没有虚假宣传；

七没有设备故障；

八没有信息泄露；

九没有洗钱案件；

十没有非法融资。

（10）新时代"十个没有"平安工地创建标准

一没有拖欠工资行为；

二没有违规用工现象；

三没有安全生产隐患；

四没有施工噪音扰民；

五没有生产责任事故；

六没有违规转包现象；

七没有环境污染事件；

八没有食品安全问题；

九没有工程质量问题；

十没有违规操作行为。

（11）新时代"十个没有"平安寄递物流创建标准

一没有无证经营行为；

二没有登记缺位现象；

三没有验视缺位现象；

四没有安检缺位现象；

五没有不文明服务；

六没有缮窃盗窃行为；

七没有寄递违禁物品；

八没有物品损坏现象；

九没有环境脏乱现象；

十没有个人信息泄露。

（12）新时代"十个没有"平安网络创建标准

一没有不良信息传播；

二没有舆情研判缺位；

三没有网络安全事件；

四没有个人信息泄露；

五没有网络监管缺位；

六没有涉密信息传播；

七没有电信网络诈骗；

八没有服务保障缺位；

九没有非法网络经营；

十没有预警处置缺位。

为了进一步发展完善，延安市委政法委明确：第一，标准体系具有指导性、示范性，各单位、部门应以该标准体系为参照，因地制宜，制定本单位、部门的新时代"十个没有"标准；第二，保持稳定，动态调整，根据创建及考核情况，每年调整一次；第三，体现共性，兼顾个性，鼓励各单位、部门进行创新，每年在同类单位、部门、行业、领域内评选最佳标准，并加以表彰；第四，提炼经验，贡献智慧，西北政法大学课题组应在合作框架协议下密切跟踪、扎实调研标准体系的应用与调整工作，以及时高效跟踪调研开展学术研究，不断助力新时代"十个没有"标准体系的完善。

通过分析,可以发现,延安市级新时代"十个没有"的指导性标准与各区县、各行业因地制宜制定的具体标准一起,呈现出以市、县区、乡镇(街道)、村(社区)为主体的纵向标准化体系和以各行业、各部门、各领域为主体的横向标准化体系共同发展的趋势,虽然其中有些环节有待提升,但目前的众多标准融为一体,初步构成了纵横交错、内外相维的有机联系的整体,即具有延安特色的市域社会治理的标准化体系。这一标准体系彰显出鲜明的以平安建设为指引和以源头治理、系统治理、依法治理为原则的标准样态,既是对纵横交错的以国家标准、地方标准、行业标准以及国际标准等为核心的标准化体系的丰富和补充,也是延安市在推进市域社会治理现代化中对社会治理标准体系的原创性贡献。

(三)延安实践形成了标准化推进平安建设的机制保障

为了保证新时代"十个没有"平安建设有效开展,延安市制定了一系列配套政策,采取了大量切实可行的举措,为社会治理的标准化建设提供了坚定的机制保障。

1. 调查研究与精准施策相结合,优化新时代"十个没有"的顶层设计

延安市在部署新时代"十个没有"平安建设时,坚持问题导向,围绕平安建设和社会治理的重点领域,以深入扎实的调查研究为基础,详细开列问题清单,因地制宜、因时制宜,把人民群众最急切、最关心、最期盼解决的各类问题纳入新时代"十个没有"中,特别是与人民群众生产生活密切相关的学校、医疗机构、市场、交通、景区、快递、乡村、社区等重点领域、重点行业、重点单位等均是"十个没有"目标聚焦的重点。经过认真调研和分析,延安市采取精准施策的办法,有的放矢,及时调整、修正和完善新时代"十个没有"的内容,不断优化社会治理标准化建设的顶层设计,由此形成

了特色鲜明的新时代"十个没有"目标体系。

其中,平安校园建设的主体是全市各幼儿园、中小学校、大中专院校,重点是解决校园及周边安全问题;平安医疗机构建设的主体是各级各类医院、乡镇卫生所、社区卫生服务中心,重点是解决医患矛盾纠纷和相关治安问题;平安市场建设的主体是各类市场、商城、超市,重点是解决诚信经营及治安秩序问题;平安交通建设的主体是营运车辆管理单位,建设主体是各火车站、汽车站,重点是消除各类安全隐患;平安景区建设的主体是全市各景区,重点是解决市场秩序、公共安全、社会治安等问题;平安寄递物流建设的主体是各寄递物流公司,重点是核查打击违禁物品的流通问题;平安镇(街道)建设的主体是全市各镇(街道),重点是解决地域性、群体性矛盾纠纷等问题;平安村(社区)建设的主体是全市各村(社区),重点是消除各类丑恶现象,营造良好的社会风尚。

2. 组织领导与宣传动员相结合,提升干部群众的参与热情

新时代"十个没有"平安建设是一项牵扯面广、覆盖范围全的系统工程,也是一项关乎社会长治久安以及人民群众安居乐业的民生工程,需要广大干部群众广泛参与。自2016年启动起,延安各级党政机关就强化了对新时代"十个没有"平安建设的组织领导。《深化平安建设实现"十个没有"活动实施方案》要求各级各部门充分认识开展"深化平安建设,实现'十个没有'"创建活动的重要性,深刻理解新时代"十个没有"平安建设是继承发扬延安时期社会治理优良传统、提升延安市社会治理水平的有效抓手,是实现"争创全国综治优秀市,勇夺长安杯"目标的有效途径,是经济发展新常态下防风险、解难题、补短板的有效举措,是各级党政领导切实履行好保一方平安、促一方发展的政治责任和工作责任。根据该实施方案,创建活动要按照条块结合的办法统筹推进,行业性平安创建活动由市、县区两级牵头部门

负总责，区域性平安创建活动由县区综治办负总责，各县区、各部门要切实加强组织领导，落实工作力量和责任，协调开展好本辖区、本系统、本部门、本行业的平安创建活动。

2018年，《关于进一步深化"十个没有"平安创建活动的通知》进一步要求各级党委、政府切实加强对新时代"十个没有"平安建设工作的领导，把新时代"十个没有"平安建设列入重要议事日程，经常研究部署。各县区党委政法委要对本县区新时代"十个没有"平安建设工作进行再安排、再部署，切实做好新时代"十个没有"平安建设的统筹部署、协调指导、督促检查、考评考核工作。各级平安建设成员单位要发挥职能作用，平安校园、平安医疗场所、平安景区等已经开展的新时代"十个没有"平安创建活动牵头单位要全面梳理总结创建工作，深入调研创建中遇到的普遍性、代表性问题，制定新时代"十个没有"平安建设工作方案，对当前和今后一个时期的创建工作再安排、再部署；平安工地、平安寄递物流、平安单位等新开展创建活动的牵头单位要结合行业特点深入查找创建单位存在的突出问题隐患，列出新时代"十个没有"目标，确定包抓领导和配合单位，形成整体创建方案，对创建工作进行全面安排部署。

除此之外，延安市在新时代"十个没有"平安建设工程中，非常重视对干部群众的宣传动员，各牵头部门、各县区按照部署召开平安创建动员会，将开展创建活动的目标任务和工作要求层层传达给基层单位和干部，要求各参与创建单位举行公开面向服务对象和基层群众的承诺大会，每个责任领导都要围绕新时代"十个没有"内容向群众做出公开承诺，请群众监督；同时，广泛利用各种媒介，采取多种方式，集中时间，对创建活动进行广泛宣传，在开展创建活动区域内做到家喻户晓、人人皆知。

3. 统筹推进与突出重点相结合，夯实标准化建设的内生动力

延安市在推进和深化新时代"十个没有"平安建设的过程中，既重视旨在增强各级党政干部责任感、使命感、荣誉感的"比学赶超"的巡回观摩活动，也注重新时代"十个没有"平安建设与其他重点工作密切结合，发挥社会治理的综合效能，并通过工作的持续改进，为社会治理标准化提供源源不竭的动力。

2018 年，延安市专门开展了全市新时代"十个没有"平安建设"比学赶超"巡回观摩活动，活动包括四个方面：一是"比"，即开展比赛活动。把巡回观摩活动当作擂台赛，观摩点就是比赛场，通过观摩活动比做法、比作风、比成效，比出压力、比出干劲，比出危机感、紧迫感和责任感。二是"学"，即学习先进经验。通过巡回观摩，学思路、学做法、学经验，厘清工作思路，明确工作目标，不断提升推动新时代"十个没有"平安建设的能力水平。三是"赶"，即补齐工作短板。通过巡回观摩，对标先进典型，查找自身在社会治安防范、社会矛盾化解等方面存在的问题和差距，找准短板和弱项，有的放矢，精准施策，通过"十个没有"平安创建，解决好群众最恨最盼最急最需最烦的事情，补齐社会治安短板，加固社会稳定底板。四是"超"，即奋力追赶超越。通过巡回观摩，每个行业部门和县区都确定自己追赶超越的目标，定标定位，做到比有对象、学有榜样、赶有目标、超有方向，推动新时代"十个没有"平安建设干在实处、走在前列。

在具体领域，自活动开展以来，新时代"十个没有"平安建设实现了五个方面的有机结合。一是与扫黑除恶相结合。在镇村，重点依法严厉打击利用家族、宗族势力横行乡里、称霸一方、欺压百姓的"村霸"和宗族恶势力；在市场、景区、油区、矿区，重点依法严厉打击欺行霸市、强买强卖、敲诈勒索、破坏正常经营秩序的"行霸""市霸"等黑恶势力。二是与社会治安防控体系建设相结合。在各创建单位消除技防监控盲点，建立健全人防队伍，加强易肇事肇祸精神病人、病残吸毒人员、"三失"人员等重点人群管理，专项整治"两抢一盗""黄赌毒"等突出治安问题，补齐治安管理短板。三是与矛盾纠纷化解相结合。把矛盾纠纷排查化解作为新时代"十个没有"平安建设的基础性工作，大力发扬"枫桥经验"，健全完善矛盾纠纷多元化解机制，在乡村、社区巩固提高"两说一联"工作成效，促进城乡社会依法治理；在县区依托行业主管部门建立健全劳动争议、医患纠纷、交通事故、婚姻家庭、消费维权等行业性、专业性调解组织，加强特定领域矛盾纠纷预防化解，筑牢维护稳定第一道防线。四是与精神文明建设相结合。将平安建设作为助力乡村振兴和文明创建的有力抓手，充分发挥自治章程、村规民约、行业公约的积极作用，破除封建迷信和陈规陋习，铲除邪教滋生的土壤，树立健康文明的社会风尚。五是与创建单位业务工作相结合。在基层，依托各级综治维稳中心，加强综治信息化和"雪亮工程"建设，推进城乡社区网格化管理，提高社会治理信息化、多元化、精细化水平；在行业创建单位，与职业道德教育、干部管理、业务工作、部门文化建设深度融合，助推创建单位提高工作水平。

4. 环节联通与经验提升相结合，巩固标准化建设的制度根基

延安市在推进新时代"十个没有"平安建设的过程中，通过系统思维认识、分析相关问题，形成了事前重组织领导、事中重督导落实、事后重考核评比的环环相扣、严密完整的工作机制，并在实践中不断总结改进，切实巩固标准化建设的制度根基。2016年下发的《深化平安建设实现"十个没有"活动实施方案》明确提出平安建设必须重视"制定实施方案""召开动员会议""举行公开承诺""进行承诺公示""开展集中宣传""培育示范典型""开展述职评议""进行考核评比""公示评比结果"等关键环节。

经过近两年的探索，2018年，延安市在此前方案的基础上下发《关于进一步深化"十个没有"平安创建活动的通知》，提出新时代"十个没有"平安建设要形成长效机制，并细化为三个方面：一是健全常规创建机制。要求各县区在3月份分系统、分领域制定创建方案，召开会议进行专题安排部署；4月份将深化新时代"十个没有"创建活动在全行业、全领域全面推开，问题查摆、责任落实、承诺公示等工作要全部到位，隐患整改、矛盾化解、问题整治等工作要全面展开；7月份之前在每个创建的行业领域培养不少于5个示范点；年底之前完成所有创建活动的评比命名等工作。同时，将新时代"十个没有"平安创建作为常规工作，每年为一个创建周期，年初部署开展创建活动，年底评比授星，实现新时代"十个没有"平安创建活动规范化、制度化、常态化。二是健全责任分工机制。要求各县区明确创建责任分工，县区平安办要负责做好统筹部署、督导检查、组织协调、亮点培育、整体推进等工作；平安校园、平安医院、平安市场等行业性创建活动由各行业主管单位负责，平安村组、平安社区、平安网格等区域性创建活动由所在乡镇（街道）负责，做好安排部署、督导检查、评比命名等工作；各责任单位充分发挥工作职能，帮助创建单位解决工作中的短板和薄弱环节。三是健全督导考核机制。要求各县区综治办定期对创建活动进行常规督导和进度通报，每年年底会同相关部门进行常规考核和评比命名。市委平安办将新时代"十个没有"平安创建活动纳入综治暨平安建设工作考核范畴，适时进行专项督查，并将工作情况通报全市，每年年底会同相关成员单位命名表彰一批创建示范单位，并对创建不力的县区和基层单位予以问责。

延安市在时隔半年之后出台的《关于全面深化新时代"十个没有"平安建设的意见》中，根据新时代"十个没有"平安建设的深入开展情况，对制度建设提出新的更为科学系统的要求和标准，将制度改进服务于新时代"十个没有"平安建设制度化、规范化、常态化、科学化水平的提升，使社会治理的标准化制度保障持续完善。优化确立的工作机制如下：

新时代"十个没有"工作机制简表

序号	制度建设	基本要求
一	建立动态管理制度	1. 以"十个没有"创建目标为核心，结合工作实际，细化考核细则，建立相应的考核办法。 2. 每半年开展一次工作检查，督促进度、发现不足、整改薄弱环节。 3. 每年年底前进行一次全面考核，按照考核结果，兑现奖惩。 4. 市综治委、市委政法委根据县区推荐申报情况，表彰一批市级新时代"十个没有"平安建设先进集体（单位）。
二	建立承诺践诺制度	1. 新时代"十个没有"平安建设实行承诺、践诺、评诺"三个一"清单制度。 2. 每个创建单位都要结合实际列出一个"十个没有"清单，向群众进行公示承诺。 3. 制定一个责任分工清单，明确创建目标、责任领导、责任单位、责任人员、完成时限，把问题整改责任落实到人到岗。 4. 每年底汇总一个任务完成清单，召开述职评议会议，将创建活动开展情况向辖区群众和服务对象报告，邀请群众代表测评评议。
三	建立典型培树制度	各县区、各行业主管部门及时发现基层创建主体的好做法、好经验，总结提炼出符合实际、可以推广、便于操作的工作模式，通过典型带动，推进工作全面提升。
四	建立巡回观摩制度	市委政法委、市委平安办从2018年第三季度开始，在各县区、各行业系统开展新时代"十个没有"平安建设"比学赶超"巡回观摩活动，激励各创建单位争先进位、追赶超越。
五	建立目标考核制度	1. 市上将开展新时代"十个没有"平安建设纳入对各县区、市直各部门考核内容中，市直各牵头单位、各县区也要将基层开展新时代"十个没有"平安建设工作纳入年度目标责任考核之中，夯实创建责任。 2. 市委政法委、市委平安办加强平安建设安排部署、协调督导、亮点培育、经验推广、考核奖惩等工作，对思想不重视、工作不落实、措施不到位的单位，严格按照市委、市政府《健全落实社会治安综合治理领导责任制规定》予以问责。

以上可见，随着新时代"十个没有"平安建设的日渐深入，相应的制度建设也日益完善。社会治理的标准化与新时代"十个没有"平安建设一样，既是一项顺应时代发展潮流、呼应经济社会运行规律的系统工程，也是国家治理体系与治理能力现代化中必须长期重视和坚持的重点任务。尽管延安市域社会治理标准化的进程刚刚起步，其无论是深度还是广度都不可避免地存在大量短板，但在制度供给日趋稳定和完善的新形势下，社会治理标准化建设仍将大有可为，也必将大有收获。

四、新时代"枫桥经验"与信访工作高质量发展

信访工作关乎人民群众根本利益和社会安全稳定，是党的群众工作的重要组成部分，是党和政府了解民情、集中民智、维护民利、凝聚民心的一项重要工作，是各级机关、单位及其领导干部、工作人员接受群众监督、改进工作作风的重要途径。在法治轨道上推进信访工作高质量发展，是基层社会治理现代化进程中不容忽视且必须认真对待的重要环节。目前，各地在坚持、发展新时代"枫桥经验"的同时，积极推动信访工作机制创新，形成了一系列带有规律性、指导性和普遍意义的做法，不仅为化解矛盾纠纷提供了宝贵经验，也为持续丰富新时代"枫桥经验"的内涵，构建具有中国特色、时代特征、信访特性的社会矛盾纠纷多元预防调处化解综合机制做出应有贡献。

（一）新时代"枫桥经验"写入《信访工作条例》

《信访工作条例》于 2022 年 1 月 24 日经中共中央政治局会议审议批准，2022 年 2 月 25 日由中共中央、国务院发布，2022 年 5 月 1 日施行。《信访工

作条例》以习近平新时代中国特色社会主义思想为指导,深入贯彻习近平总书记关于加强和改进人民信访工作的重要思想,总结党长期以来领导和开展信访工作经验特别是党的十八大以来信访工作制度改革成果,坚持和加强党对信访工作的全面领导,理顺信访工作体制机制,是新时代信访工作的基本遵循。

与2005年国务院发布的《信访条例》相比,新的《信访工作条例》有了诸多重大变动,具有属性特别、覆盖面广、突出党的领导、便利人民群众等特点。

第一,属性特别。《信访条例》是由国务院制定、发布的行政法规,规定的是各级政府部门及其工作部门,即行政机关接受群众信访的制度。而《中国共产党党内法规制定条例》规定,党内法规分为党章、准则、条例、规定、办法、规则、细则七种。其中"条例"是对党的某一领域重要关系或者某一方面重要工作做出全面规定的文件。例如《中国共产党政法工作条例》《中国共产党农村工作条例》等,新的《信访工作条例》由中共中央政治局会议审议批准,并由中共中央、国务院发布,说明其既是中央政府的行政法规,又是中国共产党的重要党内法规。

第二,覆盖面广。《信访条例》第二条规定:本条例所称"信访",是指公民、法人或者其他组织采用书信、电子邮件、传真、电话、走访等形式,向各级人民政府、县级以上人民政府工作部门反映情况,提出建议、意见或者投诉请求,依法由有关行政机关处理的活动。《信访工作条例》第二条则规定:本条例适用于各级党的机关、人大机关、行政机关、政协机关、监察机关、审判机关、检察机关以及群团组织、国有企事业单位等开展信访工作。因此,新条例的覆盖范围十分广泛,突破了原有"各级人民政府、县级以上人民政府工作部门"的限制,而且,新条例允许公民、法人或者其他组织可以采用信息网络、书信、电话、传真、走访等形式,向各级机关、单位反映情况,提出建议、意见或者投诉请求,有关机关、单位应当依规依法处理。

第三,突出党的领导。《信访条例》第四条规定:信访工作应当在各级人民政府领导下,坚持属地管理、分级负责,谁主管、谁负责,依法、及时、就地解决问题与疏导教育相结合的原则。相比之下,《信访工作条例》规定了以"坚持党的全面领导"为首要原则,强调把党的领导贯彻到信访工作各方面和全过程,确保正确政治方向。第二章"信访工作体制"明确健全党领导信访工作的体制机制,构建党委统一领导、政府组织落实、信访工作联席会议协调、信访部门推动、各方齐抓共管的信访工作格局。在党委统一领导方面,明确党中央加强对信访工作的集中统一领导,规定地方党委领导本地区信访工作,贯彻落实党中央决策部署,执行上级党组织部署要求,统筹信访工作责任体系构建,支持和督促下级党组织做好信访工作。在政府组织落实方面,规定各级政府贯彻落实上级党委和政府以及本级党委部署要求,履行组织各方力量及时妥善处理信访事项,研究解决政策性、群体性信访突出问题和疑难复杂信访问题等职责。在信访工作联席会议协调方面,规定中央信访工作联席会议统筹协调、整体推进、督促落实全国信访工作,同时进一步规范地方信访工作联席会议的设置和运行。在信访部门推动方面,规定党委和政府信访部门是开展信访工作的专门机构,承担受理、转送、交办信访事项,协调解决重要信访问题,督促检查重要信访事项的处理和落实等工作职责,同时规定其他机关、单位应当根据信访工作形势任务,明确负责信访工作的机构或者人员。在各方齐抓共管方面,规定各级党委和政府以外的其他机关、单位应当做好各自职责范围内的信访工作,拓宽完善社会力量参与信访工作的制度化渠道。

第四,便利人民群众。《信访工作条例》规定信访人可以采用信息网络、书信、电话、传真、走访等形式，向各级机关、单位反映情况，提出建议、意见或者投诉请求，并对信访人提出信访事项明确了三个方面的要求：一是规定信访人一般应当采用书面形式提出信访事项，提出信访事项应当客观真实，同时对信访事项已经受理或者正在办理的，信访人在规定期限内向受理机关、办理机关、单位的上级机关、单位又提出同一信访事项的等情形，做出了相关规定。二是规定信访人采用走访形式提出信访事项的，应当到有权处理的本级或者上一级机关、单位设立或者指定的接待场所提出；多人走访提出共同的信访事项，应当推选不超过五人的代表。走访提出涉及诉讼权利救济的信访事项，应当按照法律法规规定的程序向有关政法部门提出。进一步压实属地责任，规定各级机关、单位应当认真接待处理群众来访，把问题解决在当地，引导信访人就地反映问题。三是规定信访人在信访过程中应当遵守相关法律法规，不得损害国家、社会、集体的利益和其他公民的合法权利，自觉维护社会公共秩序和信访秩序，不得有在机关、单位办公场所周围、公共场所非法聚集等行为。这就说明，新条例充分践行了党的群众路线，坚持以人民为中心，倾听群众呼声，关心群众疾苦，千方百计为群众排忧解难。

值得注意的是，《信访工作条例》第十五条明确规定：乡镇党委和政府、街道党工委和办事处以及村（社区）"两委"应当全面发挥职能作用，坚持和发展新时代"枫桥经验"，积极协调处理化解发生在当地的信访事项和矛盾纠纷，努力做到小事不出村、大事不出镇、矛盾不上交。党的十九届六中全会把"坚持和发展新时代'枫桥经验'，坚持系统治理、依法治理、综合治理、源头治理，完善信访制度，健全社会矛盾纠纷多元预防调处化解综合机制"写入党的重大决议，充分彰显了信访制度在完善社会治理体系、推进国家治理体系和治理能力现代化方面的独特优势。新时代"枫桥经验"写入《信访工作条例》,不仅标志着新时代"枫桥经验"融入我国法治体系建设特别是法律规范、党内法规之中,而且,对于提高信访工作能力和水平,及时反映群众呼声,着力化解突出问题,推动信访工作实现高质量发展,均有着积极的推动作用。

(二)新时代"枫桥经验"与信访工作的共通之处

新时代"枫桥经验"与信访工作在宗旨、观念和作用发挥等方面存在诸多共性,集中体现如下:

1. 二者都旨在维护人民群众的核心权益和根本利益

新时代"枫桥经验"是在习近平新时代中国特色社会主义思想的指引下孕育、发展而成,它继承并延续了形成于20世纪60年代的"枫桥经验"的精髓,即坚持以人民为中心的核心理念和群众路线这一根本工作路线。在经历了人民需要深刻变化、经济体系深刻转型、社会结构深刻变动、利益格局深刻调整、思想观念深刻转变而重大社会风险和公共安全危机对社会治理持续提出新考验的今天,新时代"枫桥经验"被赋予了推动社会治理制度创新、释放社会治理体系优势和效能的特殊任务。而新时代"枫桥经验"之所以历久弥新,能够及时适应经济社会的发展变化而形成符合群众需要的一系列行之有效的治理方案,就在于其能始终尊重人民群众的首创精神,时刻维护人民群众的根本利益,做到社会治理为了人民、依靠人民、服务人民。信访制度同样是贯彻群众路线并促使矛盾纠纷化解规范化的一项重要制度。信访工作所面对和解决的主要任务,是综合利用各种手段,充分调动各方资源,依法及时有效解决人民群众的合理诉求。凡是信访工作认真开展的地方,往往既能做到了解民情、排解民忧,又能收获集中民智、凝聚民心之效。因此,通过信访工作排除化解各领域、各行业、各群体矛盾纠纷的过程,在本质上依然是贯彻党的群众路线的过程。

毛泽东同志在阐释群众路线时强调:"在我党的一切实际工作中,凡属正确的领导,必须是从群众中来,到群众中去。这就是说,将群众的意见集中起来,又到群众中去作宣传解释,化为群众的意见,使群众坚持下去,见之于行动,并在群众行动中考验这些意见是否正确。然后再从群众中集中起来,再到群众中坚持下去。如此无限循环,一次比一次地更正确、更生动、更丰富。"[1]习近平总书记在对信访工作所做的重要指示中也特别强调:"各级党委、政府和领导干部要坚持把信访工作作为了解民情、集中民智、维护民利、凝聚民心的一项重要工作,千方百计为群众排忧解难。要切实依法及时就地解决群众合理诉求,注重源头预防,夯实基层基础,加强法治建设,健全化解机制,不断增强工作的前瞻性、系统性、针对性,真正把解决信访问题的过程作为践行党的群众路线、做好群众工作的过程。"[2]可见,坚持群众路线,心系群众安危,通过各种观念、方法、路径创新来维护人民群众的核心权益和根本利益,是新时代"枫桥经验"的生命力之所在,也是信访工作取得成效的秘诀所在。

2. 二者均在社会治理现代化进程中发挥重要作用

党的十八大以来,社会治理逐步取代社会管理,一改传统的重视控制人、约束人、追求绝对服从的社会秩序与稳定的管理思维,通过统筹协调党委、政府、社会、群众等多元主体,调动干部群众的创造性、主动性,激发各方热情和治理活力,形成了尊重人、依靠人、信任人、服务人的全民共建共治共享的治理思维。新时代"枫桥经验"的发展进步也伴随着社会治理现代

---

[1]《毛泽东选集》第 3 卷,人民出版社,1991,第 899 页。
[2] 习近平:《千方百计为群众排忧解难 不断开创信访工作新局面》,载《人民日报》2017 年 7 月 20 日 01 版。

化进程的日渐深入，其所强调的主体上的民主平等、协调配合、共同参与、合作共治，方式上的正式和非正式手段相协并重、刚性法则与柔性规范互为补充，路径上的自治、法治、德治以及情、理、法有机融合，效果上的公共利益的不断增进与人的合理诉求的依法满足等，都是社会治理现代化中不可或缺的重要因素。信访工作同样是促进社会治理现代化的基础性的制度安排。新时代的信访工作既突破了单一依靠信访部门处理问题的"小信访"格局，也更加重视遵循系统治理、依法治理、综合治理、源头治理的原则以加强制度建设。信访工作机制与时俱进，才能更加推动社会秩序的规范与维持、实现社会矛盾的预防和化解、国家和社会安全的保障与巩固、人民群众根本利益的尊重与维护，也能更加发挥以责任信访、阳光信访、法治信访协调社会关系、增进社会和谐、促进治理有效的积极作用。

与经济发展、社会进步相同步，人民群众的利益诉求也随着社会主要矛盾的变化而日益增长，与之相应的是，各种纷至沓来的矛盾纠纷及利益诉求为社会治理的体系构建与能力提升不断提出新的要求，也对预防化解矛盾纠纷的观念、手段、方法不断提出新的挑战。而实践证明，无论是新时代"枫桥经验"，抑或信访工作，在现阶段都扮演着不可替代的角色。在某种意义上，新时代"枫桥经验"与信访工作都是中国社会治理制度的有益补充，二者均坚持将矛盾纠纷化早、化小，解决在基层、化解在萌芽状态。社会治理虽然坚持人民主体、提倡多元主体与公众参与，但绝不意味着无序治理，新时代"枫桥经验"与信访工作在致力于解决人民群众的合法诉求时，均重视在法治轨道上健全群众诉求表达机制和群众权益保障机制，注意集中优势资源，调动干部群众的积极性，充分利用教育、调解、疏导等办法和法律、政策、经济、行政、习惯等手段，借助诉调对接、访调对接、多调联动的大调解格局，依法有序为人民群众排忧解难，以期实现人民安居乐业、社会和谐稳定、国家大治安宁的目标。

（三）新时代"枫桥经验"与信访工作机制创新的实证分析

当前，新时代"枫桥经验"已经远远超出浙江诸暨干部群众集体治理智慧的范畴，而是名副其实地体现枫桥人民、浙江人民和中国人民共同贡献的有关基层社会治理的一整套的智慧和方案。因此，新时代"枫桥经验"发展中的信访工作机制创新，既包括发源地的制度探索，也涵盖发展地的制度构建。

1. 各地信访工作机制创新的实践及特色

案例一：打造信访工作"枫桥经验"的诸暨实践

近年来，诸暨市深入开展运用"枫桥经验"化解信访矛盾不够有力有效专项整改，部署开展"七大行动"，抓源头、夯基础、建机制，推动基层治理水平稳步提升。一是深化"大学习、大讨论"，全力扛起政治责任。诸暨市成立运行坚持发展新时代"枫桥经验"领导小组，召开专题民主生活会和市镇村三级干部大会，进一步统一思想、凝聚共识。通过开办绍兴枫桥学院、与浙江大学共建浙江新时代枫桥经验研究院等，唱响"枫桥经验"诸暨声音。二是强化"大排查、大化解"，全力破解信访困局。制定《全市信访积案"大排查大起底大化解"集中攻坚行动实施方案》，进一步强化积案化解。深入推进"枫桥式"信访代办制，加强镇村两级信访代办员队伍建设。强化在政策层面推进重点领域整治，如针对农村宅基地信访矛盾，出台《关于深化完善农村住房制度改革的实施意见》，启用农民建房"一件事"审批管理系统；针对征地拆迁容易引发的矛盾纠纷问题，重新修订相关补偿安置办法等。三是深化"大整治、大提升"，全力打造县域治理现代化的重要窗口。积极探索标准化、协同化、信息化、网格化"四化并举"的乡镇纪检监察工作规范化模式，持续推进"枫桥式公安派出所""枫桥式司法所"等示范创建。创新网上"枫桥经验"，开展线上立案、视频调解，实现矛盾化解从"上门"到"上网"。四是强化"大健全、大完善"，全力推进整改工作常态化。系统化探索市镇村三级矛调中心联动协作机制，形成监测、预警、处置、反馈的闭环机制；建立"四个平台"矛盾纠纷数据库，形成全网覆盖、全链解决的处置闭环。同时，把善用"枫桥经验"化解信访矛盾纳入村级班子培训内容，出台"清廉治村八条"，厘清重点村务及操作流程，严抓严管村级管理"五件事"，涉纪信访总量实现"五年五连降"。2020年，诸暨市成功创建省级"无信访积案县（市、区）"、国家级"三无"县市。在信访生态形势得到扭转的同时，新时代"枫桥经验"得到创新发展：市镇村三级矛盾纠纷调处化解中心实现全覆盖；承办第二届新时代"枫桥经验"高端峰会暨浙江新时代枫桥经验研究院成立仪式；深化全国新时代文明实践中心"先行示范区"建设，打造"全城志愿"品牌，推动社会组织积极参与社会治理等。[1]

案例二：以"延安精神"引领检察系统信访工作现代化

在延安，检察系统积极投身于信访工作高质量发展进程中。为落实"7日内程序性回复、3个月内办理结果答复或过程答复率100%"的工作要求，延安市人民检察院弘扬延安精神，通过"挂图作战"将受理的群众信访案件线索以表格、图形的形式"上墙"管理，实现"群众信访件件有回复"全流程监督。首先，控告申诉部门在收到群众信访案件线索后，及时整理并进行"上墙"登记，明确案件基本情况、受理时间、7日内答复时间、承办部门、3个月到期答复时间，并在7日内进行程序性答复；对于转交到相关业务部门的案件线索，在到期前15日提醒业务部门及时答复信访人案件办理结果或过程

---

[1]《诸暨：赋能基层提升社会治理新效能》，载人民资讯，https://baijiahao.baidu.com/s?id=1721518433726108670&wfr=spider&for=pc。

情况，并督促承办部门及时将案件办理情况反馈给控告申诉部门，形成信访案件线索闭环式管理。其次，建立"挂图作战""信访办案上墙"督促办理机制。一方面是为了回应信访群众的现实需求，维护其合法权益，及时化解信访矛盾纠纷，发展全过程人民民主；另一方面是督促检察机关提高自身办案质效，深化线索融合，加强内部相互协作和相互监督，做到严于律己，规范执法办案，增强"时时放心不下"的责任感，进一步巩固"群众信访件件有回复"制度。最后，延安检察机关在建立"信访办案上墙"督促办理机制的同时，将常态化推进重复信访、公开听证、检察长接访、院领导干部包案、司法救助办理信访案件等多元化工作措施，及时回应信访群众诉求，用心用情办好检察为民实事，做深做实检察工作，努力让人民群众在每一个司法案件中感受到公平正义，不断增强群众的获得感、安全感和幸福感。①

案例三：访前调解高效解纷的印台探索

铜川市印台区位于陕西省中部，地处陕北黄土高原低中山区南缘和关中平原北界，是陕西交通大"米"字格局中北通陕北、内蒙古，西北连接甘肃、宁夏之交通咽喉，关中之北大门。近年来，印台区探索创新"531"立体网格治理模式，以网格化管理、信息化支撑、精细化服务为导向，统筹推动政府部门资源、力量、服务下沉网格一线，解纠纷、除隐患、优服务，强化镇街道、村社区的自治、法治、德治动能，实现矛盾不上交、平安不出事、服务不缺位，为新时代"枫桥经验"的丰富和发展积蓄新内涵。在信访工作领域，印台区将信访工作纳入"531"立体网格治理模式，坚持"调访结合，以调为主"，突出访前调解，着力在源头治理上下功夫。作为信访工作的一部分，访前调解能够提前介入、尽早化解，其本质是在基层不折不扣地贯彻党的群众

---

① 《延安检察机关建立"信访办案上墙"督办机制》，载《陕西日报》2023年2月24日08版。

路线。因此，做好访前调解工作对于有效化解矛盾纠纷问题十分有利。印台信访大厅访前调解室是印台区信访局在"小成说事室""群议坊"的基础上，通过多元化解，将人民调解、行政调解、司法调解相融合，在群众来访投诉之前将群众引入访前调解，依托该区信访工作联席会议平台统筹协调，各责任部门借助第三方律师、心理咨询师等解案疏结，同时为来访群众提供诉求甄别，根据群众反映诉求类别不同，按照意见建议类、检举控告类、涉法涉诉类三类，对群众进行情绪疏导、释法析理、访前化解、引导分流、访中化解、法律援助等工作，有效缩短了群众化解矛盾纠纷的流程，成功探索了访前调解的标准和流程，提高了问题化解质量，受到了越来越多来访群众的认可。[①]

不难发现，各地在坚持和发展新时代"枫桥经验"中推进信访工作机制创新，其最大的特色在于因地制宜、因时制宜，注意发掘和发扬与地方历史文化与经济社会发展需求相契合的优势资源，将其及时补充到信访工作机制的创新与完善进程中，形成时代性与实践性相结合、普遍性与地方性相统一的发展模式。

2.各地信访工作机制创新的问题与瓶颈

尽管各地的信访工作机制创新取得一定成就，但目前存在的问题仍不容小觑。

其一，随着信访工作机制的稳固，基层信访治理出现"内卷化"的趋势。换言之，信访的思维或延续以往社会管理的固定模式，难以适应新的社会治理创新所带来的观念变化，或局限于为治理而治理，因缺乏内生动力而无法向更高一级或更为完备的状态转化。由此产生的各种人力、财力、物力

[①]《印台访前调解高效解纷》，载《法治日报》2022年11月20日03版。

等资源浪费等后果是相当值得警惕的。造成这一问题的根源在于各地对社会治理的认识有所偏差，难以做到系统治理、依法治理、综合治理和源头治理统筹兼顾，而是偏重一端，或顾此失彼，无法形成合力。

其二，各地实践中虽已不同程度出现"大数据+信访"的探索，但对大数据和信息化的认识依然存在误区。这意味着许多地方忽视对人民群众因社会变迁和经济发展所提出的各种诉求及其背后的原因分析，将精力囿于对大数据带来的便捷管理的投入。尤其是在基层治理中，虽然"大数据+"的形式和平台日益更新，但"为创新而创新"、过度倚重技术的问题不断凸显。社会治理创新并不意味着加重广大干部群众的负担而追求形式上的多样化，其根本仍在于标本兼治，合理回应群众诉求，从根源上实现对信访纠纷的有效预防、调处和化解。

其三，各级领导干部自觉运用法治思维和法治方式处理信访纠纷、各单位各部门在法治轨道上实现对信访纠纷的依法治理等能力和水平与人民群众的期待及需求仍存在一定差距。目前，随着社会结构的加速调整和信息化建设的日渐深入，人民群众从生活质量、精神需求、价值认识到行为方式等均已出现较大改观，尤其是全面依法治国深入人心，法治逐渐成为人民群众重要的生活方式，人民群众的主体尊严和权利意识空前提升，而诉求的多样性、差异性急剧增长，维权的积极性也大幅提高。信访工作机制的法治化色彩淡薄，其效果必然难以彰显，且无法取信于民；反之，则民安而国治，信访工作机制创新助推社会治理现代化的作用也会体现得更为突出。

（四）新时代"枫桥经验"视野下信访工作机制创新的具体路径

解决当前信访工作机制创新中涌现的各种问题，可以从以下几个方面加以尝试和努力：

1. 以制度化为方向发挥制度"经国序民"的治理价值

制度在国家治理和社会治理中占有举足轻重的地位，制度能够通过设置一定的激励空间和约束空间，引导人们自觉或不自觉地确立某种偏好并形成一定的社会风气。邓小平同志指出："制度好可以使坏人无法任意横行，制度不好可以使好人无法充分做好事，甚至会走向反面。"[①]事实上，设计良好并且经过时间验证的制度，往往不局限于满足让坏人止恶向善、改邪归正，其效果更在于使好人和坏人一起遵守法律和公序良俗，并且都能趋利避害。从"枫桥经验"到新时代"枫桥经验"，最大限度通过矛盾纠纷的化解教育民众，让规则意识、和谐观念、公正精神、公平价值等融入群众生活，使之内化于心、外化于行，从而实现社会安全稳定，是一条不变的主线。而这一主线之所以历经数十年依然保持着强劲的生命力，就在于诸暨干部群众持之以恒的制度建设，即推进"枫桥经验"的制度化。由此构建起一个个与时代发展相契合的制度体系，唯其如此，无论社会矛盾如何变化、人民需求如何多元，诸暨干部群众始终能够借助制度，将矛盾纠纷成功化解。从诸暨、延安、印台等地的实践中可以发现，在信访工作机制创新中强化制度建设，可以增强工作的前瞻性、系统性和针对性，也有助于总结经验教训，为社会治理现代化和维护国家安全与社会稳定探索新路。

2. 以信息化为依托增进信访制度的韧性和活力

在新时代"枫桥经验"中，人防、物防、技防、心防"四防并举"是解决公共事务、处理矛盾纠纷的重要手段。四防并举在新时代的一大亮点，即实现了人工智能、大数据、物联网、云计算、区块链等技术工具与社会治理的

[①]《邓小平文选》第2卷，人民出版社，1994，第333页。

有机融合，通过线上和线下相衔接、传统与科技相联通，构建起旨在把矛盾风险化解在萌芽状态的风险预测预警预防和调处化解体系。虽然各地信访工作机制创新实践在信息化建设方面存在一定的短板和认识误区，但这绝不意味着可以忽视信息化，恰恰相反，需要正确对待并充分发挥信息化的作用。一方面，要将信息化平台的建设与信访工作需要紧密结合，强调"科技+""互联网+"等技术工具在社会治安综合治理和风险防控领域中的应用，促使党政机关和职能部门的管理手段、管理模式、管理理念发生顺应时代发展潮流的显著变化；另一方面，要坚持技术手段为人民群众服务，技术力量为解决人民群众的合理诉求而变革，不仅要积极回应群众提出的问题，注意通过大数据准确研究判断矛盾风险，而且要自觉站在人民立场，以"积极面对"而非"被动应对"的姿态认真处理信访纠纷，从源头上防范、疏导、化解人民群众因信访纠纷而产生的各种心理问题。这样一来，将有助于构建一个以监测预警为前端、以风险预防为中端、以精准干预为末端的信访工作体系，让信息化、智能化、智慧化真正服务群众，为民解忧。

3. 以法治化为保障促进社会公平正义普遍实现

新时代"枫桥经验"在促进基层社会治理中的一大贡献，就是探索并完善自治、法治、德治相融合的善治路径，由此形成党领导下的三治融合的乡村治理体系。而在三治之中，法治最具权威性和公信力。坚持在法治框架和法治轨道上运用法治思维和法治方式解决信访纠纷，是科学界定"访""法"关系、合理平衡"权""法"关系，引导人民群众依法维护合法权益的必由之路。各地既要严格坚持接访、处理、督办、考核依法进行，也要加强社会治理特别是信访领域各种规范的建设，建立国家法律与地方规章相衔接的规范体系，强化对信访工作的制度供给，约束干部群体带头守法，教育、引导、鼓励群众依法表达诉求，使广大群众在观念上破除权大于法、闹大于法、法不如访、领导的看法大于司法等错误认识,将"拦轿上访"彻底扭转为"诉诸法律",将"清官迷信"彻底转变为"法治信仰"。与此同时,也要及时依法纠正信访工作机制运行过程中行政协调不力、应对不及时等消极现象,借助法治利剑破解困扰信访工作机制创新的种种问题。只有这样,才能真正依法完善信访制度,建立并畅通人民群众的诉求表达、利益协调、权益保障通道,构建符合全面依法治国要求的源头防控、排查梳理、纠纷化解、应急处置的社会矛盾综合治理机制。

4. 以标准化助力治理效能发挥与工作能力提升

在社会治理领域,标准化代表着一种类型化的思维方法,通过对重复性工作制定标准、实施标准与改进标准,实质上是坚持问题、需求和目标导向,推动治理主体各负其责、共同推进、实现共治的过程。[1]诸暨的社会治理标准、延安检察系统信访办案标准、铜川印台访前调解标准等,都体现出系统治理与源头治理相结合、依法治理与综合治理相结合、刚性治理与柔性治理相结合、政府主导与社会参与相结合、人文关怀与科学精神相结合、风险预防与问题化解相结合等特征,为社会治理现代化提供了"标准化+社会治理"的蓝本。因此,标准化的推行,有助于促进各地发挥治理效能、提升工作能力。值得注意的是,面对基层历史文化及经济社会发展的复杂性和多样性,各地在探索标准化的同时,需要树立"和而不同"的治理理念。特别是信访工作机制的创新,决不能简单地适用"拿来主义",照抄照搬,而要考虑当地发展的差异性,在准确调研分析基层社会矛盾和各种问题的产生根源、表现形式、具体程度、发展走向、社会影响的基础上,有针对性地结合具体场景和工作需要,建立体现地方特色的治理标准,使信访工作真正吸收新时

---

[1] 诸宸颢:《基层社会治理的标准化研究——以"枫桥经验"为例》,载《法学杂志》2019年第1期,第19页。

代"枫桥经验"的精髓，让矛盾纠纷得到及时有效化解，实现小事不出村（社区）、大事不出镇（街道）、矛盾不上交。

总括上文，新时代"枫桥经验"与信访工作机制创新在以人民为中心的价值取向和促进社会治理现代化的作用发挥上具有内在的一致性，各地坚持和发展新时代"枫桥经验"的实践，包含信访工作机制创新的实践。而欲破解困扰信访制度改革的诸如基层信访治理出现"内卷化"趋势、各地在"大数据+信访"探索中对大数据和信息化存在认识误区、依法治理信访纠纷的能力和水平亟待提升等困扰，需要以制度化为方向发挥制度"经国序民"的治理价值、以信息化为依托增进信访制度的韧性和活力、以法治化为保障促进社会公平正义普遍实现、以标准化助力治理效能发挥与工作能力提升，促使信访制度成为为人民群众排忧解难的良善之制，为实现国家安全、社会稳定、人民幸福做出应有贡献。

第三章
发展新时代"枫桥经验",弘扬人民司法优良传统

一、新时代"枫桥经验"与"马锡五审判方式"

"马锡五审判方式"诞生于陕甘宁边区,形成于延安时期。自1943年3月兼任陕甘宁边区高等法院陇东分庭庭长起,马锡五在司法实践中始终贯彻群众路线,亲自参与民刑事案件的审理和裁判,并经常深入群众实地调研,实行审判与调解相结合的办案方法,将司法理念与民间习惯相结合,有效化解矛盾,准确定罪量刑,及时纠正、解决错案和疑难案件,切实保障当事人的合法权益,因此受到群众的普遍欢迎和边区政府的坚定支持,著名的彰显中国共产党早期司法特色的"马锡五审判方式"就此诞生。1944年,陕甘宁边区政府主席林伯渠在《关于改善司法工作》中首次代表中央肯定形式便捷、服务并教育群众的"马锡五同志的审判方式"。随后《解放日报》两次高度评价马锡五审判方式,将其作为新民主主义司法工作的典型进行广泛宣传,同时归纳出"实地解决纠纷、深入群众调查研究、群众参与司法审判、审案时间灵活、审判态度诚恳、善于坚持原则适用政策法令"等多方面特

点,这些特点共同体现了"司法工作中的群众路线"。1954年,最高人民法院副院长马锡五在总结新民主主义革命时期党的司法工作经验过程中,重新拟就"就地审讯、巡回审判、公开审判、人民陪审制度、调解工作"五个方面的司法特色。①张希坡教授在分析原始文献以及整理访谈内容的基础上,将"马锡五审判方式"盘整为"一切从实际出发,实事求是,调查研究;群众路线,调判结合;坚持党性原则,严格依法办事;实行简便利民的诉讼手续,在审判工作中执行利民的方针"等四个特征②。汪世荣教授在《新中国司法制度的基石》一书中,将"马锡五审判方式"凝练为"调解,群众路线,就地审判"三个特点,并认为核心是"就地审判",③这一特色内容旨在一方面通过调查研究,注重证据收集,了解风俗民情和群众意见,方便宣传教育;另一方面可以就地解决问题,不影响群众生产。

"马锡五审判方式"是在传统土壤实现自我更新的杰出代表,在党中央、毛泽东主席的肯定和提倡下于广大解放区大力推行,成为当时司法战线的一面旗帜。"马锡五审判方式"不仅呈现了自革命根据地开创以来广大司法干部在长期司法实践中不断累积的群体智慧及经验,也在新中国人民民主法制的创建和发展过程中起到承上启下的重要作用;不仅继承和延续了人民司法工作的优良传统,而且为现代司法制度的完善提供了意蕴丰富的法治价值。今天,在推进全面依法治国的新形势下,深入解读和认识"马锡五审判方式",对现阶段的司法改革和法治建设具有重要的现实意义。

---

① 马锡五:《新民主主义革命阶段陕甘宁边区的人民司法工作》,《政法研究》1955年第1期,第7—14页。
② 张希坡:《马锡五与马锡五审判方式》,法律出版社,2013,第198页。
③ 汪世荣等:《新中国司法制度的基石》,商务印书馆,2011,第293页。

（一）"马锡五审判方式"的法治价值

"马锡五审判方式"经过确立和推广，成为切合群众诉求、适应边区环境、符合时代需要、集中反映人民智慧并具有现实适应性和持久生命力的司法审判方式，其中蕴含的基本法治价值继续得到当今司法界的普遍认同，构成人民司法优良传统的核心内容，在司法审判领域依然起着举足轻重的作用。其法治价值主要表现在以下几个方面：

1. 司法为民：集中体现陕甘宁边区优秀司法传统

以司法为民为工作宗旨的陕甘宁边区司法传统，是在借鉴早期苏维埃法制建设经验、变革中国固有法律文化、创新本土司法形式的基础上，经历了延安整风的洗礼，贯彻毛泽东思想的精髓，在董必武、谢觉哉、习仲勋等领导的大力支持下，经过以马锡五为代表的边区司法工作者辛勤实践，渐趋形成和确立的。作为陕甘宁边区优秀司法传统的典型工作方式，"马锡五审判方式"积极响应毛泽东在《论联合政府》中提出共产党员要以"为最广大人民群众所拥护"为检验标准的号召，特别注意维护人民群众的正当权益。司法为民通过"实行简便利民的诉讼手续""就地审判""巡回审判"得以呈现。

简化诉讼程序方面，陕甘宁边区以立法的形式在《保障人权财权条例》中明确规定，司法机关不得收受人民诉讼的任何费用。马锡五在做陕甘宁边区高等法院工作报告时多次强调，人民司法的主要任务是保护群众的利益，诉讼程序不对人民群众预设任何条件和任何限制，司法人员应该主动为当事人代写呈状和主动抄录口供或验伤单。从燃起革命燎原之火的苏维埃时期直至革命事业蒸蒸日上的陕甘宁边区时期，诉讼程序一律不收诉讼费用。在当时革命环境的影响下，司法工作既要保护人民群众不为诉讼成本所累，防止"一切讼棍胥吏的敲诈"，不被无理压迫和剥削，又要照顾各阶级利益，简化诉讼程序成为必然之举。马锡五在《新民主主义革命阶段陕甘宁边区的人民司法工作》中谈到边区的司法改革：与国民党法院"形式机械，手续烦琐，只便利于有钱有势的人"的审判程序相比，陕甘宁边区各级司法机关的诉讼手续设计得非常合理与便捷，完全是以便利人民诉讼为原则，口头申请或书面起诉在初审、二审诉讼程序中享有同等效力；当事人要求法院代书呈状或口诉者，司法人员无条件地代为缮写；且当时各级司法机关为减轻群众负担一律免收诉讼费用。无疑，上述做法遵循了特定历史时期司法工作发展的规律和客观需求，马锡五在审判实践中认真执行并进一步发扬了这些优良传统。

就地审判方面，马锡五指出就地审判是初审机关走出法庭，携卷下乡，联系群众，处理案件，并通过具体案件的处理，进行政策法令宣传，教育群众，借以减少纠纷，增强群众团结和促进生产的一种好方式。就地审判的基本特点是深入农村，调查研究，不拘形式就地审判，在群众参加之下解决问题。①针对"有教育意义、比较复杂、虽是一般案件而当事人思想阻力较大、带有普遍性并有发展局势"四种案件，在审理过程中对于能够调解的，由裁判员主持调解或者由人民群众自行调解，不属于调解范围或者经过调解依然未能平息纠纷的案件，同样本着就地化解矛盾的原则，把经过调查研究的真实案情交给群众讨论，让群众明白该案的来龙去脉和是非曲直，让多数群众在思想上达到一致，最后进行判决。这样，就地审判既体现了坚持政策、法令的原则性，也呈现出方便群众、及时高效的灵活性，人民群众也容易接受处理结果。同时，通过就地审判积极争取、鼓励和引导人民群众参与事实调查、案件调解、初步审讯和最终宣判等全过程，"对于提高群众的政治觉悟和

---

① 马锡五：《新民主主义革命阶段陕甘宁边区的人民司法工作》，《政法研究》1955年第1期，第7—14页。

守法精神曾起了很大作用"①,就地审判成了普法宣传的最佳形式,广受群众欢迎和拥护。

巡回审判方面,马锡五认为,巡回审判是"陕甘宁边区政府时期高等法院及其分庭为了便利人民诉讼或因案情复杂,将案件带到当地,进行处理的一种审判方式"②。这种审判方式一方面保证了缠讼案件和疑难案件得到迅速而正确的审理,另一方面也有利于帮助下级司法机关总结经验、建立制度和改进工作,同时兼顾司法裁判和督导检查的功能。在农村地区,具体纠纷的解决、社会矛盾的预防、群众法律意识的增强,通过"坐堂问案"的审判方式无法解决。巡回审判拉近了司法人员与人民群众的距离,在任陕甘宁边区陇东分区专员兼分庭庭长时期,马锡五每年都安排专门时间,带着卷宗材料深入农村,就地处理问题,"华池县张柏和封捧儿的婚姻纠纷""苏发云兄弟三人因曲子县司法处的错误认定谋财杀人一案""盘龙区杨兆云缠讼案"等都是巡回审判的典型案例,特别是"苏发云兄弟三人因曲子县司法处的错误认定谋财杀人一案"的公正处理,群众称颂马锡五为"马青天",成为一段司法佳话。经过巡回审判,以马锡五为代表的司法群体一改旧时司法官员高高在上、严肃冷酷、到处发号施令、动辄指责呵斥的"钦差大臣"式态度,给群众留下了平易近人、公正认真、热情诚恳的良好印象。

2. 司法公正:承继创新古代中国数千年司法智慧

作为法治建设之必须要素和纠纷解决之终极手段,司法具备保障群众合法权益,维护社会公平正义,促进自由民主权利实现的基本功能。司法功能

---

① 马锡五:《在全国公安、检察、司法先进工作者大会上的书面讲话》(1959年5月20日),《人民司法》1959年第10期,第35—39页。
② 马锡五:《在全国公安、检察、司法先进工作者大会上的书面讲话》(1959年5月20日),《人民司法》1959年第10期,第35—39页。

的实现建立在司法公正的基础上。"马锡五审判方式"恪守公正断案的理念，在缺乏明确的实体法及程序法规范的情况下，融合中国传统司法智慧，承继并发展了人民群众民主参与刑事案件的调解制度等重要制度，体现了边区在特定历史条件和战争环境下实现司法公正特别是实体公正的独特方式，对革命法制及新中国法制的发展产生了持续而深远的影响。司法公正通过"调解""情法平衡""调查研究"得以呈现。

其一，通过调解工作延续调处息讼的司法理念。中国传统的法律治理不仅存在于法典制定与逐级复核等纯粹官方式的法律程序之中，更体现在大量与群众生活息息相关的基层矛盾纠纷的解决过程中。最能体现古代基层司法智慧的是被称为"东方经验"的调解。在处于革命年代、尚未完全实现现代转型的陕甘宁边区，人民群众的生产和生活方式并没有出现根本性的变革，以自给自足为特色的小农经济基础依然根深蒂固，"调解"这一成本低廉、广为人知且容易被群众接受的传统纠纷解决方式仍然具有顽强的生命力和广泛的适用空间。边区司法对调解工作尤为重视，马锡五在探索人民司法的过程中，特别强调调解工作的组织、发展和创新。首先，重视调解案件的调整范围。边区的调解只限于轻微的刑事案件和一般的民事纠纷，除此之外如社会危害性较大的刑事案件必须通过规范、正式且更为严格的司法程序来解决。其次，重视对调解的宣传。在调解工作如火如荼开展的1943年，陕甘宁边区政府专门指示各级司法部门普遍使用调解处理案件，与此同时，还注意树立调解模范村、乡和"熟悉群众生活、在群众中具有很高威信、作风正派、设身处地维护群众利益"的调解模范人物。最后，重视调解工作原则的确定。强调调解必须经过双方自愿选择，必须遵循政府的法令、政策和民间的公序良俗，不能不分情况对任何案件都通过调解结案，调解并不作为诉讼的必经程序。①可见，陕甘宁边区的调解已经具备"人民性"及进步意义，不仅在调解主体、原则、适用范围等方面进行了有益探索，也使调解和诉讼的关系得以规范。

其二，案件处理结果体现融天理、国法、民情于一体的平衡精神。诚如霍存福教授所言，中国普通民众在情理法的平衡与选择方面，往往存在一种"剪不断、理还乱"的特殊心理。②而情理法的协调统一，确保了司法公正。传统中国的司法实践，实质是天理、国法、民情三者在经过反复较量与相互妥协之后，以"衡平之术"兼顾司法审判规律与社会治理需求，从而寻求矛盾双方及社会接受的审判结果。马锡五在具体的审判实践中，尤其重视国法与民情的权衡。以1943年夏受理的封捧儿与张柏的婚姻上诉案为例。该案原为一起普通的婚姻纠纷，但由于初审司法机关不经细致调查，匆忙审判，在群众中引起极大争议，群众纷纷要求尊重男女双方"婚姻自主"，初审原被告当事人也上诉请求再审。担任上诉案件主审的马锡五及时赶赴婚姻纠纷发生之地华池县调查研究，在详细知悉真实情况并听取多方意见之后，发动群众召开公审大会，做出了让人民群众普遍拥护、纠纷双方当事人心悦诚服的公正判决。这一抢婚案件实际涉及以下几个方面的问题：一是刑事部分要对抢亲和买卖婚姻的恶俗进行惩处，二是民事部分对作为民间习惯的婚约和事实婚姻的认定，三是对自由恋爱及自愿结婚原则的维护。封捧儿与张柏的婚约在先，并有事实婚姻存在，且封张二人为自主自愿，这是民意基础和法律规定的共通之处。马锡五在处理案件时运用调解方法，深入农村，听取人民群众对案件的处理意见，从而将民情充分地反映到了边区司法中。通过二审判

---

① 马锡五：《在全国公安、检察、司法先进工作者大会上的书面讲话》（1959年5月20日），《人民司法》1959年第10期，第35—39页。
② 霍存福：《中国传统法文化的文化性状与文化追寻——情理法的发生、发展与命运》，载《法制与社会发展》2001年第3期，第1页。

决，既正确宣传了婚姻法，也实现了天理、国法、民情之间的统一，所以该案又成为以言传身教提高司法人员的政策思想水平和工作经验的典型案例。

其三，通过调查研究接续传统司法经验查清案件事实。调查研究的方法在中国古代的司法实践中有着悠久的历史和广泛的适用范围。古代司法审判时推行的"五听"制度，通过细致观察嫌犯的感官反应判断口供的真实性，是较为成熟的案件调查与推断的方式，被历代司法官员沿用于公堂之上。公堂之外，调查研究也有丰富实践，不少司法案例还被改编为戏曲、小说等形式，人民群众喜闻乐见。以秦腔、昆曲之代表性作品《十五贯》为例，苏成娟、熊友兰二人被错判死刑，临刑呼冤。监斩官况钟力争缓斩，他详细调查，发现娄阿鼠有重大作案嫌疑，继而乔装算命先生套出娄阿鼠杀人的口供，最终使杀人者伏法，蒙冤者昭雪。周恩来总理在1956年4月《关于昆曲〈十五贯〉的两次讲话》谈到"况钟实事求是，重视调查研究"。陕甘宁边区的司法审判尤为重视调查研究的方法。早在处理"环县事件"时，马锡五就因细致调查研究、公正平匪善后受到毛泽东主席的肯定和赞赏。1940年2月中旬，陇东公署专员马锡五率众配合八路军前往甜水一带围剿，一举捣毁了土匪据点，匪首赵思忠等逃往宁夏，余匪或歼或俘。在惩办、镇压叛乱分子时，马锡五为了不发生"左"的扩大化错误倾向，认真善后，冒着随时可能被杀的危险，走访群众，深入调查叛乱经过，说服教育干部，严格区分首恶与胁从的界限。经过细心甄别和公正审理，对叛乱分子判处死刑，而对绝大多数的不明真相、被叛匪胁迫的农民经教育后释放，一概遣送回家不予追究，还给生活困难者进行了救济和安抚。这样既巩固了边区政权，稳定了社会秩序，又以公正处理赢得了民心，极大地提高了边区政府和中国共产党的威信。

3. 司法民主：契合变革时代中国社会的特殊需求

何谓司法民主？1944年4月27日，毛泽东在和谢觉哉谈论边区司法工作时指出，人民司法的基本要求是群众广泛参与，案件的处理要体现群众智慧，审判的主体应该包括广大人民群众，不能仅仅依靠专门断案的推事和裁判员。谢觉哉借机极力推荐"马锡五同志的审判方式"，直言"马锡五审判方式"坚持群众立场，发扬民主精神，做到了政府和群众一起明断是非，共同审判案。①由此可见，人民群众直接而广泛地参与司法活动，监督司法审判工作，即为司法民主。而坚持为人民服务、一切从群众利益出发的司法考量正是变革时代中国社会的特殊需求。司法民主通过"群众路线""人民陪审"得以体现。

在司法民主观念的指导下，陕甘宁边区的司法实践开始出现了全新的特色——群众路线。如何依靠群众，真正使司法人员与群众打成一片，使司法为人民群众解决实际问题，习仲勋指出：一、把屁股端端地坐在老百姓的这一面；二、不当"官"和"老爷"；三、走出"衙门"，深入乡村。他强调，党的司法方针是和政治任务相配合的，司法工作的正确方向是团结人民，教育人民，保护人民的正当权益，让老百姓邻里和睦，守望相助，少打官司，不花钱，不误工，安心生产，这样才能使司法工作越来越好。②群众路线既是党的根本政治路线和组织路线，也是包括司法工作在内的党的一切工作的基本方法，群众路线指导下的"马锡五审判方式"是陕甘宁边区政府时期人民司法的重要成就。陕甘宁边区司法机关坚持"依靠人民、联系人民、便利人民"的群众路线的审判作风，与国统区"反动法院"采用的"脱离群众、主观臆断、刑讯逼供、贪赃枉法"的衙门作风形成强烈而鲜明的对比。司法工作

---

① 王定国等：《谢觉哉论民主与法制》，法律出版社，1996，第320页。
② 习仲勋：《贯彻司法工作的正确方向》，载《解放日报》，1944年11月5日。

紧紧依靠人民，充分汇集群众层出不穷的智慧和力量，不论案件是何等的错综复杂或棘手难解，都会得到公正及时的处理。所以贯彻群众路线的边区司法是新式的、进步的人民司法机关区别于落后的、旧式的司法机关的一个显著标志。在陕甘宁边区，以"马锡五审判方式"为代表的群众参与审判包括"人民陪审、就地审判、旁听发言、人民团体代理、人民调解、群众公审"等多种方式与途径，从而保证了司法判决既符合边区的法律规定，又切合人民群众的意愿和利益。"马锡五审判方式"之所以被边区政府和民众所推崇，还在于马锡五不仅仅把司法当作一种纠纷解决机制，还把审判活动作为一种社会治理的手段，作为一种向群众宣传边区政府政策、法律的渠道，发挥了司法的教育功能。

人民陪审员制度是司法民主的标志性制度，陕甘宁边区时期实行了人民陪审员制度，形成了现代陪审制度的雏形，"马锡五审判方式"就是实践这一制度的典范。经过以马锡五为代表的边区司法群体逐步改进和完善，人民陪审员制度被作为一项较为成熟、规范的优秀制度在陕甘宁边区和全国其他革命根据地普及。在马锡五的回忆和总结中，人民陪审员制度主要有"审判机关主动邀请群众、团体选举陪审员、团体选派代表出庭"三种形式，在陕甘宁边区时期，第三种形式最受青睐并广泛使用。如对较为普遍的生产、生活纠纷，一般通过农民协会派出陪审员评理说法；对于婚姻纠纷，通过妇联派出陪审员出庭维护妇女的合法权益；对于工人违反劳动纪律案件，通过工会选派陪审员并邀请陪审员之外的工人参与庭审。①除了这些典型案件，对于一些需要扩大影响或者及时处理的案件还要临时邀请群众代表作为陪审员。"马锡五审判方式"指导下的人民陪审制度成效颇丰：第一，人民群众参与陪

---

① 马锡五:《在全国公安、检察、司法先进工作者大会上的书面讲话》(1959年5月20日),《人民司法》1959年第10期,第35—39页。

审，作为"主人翁"行使参与国家管理的权利，司法的人民性得以体现和实践；第二，人民陪审员与审判员享有同等权利，对案件事实和法律依据的判断、选择均可发表意见，这有利于防止司法专横，促进司法民主；第三，人民陪审员生活经验丰富，在社会阅历等方面具有不可替代的独特优势，陪审制可以丰富法官的断案思维，促使法官提升案件审判水平和案件质量，减少冤假错案，实现司法公正；第四，人民陪审员代表人民群众监督司法活动，有效地防止腐败等情况的发生，增强了司法的透明度和公信力。①

（二）"马锡五审判方式"的司法基础

"马锡五审判方式"产生至今，已有 80 年之久。与马锡五所处的时代相比，司法的基础是否发生了根本性的变化？当代与马锡五时代是否存在共通之处？毋庸置疑的是，当今司法环境的构成因素依然存在于经过数千年演化和变迁的中国经济、社会与文化之中，而这些带有深刻传统烙印的具体因素构成新时期司法的根基，成就了"马锡五审判方式"及其蕴含的法治价值对当今司法的重要启迪和普遍意义。

1. "熟人社会"为特点的乡村司法环境不可忽视

经过新中国成立后七十余年的建设与发展，中国经济社会的发展水平和人民群众的物质文化生活水平已取得长足进步，但目前距离真正意义上的"发达国家"依然存在不小差距，城乡之间、区域之间的经济格局仍差异巨大。我国在历史上长期是一个礼治传统根深蒂固、法治传统相对薄弱的社会，以"熟人社会"为特点的乡村社会，对司法有特殊的要求。在大多数面积广袤的农业县域和乡村地区，世代生活的农民受外部条件变化影响有限，依

---

① 马锡五：《新民主主义革命阶段陕甘宁边区的人民司法工作》，《政法研究》1955 年第 1 期，第 7—14 页。

旧以亲情为纽带，乡土本色浓厚，诚实相待、和谐共处、熟人关系等传统因素也由此不断延续下去。时至今日，乡村区域虽然打破并脱离了数千年自给自足式的小农经济，但乡村社会的生产和生活仍与外界保持着有限度的交融和有差距的发展，"低头不见抬头见"的社会环境注定了传统的家族与亲情依然为广大乡村日常沟通、互助所必需。在此背景之下，方式多样且容易操作的调解相对于手续繁杂、成本较高的诉讼，更能博得民众的认可和支持。调解的结果为纠纷双方所接受，同样取得定纷止争和案结事了的效果，更有利于熟人关系的维系和农村区域的稳定发展。①"马锡五审判方式"最接近中国传统以调解为特色的纠纷解决理念和纠纷解决方式，在以"熟人社会"为主的乡村地区，依然具有其强大的适应性。

2. "司法为民"的核心价值取向需要始终坚持

"司法为民"既与服务人民的时代精神相符合，也与传统的为民思想一脉相承。目前，司法制度日渐规范化、专业化，法治社会的建设硕果累累，但大量弊端也随之而来。不管是威严的法院形象、烦琐的程序设计、对抗式的诉讼方式，还是法官不告不理的消极立场，都使不善通过打官司解决纠纷的民众感到陌生和不适应。个别案件的久拖不决影响了司法效率，更拉大了人民法院与群众之间的距离。裁判文书难以及时执行等问题也在考验司法的权威和公信力。早在陕甘宁边区时期，以雷经天、李木庵为代表的司法干部就曾尝试"正规化"的司法改革，着眼于边区法制的长远发展和整体建设，在法律依据的制定、司法机关的权限、诉讼程序的健全、司法人员的培养等方面进行了有益探索，但却因过于注重诉讼程序的形式要求而脱离群众的现

---

① 张卫平：《回归"马锡五"的思考》，《现代法学》2009年第5期，第147页。

实需要,被指为"不切实际的形式主义"①。立足陕甘宁边区革命环境和司法实际的"马锡五审判方式"随即应运而生。以"司法为民"为价值取向的"马锡五审判方式"在既有的诉讼模式上进行了大胆的革新,最引人注目的是法官积极能动地承担诉讼工作,团结群众、依靠群众,整合各种社会资源,积极运用调解手段,因地制宜、因时制宜简化诉讼程序,及时、高效地维护人民群众的合法权益,在坚持司法正义的同时促进社会安宁与稳定。提倡"司法为民"的"马锡五审判方式"无疑也是今天人民群众所期待的法官行为模式。

3. "民事为主"的案件受理比例尚未发生改变

目前中国社会经济仍处于转型时期,随着民事活动的日渐活跃、经济结构的优化调整,大量矛盾纠纷不断涌现,导致民商事诉讼案件逐年攀升。在人民法院受理的全部案件中,民事案件始终保持着较高比例。譬如,2021年提请十三届全国人大常委会第二十六次会议审议的最高人民法院关于民事诉讼程序繁简分流改革试点情况的中期报告显示,近年来,人民法院受理案件数量处于高位运行状态,2020年全国法院受理案件超过3000万件,其中民事案件占比达55%,法官年人均办案数量达到225件。一方面,案件量大导致一些法院存在案件积压、审理周期长、人员紧缺等问题;另一方面,如果走正常诉讼程序,费用和时间成本令一部分群众望而却步,不利于矛盾纠纷解决。因此,法院系统大力推进脱胎于"枫桥经验"的诉前调解,探索拓宽司法确认程序适用范围,完善案件管辖规则,加强特邀调解与司法确认制度衔接,有效解决解纷渠道单一、多元调解质量不高、非诉讼解纷机制司法保障力度不足等问题。2021年以来,各试点法院诉前委派调解纠纷169.66万件,

---

① 陕甘宁边区政权建设编写组:《陕甘宁边区的精兵简政(资料选辑)》,求实出版社,1982,第72页。

成功化解54.34万件，纠纷诉前化解率达32%，既有效减少了诉讼增量，又保障了纠纷得到及时高效化解，大大降低了群众解决纠纷的时间、精力和费用成本；受理司法确认申请13.31万件，裁定确认调解协议有效12.91万件，确认有效率达97%，诉前调解质量显著提升，也未出现司法确认案件数量激增情况；试点后，除了人民调解之外，人民法院还能对行政调解、行业调解、专业调解、商事调解、律师调解等特邀调解达成的民事调解协议进行确认。①这就说明，注重调解和断案效率、以"调判结合"为特色的"马锡五审判方式"仍有发展空间。

4. "以和为贵"的司法现实追求将长期存在

崇尚"以和为贵"的传统司法，承载着中华优秀传统文化的鲜明特色，凝聚着中国古代民众追求和谐社会关系的历史智慧，也深刻影响着民众对社会纠纷处理的理解和认知。传统社会为适应枝蔓相连、聚族而居的农业经济结构，在儒家伦理道德的潜移默化下，形成了和睦共处、和谐无争的生活准则。②传统司法正是从建立或恢复稳定、和谐的人际关系和社会关系出发来处理、解决社会纠纷，重要的是案结事了与息事宁人。为了换取安居乐业与和谐共存的生活环境，争议双方不惜相互妥协，故意减损或让渡部分权利，这样的纠纷处理传统不仅符合古人的思维方式和生活习惯，而且对家族本位的社会关系之恢复也大有裨益。正是在"以和为贵"的司法基础上，形成了旨在改善人际关系的传统恢复性司法模式，不仅有助于社会矛盾的有效化解，而且成为中国传统社会长期统一、稳定、繁荣的重要支撑。所以重视调解、坚持群众路线的"马锡五审判方式"与传统恢复性司法模式有异曲同工之妙。当前强调在案件审理过程中，法官既要客观地分析案件事实，准确适用

---

① 《创新程序规则 优化流程机制 强化权利保障》，载《人民法院报》2022年2月28日04版。
② 张晋藩：《中国法律的传统与近代转型》，法律出版社，1997，第294页。

法律法规，保证裁判的质量；也要从情理出发，注意倾听社会舆情，争取公众及社会力量的支持，合力化解矛盾纠纷，实现案件法律效果和社会效果的统一。这实际上是对"马锡五审判方式"的灵活运用。

（三）"马锡五审判方式"的传承发展

"马锡五审判方式"历经陕甘宁边区时期的定型与推广、新中国成立之后的发展与完善，对我国当前的法治建设仍具有深刻影响。特别是在民事领域，"马锡五审判方式"的基本内容和法治价值不仅直接转化为"便利当事人诉讼"等原则和"简易程序""巡回审判""调判结合""人民陪审""司法监督""司法便民""司法救助"等内容，在历次民事诉讼法的修订时备受重视并不断完善；而且，近年来在最高人民法院的大力推行下，"马锡五审判方式"蓬勃复兴，出现了全国各级法院认真学习"马锡五审判方式"的热潮，各地法院均致力于从优秀的人民司法传统中汲取力量。毫无疑问，上述努力有助于改善人民群众对司法审判过于冰冷威严的形象，缩短司法干部与群众感情上的距离，在坚持司法正义的同时不失人文关怀。

以陕北富县为例，富县法院近年来在总结基层司法经验的基础上逐步完善并推行"群众说事、法官说法"审判机制。这一机制于2010年创立于富县茶坊镇，随后逐步改进，每年处理矛盾纠纷逾千件，成效斐然，几乎无一上访，法律效果和社会效果反响极佳。在案件处理过程中，"群众说事"和"法官说法"同时进行。对于案件的事实部分，主要通过联村干部、村委会干部和群众代表召集双方当事人细致分析，调查清楚。"说事"延续了马锡五时代在田间地头唠家常、讲政策的质朴作风，并结合新的时代要求开辟了电话热线、调解中心、说事会议室等多种形式，明确了联村干部、村委会干部和群众代表的个人责任，加强了对说事的案件质量监测和过程监督。"法官说法"

则是由富县人民法院为基层派驻法官,覆盖每一乡村。当"群众说事"遇到涉及专业法律条文和知识的难题,联村法官及时介入,采用"法制宣讲会""法律咨询会"等方式现场说法,答疑解难,让群众知晓法理。这一机制融入了群众的集体智慧,将法官专业的法律素养与群众丰富的生活经验有效融合,将道德约束、乡规民约和法律规范有机结合,同时满足了人民群众对司法为民、司法公正、司法民主等法治价值的需要,对普通的相邻关系纠纷、群众反映强烈的集体纠纷和绝大多数非诉案件的顺利调处尤为奏效。2016 年以来,"群众说事、法官说法"审判机制多次在全国两会上被写进最高人民法院工作报告。实践证明,"群众说事、法官说法"机制把矛盾和问题化解在基层,将村民自治与法治手段、法治思维紧密联系起来,贯彻了群众路线,实现了止纷息诉的目的,是人民法院在新形势下对"马锡五审判方式"的继承和发展。①

"马锡五审判方式"在各地法院传承过程中,还涌现出许多被誉为"马锡五式的法官"。江苏省泰州靖江市人民法院陈燕萍就是新时期学习"马锡五审判方式"的代表和典型。在长期的司法实践中,陈燕萍承继"马锡五审判方式"的司法经验,将群众路线与审判实际有机结合,在处理基层民事案件时注意倾听群众诉求,充分确保当事人诉讼意愿的表达;全面细致地进行调查研究,做到法律事实与案件客观事实保持一致;深入浅出地解释法理,诉前告知群众需要面对的诉讼风险,诉中就当事人了解不透彻的程序或法律依据做耐心说明;采用灵活适宜的方式化解矛盾,能动地发挥司法弹性,保持情理与法理的平衡。这一得到群众高度认同和信服的审判方法即为"陈燕萍工作法"。从陈燕萍的每一个工作细节中,都可以发现"马锡五审判方式"的

---

① 《陕西富县推行"两说一联"便民联动机制》,载《人民日报》2014 年 8 月 11 日第 11 版。

烙印。经过实地调查明晰真相，听取群众意见判别是非，耐心劝说化解矛盾，几乎与"马锡五审判方式"如出一辙。在"陈燕萍工作法"的形成和发扬过程中，陈燕萍扎根基层十余年，及时、公正、高效地处理了三千余起案件，因其办案公道、从无上访，被誉为"真情为百姓、公正建和谐的基层好法官"。最高人民法院认为，"陈燕萍工作法"将"正确的司法理念、高超的司法能力、高尚的职业道德和良好的司法作风相结合"，既丰富了人民司法的内涵，也具有很强的实践性，为"人民司法为人民"活动贡献了新的智慧，在2010年正式推向全国号召各级司法部门学习。时任江苏省高级人民法院党组书记、院长公丕祥认为"陈燕萍工作法"的精髓至少包括"调查走访，情法兼容，调判结合，人文关怀"四方面内容，在新的历史时期为"马锡五审判方式"注入了时代精神。①陈燕萍的经历展现给世人一个灵活司法、睿智公正、心系群众的公仆形象，也为中国的司法队伍增添了一位马锡五式的彰显中国传统"青天文化"和"尚和"美德的平民法官。

"马锡五审判方式"的持久生命力，就在于它"一刻也不离开群众"的为民情怀。"群众说事，法官说法"的富县机制和"陈燕萍工作法"分别产生于经济基础薄弱、发展较缓的陕北革命老区和经济实力雄厚、飞速增长的东部沿海地区，二者都面临着逐年激增的诉讼纠纷难题，在具体操作层面汲取了"马锡五审判方式"的精髓，继承了"司法为民、司法公正、司法民主"的精神内核，延续并发展群众路线、调查研究、调判结合、便易诉讼等基本方法，具有一定的代表性和典型意义，也生动诠释了人民司法优良传统的生命力。值得注意的是，富县机制和"陈燕萍工作法"都是在较好处理司法专业化、规范化改革的客观要求和强调大众化、人民性的"马锡五审判方式"基

---

① 公丕祥：《陈燕萍工作法是新时代马锡五审判方式》，《法制日报》2010年2月24日第3版。

础上涌现出来的成功范例,这也预示着彰显"司法为民、司法公正、司法民主"的"马锡五审判方式"可以经过因时制宜、因地制宜的创新适应时代的发展和改革的需要。但是,任何一种审判方式都存在历史局限与诸多弊端,"马锡五审判方式"也不例外,不管是在大力推广的陕甘宁边区时期还是法制趋向健全的今天,大量简单化、机械化的效仿都使质疑和批评之言不绝于耳。早在1945年,陕甘宁边区高等法院代院长王子宜就专门针对如何学习"马锡五审判方式"发表真知灼见:"我们提倡马锡五审判方式,是要求学习他的群众观点和联系群众的精神,这是一切司法人员都应该学习的,而不是要求机械地搬用他的就地审判的形式。"①灵活学习"马锡五审判方式",汲取并坚持其蕴含的法治精神,有助于解决当前司法过于追求专业化、职业化而在一定程度上淡化"司法为民、司法公正、司法民主"这些普遍法治价值等问题,也正因为如此,我国的司法体制终会真正达到为民解忧、树立法律权威、强化法治信仰等目的与效果。

综上所述,努力让人民群众在每一个司法案件中都感受到公平正义,是人民司法工作的初心与使命。与群众零距离、便利基层纠纷化解、深入人心的"马锡五审判方式",发源于群众,又全心全意维护人民群众的合法权益,其在漫长历史时期不断探索、创造和革新的实践历程,正是中国共产党融中国传统司法智慧与现代法治精神于一体,形成的全新的、优秀的司法传统之集中体现。事实上,"马锡五审判方式"与新时代"枫桥经验"坚持党的领导、坚持以人民为中心以及源头解纷、综合治理、共建共治共享等理念具有明显的一致性。不断与时俱进的"马锡五审判方式",不仅在微观层面保障了司法个案的公正处断,也在宏观层面为中国法治现代化的发展进步提供给

---

① 《王子宜院长在推事审判员联席会议上的总结报告及李木庵的几点意见》(1945年10月18日至1945年12月29日),陕西省档案馆全宗15—71。

养。丰富的法治内涵，坚实的现实基础，特殊的国情需求，都预示着人民司法的发展离不开"马锡五审判方式"所提供的经验借鉴和制度启发。在全面依法治国，继续推进并完善司法体制改革的今天，传承和发扬"马锡五审判方式"所蕴含的"司法为民、司法公正、司法民主"的基本法治价值，对构建公正、高效、权威的中国特色社会主义司法制度以及司法公信力的提升，将产生广泛而深远的积极影响。

二、新时代"枫桥经验"与"马锡五式人民法庭"创建

党的十九届四中全会通过的《中共中央关于坚持和完善中国特色社会主义制度 推进国家治理体系和治理能力现代化若干重大问题的决定》中提出了"加强和创新社会治理，完善党委领导、政府负责、民主协商、社会协同、公众参与、法治保障、科技支撑的社会治理体系"的重要任务[1]。党的十九届六中全会通过的《中共中央关于党的百年奋斗重大成就和历史经验的决议》高度评价了党领导社会治理的做法及成效，指出："党的十八大以来，我国社会建设全面加强，人民生活全方位改善，社会治理社会化、法治化、智能化、专业化水平大幅度提升，发展了人民安居乐业、社会安定有序的良好局面，续写了社会长期稳定奇迹。"[2]社会治理是国家治理的重要内容，多元主体群策群力参与治理，实现共建共治共享，打破传统的单一主体主导下的建设与治理，是社会治理区别于社会管理的重要表现。在社会治理现代化进程中，

---

[1]《中共中央关于坚持和完善中国特色社会主义制度 推进国家治理体系和治理能力现代化若干重大问题的决定》，载中国政府网, https://www.gov.cn/zhengce/2019-11/05/content_5449023.htm？ivk_sa=1024320u。
[2]《中共中央关于党的百年奋斗重大成就和历史经验的决议》，载《人民日报》2021年11月17日01版。

人民法庭不仅是推动社会治理法治化的关键主体之一,也是加强法治保障、促进基层良法善治不可或缺的优势力量。目前,各地人民法庭在参与社会治理过程中,自觉将传承红色法治文化、弘扬人民司法优良传统与人民法庭内涵式建设及社会治理创新结合起来,产生了一系列卓有成效的工作做法,其中,"马锡五式人民法庭"从诸多实践中脱颖而出,既为"马锡五审判方式"在新时代的传承与发展注入了新的动力,也为人民法庭参与社会治理提供了样本参考。

(一)"马锡五式人民法庭"创建的现实意义

当前,"马锡五式人民法庭"在山东、广东、云南等地均有创建,而"马锡五审判方式"发源地陕西、甘肃和"枫桥经验"的发源地浙江等更是将传承和弘扬"马锡五审判方式"与"枫桥式人民法庭"创建结合起来,进一步丰富了"马锡五式人民法庭"创建的内涵。不仅如此,许多地方还将"马锡五式人民法庭"创建与司法实践层面正在如火如荼开展的诉源治理有机融合,形成了社会治理现代化中一道独特的"人民司法风景线"。概括起来,"马锡五式人民法庭"创建的现实意义表现如下:

1. "马锡五式人民法庭"是传承"马锡五审判方式"的生动实践

"马锡五审判方式"被誉为"人民司法的一面旗帜""沟通传统法与现代法的成功范例"[①],是党领导人民司法优良传统的集中体现。抗战时期,陕甘宁边区陇东专署专员兼陕甘宁边区高等法院陇东分庭庭长马锡五发扬苏区时期形成的巡回审判的优良作风,经常有计划地下乡,深入调查研究,及时纠正冤假错案,解决了许多缠讼多年的疑难案件,使违法者受到制裁,无辜者

[①] 刘全娥:《陕甘宁边区司法改革与"政法传统"的形成》,人民出版社,2016,第105页。

获得释放，有效保护了人民群众的合法权益，因而受到上至中央领导下至普通民众的广泛赞许和热烈拥护。1944年3月3日的《解放日报》报道了《马锡五同志的审判方式》，率先提出了"马锡五审判方式"，并采取以案说法的方式，将"马锡五审判方式"的核心概括为"充分的群众观点"①。此后，"马锡五审判方式"得到大力推广，对边区司法理念和方式的进步起到了积极作用。张希坡教授将"马锡五审判方式"概括为四点："（1）一切从实际出发，客观、全面、深入细致地进行调查研究，重证据不轻信口供，证据口供都要经过核实。就是要使人民的审判工作牢牢建立在科学的基础上。（2）认真贯彻群众路线，依靠群众讲理说法，实行审判与调解相结合，司法人员与人民群众共同断案。就是要在审判工作中贯彻民主的精神。（3）坚持党性原则，忠于职守，以身作则，严格依法办事。就是要在审判工作中始终坚持法治原则。（4）实行简便利民的诉讼手续，全心全意为人民服务。就是要在审判工作中执行利民的方针。"②这是现阶段最具权威性的理论诠释。

可见，"马锡五审判方式"的精髓在于贯彻党的群众路线，坚持司法为民、利民、便民。无论是巡回审判、就地审判、精简程序、调解与审判相结合等，均是其精髓的外在表征。也正是由于"马锡五审判方式"在本质上与中国共产党所主张的全心全意为人民服务和以人民为中心的发展思想高度吻合，在实践上做到了传承中华优秀传统法律文化与发展红色法治文化有机融合，在形式上做到了法官主导与群众参与相辅相成，在逻辑上实现了人民法院对公正司法的要求与人民群众对案结事了的期待相互统一。因此，"马锡五审判方式"不局限于一个代表人民司法进步性的符号化的象征，而是成为一种历久弥新的、可以不断指导司法实践并在实践中日渐丰富的开放式的典型

---

① 《马锡五同志的审判方式》，载《解放日报》1944年3月3日。
② 张希坡：《马锡五与马锡五审判方式》，法律出版社，2013，第198页。

经验。"马锡五式人民法庭"则是人民法院系统在新的历史背景下，聚焦社会治理现代化、法治化，立足人民司法优良传统的传承与弘扬，紧抓"马锡五审判方式"源于基层、扎根基层、服务基层的本色，根据"马锡五审判方式"所传递的群众路线和为民、利民、便民的精髓，结合司法参与社会治理工作实际所进行的创造。

2. "马锡五式人民法庭"与"枫桥式人民法庭"具有内在的一致性

"枫桥经验"是中国共产党领导人民群众创造的预防调处化解社会矛盾卓有成效的治理方式，随着"枫桥经验"连续写入党的十九届四中全会通过的《中共中央关于坚持和完善中国特色社会主义制度 推进国家治理体系和治理能力现代化若干重大问题的决定》、十九届五中全会通过的《中共中央关于制定国民经济和社会发展第十四个五年规划和二〇三五年远景目标的建议》和十九届六中全会通过的《中共中央关于党的百年奋斗重大成就和历史经验的决议》以及一系列中央文件，并在全国得到普遍而有力的推广，包括"枫桥式人民法庭"在内的各类"枫桥式"创建层出不穷，这些创建使"枫桥经验"在社会治理的框架下向各部门、各行业、各领域拓展，并且实现了由政法领域向社会领域的转型升级。尤其是在司法层面，创建"枫桥式人民法庭"被赋予了人民法庭深度参与社会治理、完善社会矛盾纠纷预防多元调处化解机制、加强现代化诉讼服务体系建设的重要使命，成为"努力让人民群众在每一个司法案件中感受到公平正义"的重要路径。

需要注意的是，"马锡五式人民法庭"创建和"枫桥式人民法庭"创建在价值追求、社会基础、实现方式、治理成效等方面，具有高度的相似性。在价值追求上，二者均重视坚持党的群众路线，维护最广大人民群众的合法权益，使人民群众对公平正义的渴望在个案的处理中得到有效回应，让每一起案件的审理都成为提升人民群众获得感、幸福感、安全感的基本载体。在社会基础上,"法庭"的根基在基层,在广大城乡社区,"马锡五审判方式"和"枫桥经验"亦是如此,因而,二者均体现了浓郁的乡土特色,最能激发、凝聚并体现基层群众的智慧和创造力。在实现方式上,二者均注意发挥人民司法的基本职能,并重视与时俱进,为群众提供线上与线下相统一、形式多样、高效便捷的纠纷受理渠道,灵活运用巡回审判,坚持调解与审判相结合,让法官通过数据平台等走进百姓院落和田间地头,就地化解矛盾。在治理成效上,二者均注意通过人民群众的参与合情合理合法地调解或裁判,达到"审理一案,教育一片"的社会效果。以上因素交相辉映,互为补充,使"马锡五式人民法庭"创建和"枫桥式人民法庭"创建在本质上具有一致性,即二者均是人民司法贯彻群众路线,积极呼应人民群众需求,紧贴基层社会治理实际,以人民群众喜闻乐见的方式有效化解矛盾纠纷、实现社会公平正义的重要做法。

3. "马锡五式人民法庭"创建是加强和完善诉源治理的一大创举

《最高人民法院关于深化人民法院司法体制综合配套改革的意见——人民法院第五个五年改革纲要(2019—2023)》率先提出"诉源治理",要求"创新发展新时代'枫桥经验',完善'诉源治理'机制,坚持把非诉讼纠纷解决机制挺在前面,推动从源头上减少诉讼增量"[1]。中央全面深化改革委员会第十八次会议审议通过了《关于加强诉源治理推动矛盾纠纷源头化解的意见》,正式将"诉源治理"列入中央文件标题,显示出对这一问题的高度重视。从诉源治理的政策要求和具体实践来看,诉源治理广泛存在于全国法院系统,是以各级法院及法官为主体,以涉"诉"纠纷为对象,以"源"头化解为重点,以体现多元主体、多种举措、多方资源的"治理"为手段的人民司

---

[1]《最高人民法院关于深化人民法院司法体制综合配套改革的意见——人民法院第五个五年改革纲要(2019—2023)》,载最高人民法院官网,http://www.court.gov.cn/fabu-xiangqing-144202.html。

法参与社会治理的重要机制。这一机制强调人民法院应在社会治理的框架内发挥依法调处及裁判各类基层纠纷的作用,力求实现从源头上减少诉讼增量。经过诉源治理,许多存在激化苗头的民事纠纷均得到及时妥善的处理,人民群众依法维护切身权益的需要也得以满足,诉讼的存量和增量尤其是因民事争议处理不好而转化为刑事案件的比例大幅减少。可以说,诉源治理既是一项以法治力量助推社会治理的成功机制,也是一件司法为民、利民、便民的民心工程。

"马锡五式人民法庭"创建深深嵌入基层社会治理之中,与坚持和发展新时代"枫桥经验"、推动更多力量向引导和疏导端用力的要求相吻合,是在基层、一线贯彻源头治理、综合治理、系统治理、依法治理思想,加强矛盾纠纷源头预防和前端化解、从源头上减少诉讼增量的制度体现,因而,亦成为诉源治理的有机组成部分。需要指出,尽管"马锡五式人民法庭"特色分明,成效显著,但其与诉源治理是部分与整体的关系,而不是非此即彼的替代关系。诉源治理是一项覆盖面广、包罗万象的系统工程,不仅包括一线法庭的前端用力,也包括以人民法院为主导建立和完善的诉外矛盾纠纷源头化解机制,还包括人民法院在诉讼中推动形成的以"集约高效、多元解纷、便民利民、智慧精准、开放互动、交融共享"为目标的一站式多元解纷和诉讼服务体系[①]。因此,不能把"马锡五式人民法庭"创建作为诉源治理的全部内容来认识,而应把"马锡五式人民法庭"创建作为实现诉源治理的重要载体或路径加以理解。将基层推行的"马锡五式人民法庭"与人民法院推进的各项工作相统一,更有助于实现内外相维、上下联动、调解与审判相得益彰、非诉过滤和诉讼分层并重的社会矛盾纠纷多元调处化解机制,推动基层治理

[①]《全面推进一站式多元解纷和诉讼服务体系建设 加快建构中国特色纠纷解决和诉讼服务模式》,载最高人民法院官网,http://www.court.gov.cn/zixun-xiangqing-251761.html。

有效。

（二）"马锡五式人民法庭"创建的时代样本——以淄博法院为例

自"马锡五审判方式"提出以来，以马锡五为榜样、以"马锡五审判方式"为标准的创建活动长期持续，完整覆盖抗日战争时期、解放战争时期、新中国成立后的各个阶段，而由于各个历史阶段政治经济社会及文化基础的不同，"马锡五审判方式"的推广也表现出鲜明的时代特征。尤其是习近平法治思想提出以来，各地掀起了学习贯彻习近平法治思想的热潮。而汲取红色法治文化精华，坚持以人民为中心，弘扬"马锡五审判方式"，创建"马锡五式人民法庭"，正反映出新的历史背景下司法机关学习并践行习近平法治思想的行动自觉。在全国各地的探索与实践中，山东省淄博市法院系统有关"马锡五式人民法庭"创建的制度化程度最高，成效也最为显著。

1. 重视顶层设计，提升指导性政策文件的科学性、针对性

创建"马锡五式人民法庭"并非一蹴而就，如何认真传承红色法治文化以及人民司法优良传统，让"马锡五审判方式"不再局限于形式方面的照搬照抄而是深入精神层面的灵活运用，并且与当前经济社会发展和人民群众需要有机结合，既是传承"马锡五审判方式"的时代命题，也是任何"马锡五式人民法庭"创建需要理性面对并科学回答的重要课题。2020年底，经过调研考察和扎实研讨，淄博市中级人民法院正式提出了建设新时代"马锡五式人民法庭"的构想，这一提议受到淄博市各界的大力支持，写入人大报告并列入司法规范化建设工作重点。2021年6月，淄博市中级人民法院印发《关于加强新时代马锡五式人民法庭建设的意见》，明确了"马锡五式人民法庭"创建的指导思想、基本原则和主要任务。在意见中，淄博市中级人民法院提

炼概括出以"坚持党的领导、就地化解矛盾、手续简便利民、依靠群众办案、严格秉公司法"为内容的马锡五司法精神,使创建活动摆脱了以往只重视形式推广而忽略精神传承与创新的窠臼,为各人民法庭充分发挥自主性与能动性创造了充分空间。与此同时,淄博市中级人民法院为加强创建活动的科学性与针对性,相继出台《关于建设新时代马锡五式人民法庭的考核办法》《关于全市人民法庭职能优化和布局调整工作方案》《关于新时代马锡五式人民法庭规范建设意见》《关于在全市法院建立"法庭E+"巡回智慧法庭的意见》以及《关于成立"新型马锡五审判方式"人民法庭建设工作领导小组的通知》等系列文件,做到政策实施、考核与优化创新紧密衔接,有力提升了"马锡五式人民法庭"创建的顶层设计和制度供给水平。

2. 重视内涵建设,促进特色创建与职能发挥有机统一

人民法庭作为人民法院最基层的单位,担负着司法为民、化解矛盾的一线任务,由于身处社会治理的前沿地带,人民法庭也成为当之无愧的巩固基层政权、维护社会稳定、促进乡村振兴、实现良法善治的重要力量。为了深化内涵建设,推动法庭职能在创建活动中充分发挥,淄博法院系统创建的"马锡五式人民法院"呈现出以下特色:一是构建"三型"(规范型、服务型、量化型)党建统领体系,将人民法庭建设成为巩固基层政权、服务乡村振兴的"先锋队";二是构建"四优"(优化"家门口"法庭布局、优化"全要素"职能配置、优化"一门清"便民服务、优化"调解为主、速裁支撑、精审兜底"办案模式)诉讼服务体系,将人民法庭建设成为联系服务群众、公正高效办案的"第一线";三是构建"四联"(党委政府联治、村居网格联动、行业组织联处、社会力量联建)诉源治理体系,将人民法庭建设成为参与基层治理、化解矛盾纠纷的"桥头堡";四是构建"四强"(持续做强法庭队伍、持续做强法庭管理、持续做强法庭装备、持续做强法庭文化)基层保

障体系，将人民法庭建设成为彰显司法公信、弘扬法治精神的"主阵地"。如果说"先锋队""第一线""桥头堡""主阵地"是对人民法庭参与社会治理的重要地位的反复申明，那么，"三型""四优""四联""四强"则是对人民法庭职能的准确诠释，这些内容共同构成了马锡五司法精神与人民法庭基本职能相结合的组合拳，为形成、发展并完善"马锡五式人民法庭"淄博版奠定了根基。

3. 重视与时俱进，推动巡回审判与智慧法院高度融合

在大数据时代，"让数据多跑腿"、通过数据终端及时回应群众诉求、化解矛盾纠纷成为智慧政务、智慧法院、智慧检务等平台的重要追求。正如"枫桥式人民法庭"创建重视智慧法院建设，推出契合群众需要的"网上枫桥经验"一样，淄博法院系统的"马锡五式人民法庭"创建也着重强调"法庭E+"巡回智慧法庭建设，完成大数据、智慧法院等信息化平台与传统的巡回法庭、就地审判等方式无缝衔接，形成了富有时代特色且践行"网上群众路线"的新型"马锡五式人民法庭"。"法庭E+"巡回智慧法庭与传统的人民法庭相似，有着明晰的服务范围，一般设在乡镇综治中心、重点村居园区，通过"移动微法院"、微信群等方式构建"家门口的法庭"。不同的是，"法庭E+"巡回智慧法庭更具综合性、系统性。"E"表示巡回智慧法庭是依托互联网构建的，不占用人员和大量物质资源。"+"体现了法庭主动延伸司法职能，责任法官与兼职便民联络员互联，建立常态化走访、全方位代办、例会式研判、信息化管理"四项机制"，实现日常联络、网上办案、联动调处、指导民调、完善民约、法治宣传"六项功能"。可见，"法庭E+"巡回智慧法庭无论对人民法院调解平台、山东法院电子诉讼服务平台以及淄博市博山区人民法院智慧庭审平台等信息化司法资源的融通，还是实现与基层组织的资源整合及多元联动，都进一步拉近了干部与干部、干部与群众之间的距离，实

现了对传统法庭治理资源协调能力的超越，更有助于在智慧支撑层面实现共建、共治、共享。

4. 重视因地制宜，鼓励各人民法庭切合实际自主创新

尽管同一区域的风土民情、经济水平、文化背景等存在诸多共性，但毋庸置疑的是，作为一个下辖五区三县、人口达470余万的大市，淄博市的城区与郊县、市区与乡村仍存在不同程度的发展差异，不同年龄、不同职业的城乡居民之间对法律法规及村规民约、社区公约、行业章程等规范的知晓度和理解能力也存在一定的差距，信息化的发达也造成许多矛盾纠纷由传统领域向电信领域转型。这就意味着"马锡五式人民法庭"创建的政策、思路更具指导性、示范性、前瞻性和引领性，而非强制性和单一性，同样意味着各人民法院需要实事求是，充分领会"马锡五审判方式"和马锡五司法精神的真谛，结合治理需要，将自身特色融入创建活动之中，形成百花齐放、百家争鸣之势。例如，博山区人民法院开发区（域城）人民法庭积极建设诉讼服务站和上门诉讼服务队，使矛盾纠纷源头治理关口前移，将"一站式"诉讼服务下沉至辖区企业，与白塔镇综治中心共同打造出矛盾纠纷"门前清"的诉源治理模式；周村区人民法院在辖区创建多个"E+巡回微法庭"，各"微法庭"成立临时党支部，强化信息化平台升级更新和物质装备配套完善，努力形成党建引领下的"多元多点智慧巡回法庭"；桓台县人民法院各法庭秉持"调解为主、速裁支撑、精审兜底"审判理念，优化诉调并重、诉调对接机制，在提升审判质效的同时不断释放诉源治理效能；沂源县人民法院各法庭提出"新时代、馨法庭、心服务"标准，提倡智慧支撑、送法上门、乡贤调处、全民参与，有效破解山区地域广、人口多、纠纷复杂的难题，等等。

（三）提升"马锡五式人民法庭"治理效能的思考及对策

自"马锡五式人民法庭"创建以来，淄博市各人民法庭结案率显著提升，人民群众对案件处理结果的满意度明显增强，全市收案数量大幅下降。这就表明，"收案下降"与"质效提升"同步发生，"马锡五式人民法庭"的社会治理效果得到实践和人民的检验。然而，人民法庭参与社会治理是一个长期而艰巨的事业，既关系到人民司法优良传统的传承和发展，也关乎群众切身利益能否得到依法维护和保障。"马锡五式人民法庭"创建，如同"马锡五审判方式"的推广一样，依然存在一些现实或理念层面的局限性，如何做到创建活动贴合实际、顺应人心，真正发挥人民法庭助推社会有效治理的功能，仍需注意以下方面：

1. 坚持基因传承与锐意创新相协并重，实现"推陈出新"

红色法治文化尤其是人民司法优良传统最大的贡献在于，开创了现代法治建设的本土化道路。"马锡五审判方式"作为人民司法优良传统的代表，其形成正是马克思主义理论中国化的必然产物，既遵循法治基本规律，又切合实际需要，无论是作为核心要素的群众路线，还是在技术上强调贯彻灵活、简便两大原则，在目标追求上寻求法律效果和社会效果的统一，在方式方法上重视巡回审判、就地审判、调解与审判相结合、情理法相统一等，均表现出内在的逻辑自洽性。尤其是"马锡五审判方式"对司法为民、便民、利民的坚持，使其虽历经沧桑却历久弥新，在任何历史阶段都能顺应司法保护人民群众合法权益的需要，从而迸发出朴素而耀眼的法治之光。这恰恰是凝结在"马锡五审判方式"中的红色基因的最佳反映。当前创建"马锡五式人民法庭"，也需要在把握"马锡五审判方式"精神实质的基础上结合基层社会治理创新、市域社会治理现代化、诉源治理、乡村振兴等有利条件，做出富有针对性、创新性、开拓性的尝试和探索。如此，方能促成红色基因完全熔铸于新时代社会治理，使群众路线和人民司法优良传统在人民法院系统的特色创建活动特别是人民法庭参与社会治理过程中熠熠生辉。

2. 注重以人为本与科技支撑紧密结合，实现"形神兼备"

强调以人为本，以联系群众为总的精神①，使"马锡五审判方式"具有与以往任何形式的司法审判模式形成强烈对比的群众基础，也使人民司法无论是理念还是实践层面均实现了巨大的变革和进步。正基于此，在诉讼程序中便利群众，在个案裁判中倾听民意，在审理过程中重视调解手段的应用等优秀因素才得以大行其道，并综合性地迸发出以司法修复人际关系、弥合社会关系裂痕、维护社会公平正义的治理效能，这些也被"马锡五式人民法庭"完整继承。目前，随着科技发展日新月异，大数据早已促使矛盾纠纷的类型发生骤变，各种充满时代感和先进性的法治类数据终端纷纷融入社会生活，但是，仍需看到科技的局限性和人的重要性。一方面，科技发展的根本目的在于实现人的全面发展，以人为本，司法为民，始终是牢不可破的法治原则，不过分夸大人工智能、大数据等对司法的影响，单纯追求设配更新，追求形式，忽视以人民为中心的法治初心，因此，以人为本，应该成为"马锡五式人民法庭"在信息化时代坚守的底线。另一方面，现阶段农村地区仍长期生活着大量老人和儿童，这一群体对数据终端的认知和接受度与城区居民差距较大，许多老人仍习惯于以"老人机"为代表的通信平台，而且，城区居民的老龄化也加大了老年人群体对先进科学技术的接受难度，这就表明，城乡地区相当数量的人民群众对简约化治理特别是司法服务的简约化有着迫切需求。而这一问题的解决，亟须从"马锡五审判方式"崇尚简约、方便、利

---

① 汪世荣等：《新中国司法制度的基石》，商务印书馆，2011，第221页。

民的一面汲取智慧，并在"马锡五式人民法庭"创建中一以贯之，确保数据终端简单便捷地为群众服务。

3. 促进实效考核与经验总结协同并进，实现"理实并重"

"马锡五式人民法庭"治理成效的取得，除了建立在扎实调研与精心谋划基础上的顶层设计，以及各人民法庭的稳步推进外，也离不开淄博市中级人民法院自上而下推行的各项考核。根据《关于建设新时代马锡五式人民法庭的考核办法》，考核内容涵盖"党的建设、诉讼服务、审判质效、诉源治理、基层保障"五个方面，完整对接人民法庭参与社会治理的各环节、各领域、各方面。在考核标准的激励下，以民为本、问题导向、效果导向得到有效贯彻，"法庭E+"巡回智慧法庭网上咨询、调解、立案、开庭等功能作用发挥明显，以"党建耀天平、公正铸忠魂"党建品牌为引领打造的具有地域特色、红色基因、文化底蕴的法庭特色品牌成熟发展，凡此种种，均反映出考核对标准化推进"马锡五式人民法庭"创建工作的积极作用。此外，淄博法院系统也十分重视对实践经验的总结，不仅与西北政法大学马锡五审判方式研究院形成协同创新关系，也指导各法庭提炼、总结、宣传一系列行之有效的工作方法，这就使得理论研究与司法实践之间产生良性互动，形成实现基层良法善治的内生动力。值得一提的是，考核环节在明确职责的同时，也需与基层减负相适应；理论提升在辅助实践的同时，还需与司法实际相吻合，唯其如此，以"马锡五式人民法庭"创建为代表的人民法庭参与社会治理才会有特色、接地气、入人心。

4. 推动自主发展与多元共建有机统一，实现"共治共享"

基层社会治理是一项触及各个社会单元细枝末节的庞大工程，人民法庭是社会治理的重要主体，但并非单一抑或全部主体，在共建共治共享的基层社会治理格局下，人民法庭更多的是与党委、政府、社会团体、人民群众等多元主体形成治理合力，并坚持源头治理、系统治理、综合治理、依法治理思维，切实发挥法治保障和司法服务作用。"马锡五式人民法庭"创建，也需要协调好与其他主体之间的关系，例如：与乡镇（街道）综治（矛调）中心共同建立社会矛盾纠纷诉前过滤、分流机制；指导辖区完善村规民约、社区公约、行业章程，推动辖区村居、行业组织等建立诉前预警、诉前调解、司法确认与诉中委托调解机制；指导金融、物业、建筑等行业组织制定示范性合同，设立仲裁、公证债权文书等多元解纷机制；与各乡镇（街道）合作，共同指导城乡社区创建"熟人社区""无讼社区"；等等。如此一来，"马锡五式人民法庭"更能承载新时代人民法庭面向农村、面向基层、面向群众进行自主发展的使命和责任，更好地融入党组织领导下自治、法治、德治相结合的基层治理体系，释放预防、调处、化解矛盾纠纷的效能，实现"服务全面推进乡村振兴、服务基层社会治理、服务人民群众高品质生活需要"的目的，使"法治建设既要抓末端、治已病，更要抓前端、治未病"[①]和"努力让人民群众在每一个司法案件中感受到公平正义"[②]真正落地生根，人民群众的法治获得感大幅提升。

总之，"马锡五式人民法庭"贯彻了党的群众路线，坚持司法为民、利民、便民，坚持实事求是、与时俱进，积极推动了红色法治文化的创新发展，对坚持和发展新时代"枫桥经验"，加强和完善诉源治理，以司法进步促进社会治理现代化提供了有益参考。

---

①《习近平主持召开中央全面深化改革委员会第十八次会议强调 完整准确全面贯彻新发展理念 发挥改革在构建新发展格局中关键作用》，载《人民日报》2021年2月20日。
②《习近平在中央全面依法治国工作会议上强调 坚定不移走中国特色社会主义法治道路 为全面建设社会主义现代化国家提供有力法治保障》，载《人民日报》2020年11月18日。

三、新时代"枫桥经验"与城区法庭参与诉源治理

2021年2月,中央全面深化改革委员会第十八次会议审议通过《关于加强诉源治理推动矛盾纠纷源头化解的意见》,强调要"推动更多法治力量向引导和疏导端用力,完善预防性法律制度,从源头上减少诉讼增量"[1]。诉源治理由此成为平安中国建设与法治中国建设的重要制度安排。诉源治理是坚持和发展新时代"枫桥经验",加强矛盾纠纷依法源头化解的治理模式,是推进国家治理体系治理能力现代化的必然要求,是构建共建共治共享社会治理格局的重要内容。人民法庭作为基层人民法院的派出机构,在诉源治理方面实践能更好地发挥法院系统在地方社会治理中的职能。

(一)人民法庭参与诉源治理的提出及特点

人民法庭参与诉源治理,与其职能的明确有着密切联系。2019年6月,中共中央办公厅、国务院办公厅印发的《关于加强和改进乡村治理的指导意见》指出,人民法庭作为基层人民法院派驻在乡村社会的审判组织,承担着化解社会矛盾、维护社会稳定、服务乡村振兴、推进基层治理等重要职能。2021年2月19日,中央全面深化改革委员会第十八次会议审议通过的《关于加强诉源治理推动矛盾纠纷源头化解的意见》提出,要坚持和发展新时代"枫桥经验",推动更多法治力量向引导和疏导端用力,加强矛盾纠纷源头预防、前端化解、关口把控,完善预防性法律制度,从源头上减少诉讼增量。

2021年9月15日,最高人民法院发布《关于推动新时代人民法庭工作高

---

[1]《习近平主持召开中央全面深化改革委员会第十八次会议》,载新华网,http://www.xinhuanet.com/politics/leaders/2021-02/19/c_1127116445.htm。

质量发展的意见》（以下简称《意见》），这是继1999年最高人民法院制定印发《关于人民法庭若干问题的规定》、2005年制定出台《关于全面加强人民法庭工作的决定》、2014年制定印发《关于进一步加强新形势下人民法庭工作的若干意见》之后，根据新形势新任务，结合人民法院审判工作实际，对人民法庭制度作出的一次里程碑式的改革和完善。《意见》的出台，是最高人民法院深入贯彻习近平法治思想、更加注重强基导向的具体实践，也是推动新时代人民法庭工作高质量发展的重大阶段性成果，对于加强新时代人民法庭工作、厚植党长期执政基层基础、服务全面推进乡村振兴、服务基层社会治理、服务人民群众高品质生活需要、传承红色司法基因、弘扬中国特色社会主义司法制度，具有十分重大的意义。

《意见》确立了新时代人民法庭的工作原则，即坚持"三个便于""三个服务""三个优化"。坚持"三个便于"：紧紧围绕"努力让人民群众在每一个司法案件中感受到公平正义"的目标，主动回应人民对美好生活的向往和公平正义新期待，坚持便于当事人诉讼，便于人民法院依法独立公正高效行使审判权，便于人民群众及时感受到公平正义的工作原则，不断弘扬人民司法优良传统和时代价值。坚持"三个服务"：紧扣"三农"工作重心历史性转移，发挥面向农村优势，积极服务全面推进乡村振兴；紧扣推进国家治理体系和治理能力现代化，发挥面向基层优势，积极服务基层社会治理；紧扣新时代社会主要矛盾新变化，发挥面向群众优势，积极服务人民群众高品质生活需要。坚持"三个优化"：综合考虑城乡差异，一要优化法庭布局。区分城区法庭、城乡结合法庭、乡村法庭，不断优化人民法庭区域布局。二要优化队伍结构。结合案件数量、区域面积、人口数量、交通条件、信息化发展状况、参与乡村振兴和社会治理任务等因素，建立并实行人员编制动态调整机制。三要优化专业化建设。坚持综合性与专业化建设相结合，实现人民法庭专业化建设更好服务乡村振兴和辖区基层治理需要。农村地区要继续加强和完善综合性人民法庭建设；城市近郊或者城区，可以由相关人民法庭专门或者集中负责审理道交、劳动、物业、旅游、少年、家事、金融商事、环境资源等案件；产业特色明显地区，可以由专业化人民法庭专门负责审理涉及特定区域或者特定产业的案件。

《意见》提出，人民法庭建设要推动健全基层社会治理体系。坚持和发展新时代"枫桥经验"，积极融入党委领导的基层治理体系，充分利用辖区党委组织优势，与城乡基层党组织广泛开展联建共建，推进基层党建创新与基层治理创新相结合，强化党建引领基层治理作用，促进完善中国特色基层治理制度。推广"群众说事、法官说法""寻乌经验"等做法，依托"街乡吹哨、部门报到、接诉即办"等基层治理机制，推动司法资源向街乡、村镇、社区下沉。充分运用平安建设考核和创建"无讼"乡村社区等政策制度，服务基层党委政府以更大力度加强矛盾纠纷多元化解机制建设。

在加强源头预防化解矛盾方面，《意见》要求，加强辖区多发常见类型化纠纷的源头治理，形成源头预防、非诉挺前、多元化解的分层递进前端治理路径。强化与当地乡镇街道的衔接、与综治中心的协同，充分利用网格化管理机制平台，及时掌握和研判综治矛盾纠纷信息，发挥网格员、特邀调解员作用，促进基层纠纷源头化解。充分运用人民法院调解平台等工作平台，推动人民法庭进乡村、进社区、进网格，广泛对接基层解纷力量，形成基层多元解纷网络，在线开展化解、调解、司法确认等工作。推动人民调解员进人民法庭、法官进基层全覆盖，加强委托调解、委派调解的实践应用，充分释明调解优势特点，引导人民群众通过非诉讼方式解决矛盾纠纷。

在服务乡村产业振兴、维护农民合法权益、推动乡村文明进步方面，《意见》要求，人民法庭要依法妥善处理家事、邻里纠纷，注重矛盾纠纷实质性、源头化解，依法治理高价彩礼、干预婚姻自由、虐待遗弃家庭成员等不良习气，依法打击封建迷信活动，培育和弘扬社会主义核心价值观。

《意见》同时提出，人民法庭要切实实施民法典，依法妥善审理家事、民间借贷、人身损害赔偿等基层易发多发案件，畅通权利救济渠道，维护人民群众合法权益。深化家事审判改革，用好心理辅导干预、家事调查、诉前调解、案后回访等措施，加大人身安全保护令制度落实力度，保障留守儿童、留守妇女、留守老人以及困难群体和特殊人群的人身安全和人格尊严。《意见》还提出，要坚持因地制宜，在人民法庭建立诉讼服务站，在人民法庭及辖区乡镇街道综治中心或者矛盾调解中心设立自助诉讼服务设备，方便当事人随时随地办理诉讼业务。推进人民法庭跨域立案服务，确保能够作为立案协作端办理跨辖区、跨县、跨市、跨省立案。《意见》明确要求，探索建立符合人民法庭工作规律的专门考核办法，综合考虑执法办案、指导调解、诉源治理等因素，适当增加诉源治理、诉前调解等考核权重，重点考核"化解矛盾"质效。

2022年最高人民法院发布一系列"打造枫桥式人民法庭，服务基层社会治理"典型案例，从新时代人民法庭融入基层社会治理、推进乡村治理现代化、服务新型城镇化建设、传承红色司法文化四个篇章出发，展示诉源治理、健全基层治理体制机制的积极司法实践探索、推广法庭融入基层治理、就地化解纠纷的优秀经验做法。

上述文件申明了人民法庭在社会治理创新中的职责和内容，形成了一系列指导明确、便于操作的制度安排，构成人民法庭参与诉源治理的顶层设计。

对诉源治理的内涵解析，学界主要有以下观点：第一，探讨诉源治理要先"区分两个容易混淆的概念——案件数量下降与纠纷数量减少。案件数量下降是通过诉前调解，正式立案和进入审判环节案件数量减少，但并不能表明涌向法院的案件数量减少，即社会纠纷数量下降"①。诉源治理中对"诉源"的不同理解，是"案件数量"还是"社会纠纷数量"，决定了不同的改革目标与治理成效。第二，对于诉源治理实质内涵，可以从三个层次理解阐述：一是深化社会基层治理层面，避免和减少纠纷的发生，使纠纷止于萌芽；二是减少纠纷进入诉讼案件量的层面，避免已出现的纠纷形成诉讼，促进纠纷向诉讼外其他解决方式有效和畅通分流；三是从诉讼解纷的层面，通过各种诉非衔接的渠道，优质高效化解已经形成诉讼的纠纷。②第三，从基层社会治理现代化的角度出发，提出人民法庭作为基层人民法庭的派出机构与组成部分，由于司法刚性、滞后性的特点，以及法院整合资源能力较于党委、政府相对有限，人民法庭在"诉源治理中应专注于提供平台的参与者角色"③，厘清职能边界，依据自身审判职能从诉前、诉中、诉后三个阶段发挥效用，从而规范纠纷化解过程并为纠纷主体沟通提供制度保障。通说认为，诉源治理，即"诉讼源头的治理"，是为了从源头上减少诉讼增量而采取的诉前化解矛盾纠纷的方法，其目的就是为了减少诉讼性纠纷。诉源治理的意义在于"防之于未萌，治之于未乱"。法院融入诉源治理机制的正当性，体现在为解决人案配比问题寻求破解之道，回应人民群众多元解纷需求的供给侧改革，以及传承和拓展新时代"枫桥经验"。④

总体而言，人民法庭参与诉源治理有以下特点：

---

① 左卫民：《通过诉前调解控制"诉讼爆炸"——区域经验的实证研究》，载《清华法学》2020 年第 4 期，第 105 页。
② 郭彦：《共建共赢 内外并举 全面深入推进诉源治理》，载《人民法院报》2016 年 12 月 28 日第 8 版。
③ 陈文曲、赵哲雅：《诉源治理中人民法院的定位》，载《中南大学学报》2022 年 11 月第 28 卷第 6 期，第 22—23 页。
④ 钱弘道：《诉源治理的基本内涵和数字化进路》，载《人民法院报》2022 年 10 月 27 日 08 版。

第一,诉源治理是基层社会治理现代化的题中之义。基层是一个地域概念,更是一个国家治理层级的概念。基层社会治理是在党的领导下,运用包括政府在内的多种力量,向基层辖区居民提供民生保障、公共服务、利益协调、矛盾纠纷化解、创造平安和谐舒适生活环境的活动。人民法庭参与诉源治理,建立在其审判职能上,协调社会主体利益、化解矛盾纠纷,是基层社会治理的有机组成部分。人民法庭既要与基层党政机关、自治组织联动协作,下沉司法服务,建立多元矛盾纠纷化解机制,也要立足司法审判活动,在法治轨道上参与基层社会治理。尤其是在涉民生案件的司法审判中,对案件背后隐藏的社会风险及时察觉,可以向相关单位组织提出司法建议进行预防。对于基层民众反映强烈、频发的社会问题及时上报,可以避免纠纷激化形成社会矛盾。因而,诉源治理本质上是一种基层治理的方法,主要是以法院诉讼受理为时间节点,对进入法院诉讼程序前的矛盾纠纷通过充分发挥多元纠纷解决机制的作用而进行有效化解。人民法庭通过参与诉源治理,自觉融入基层社会治理现代化进程中,切实发挥了维护社会和谐稳定的作用。

第二,人民法庭参与诉源治理是对"马锡五审判方式"的传承发展。党的群众路线在审判工作中的具体表现,就是"就地审判,不拘形式,深入调查研究,联系群众,解决问题"[①]。人民法庭在诉源治理中坚持对"马锡五审判方式"和人民司法优良传统的继承与发展。譬如,加强与群众的联系,推进法庭平台进入乡村街道、下沉社区村庄、深入社区网格,与基层机关、自治组织广泛对接,依靠群众化解纠纷的力量构建矛盾预防与化解网络;坚持便民、利民,不拘泥于传统坐堂式审理模式,打造线上线下一站式化解纠纷诉讼服务;对于民生案件或者辖区内易发案件,推动巡回法庭进社区、进村

[①] 张希坡:《马锡五与马锡五审判方式》,法律出版社2013年版,第198页。

庄，为群众普法说法，及时高效化解矛盾纠纷。可见，对于"马锡五审判方式"所提倡的群众路线、便民利民的工作方针、不拘形式就地审判的审判方式，人民法庭都对其继承与坚持，并转变为诉源治理中有效化解纠纷、提高诉讼时效的具体措施。

第三，人民法庭参与诉源治理契合新时代"枫桥经验"的精神要义。发源于20世纪60年代浙江诸暨的"枫桥经验"是坚持在党的领导下，发动和依靠群众化解纠纷，及时将矛盾纠纷化解在基层的社会治理方式。随着国家基层社会治理的发展，新时代"枫桥经验"的内涵也不断拓展和丰富。人民法庭参与诉源治理作为基层社会治理的有机组成部分，与新时代"枫桥经验"在实现形式、基本作用、根本价值等方面具有高度相似性。在实现形式上，二者都坚持在党的领导下，发挥人民主体作用，依靠群众化解纠纷。人民法庭参与诉源治理的原则便是坚持在党的全面领导下，拓宽司法层面民众参与纠纷化解的途径，满足人民群众纠纷化解多层次、方式多元化的司法需求。在基本作用上，二者都是促进基层治理，提升共建共治共享水平的重要方式。人民法庭参与诉源治理，是在基层社会治理的系统内，与其他政府主体、社会组织、群众力量等协同合作，对社会矛盾纠纷的各个阶段进行有效治理，推动构建共建共治共享的社会治理格局。二者在根本价值上具有一致性。"'枫桥经验'之所以是社会治理的重要抓手，在于它蕴藏着'平安''和谐'等中华民族优秀传统文化的核心价值。"[1]无论是"枫桥经验"还是人民法庭参与诉源治理，最终都是为了构建和谐社会、建设平安中国。

（二）城区人民法庭参与诉源治理的意义

人民法庭作为中国基层初审法院的派出机构，依据管辖区域性质，主要

---

[1] 张文显：《新时代"枫桥经验"的核心要义》，载《社会治理》2021年第9期，第8页。

划分为乡村法庭、城区法庭、城乡接合部法庭。城区人民法庭由于地处城区或者城市近郊，经济较于乡村、城乡接合部区域更为发达，管辖区域社区多、常住人口多，故其受理案件种类多数量大，有些城区人民法庭管辖范围还涵盖众多中小微企业、上市企业。可以说，现代社会生活发展同法律的"遭遇"在城区人民法庭中体现得淋漓尽致。

1. 推进社会治理，有助于在源头预防化解矛盾纠纷

人民法庭扎根在基层，身处在一线，与群众联系密切。城区法庭因为处于城区，交通便利，相较于其他类型法庭来说，是密切联系群众、化解各类社会纠纷的前沿阵地，在融入基层社会治理、源头预防化解纠纷发挥着重要作用。城区人民法庭从其本职审判功能出发，与社会环境紧密，接触基层纠纷面更为丰富，更有利于察觉尚未形成问题但具有风险的潜在纠纷，也更有利于协同党委政府、社会组织共同开展源头预防与化解工作。同时，不少城区法庭都建成完备的信息化平台，不断深化"互联网+枫桥经验"实践，通过在线方式集约集成基层解纷力量，促进矛盾纠纷在基层得到实质性化解。许多城区法庭邀请本辖区街道党政领导、派出所、司法所、村（社区）等单位负责人、人民调解员、网格员、五老乡贤、村（社区）法律顾问等入驻人民法院调解平台，通过平台逐级分流至基层组织或人员进行化解、调解，并提供法律指导、在线司法确认、在线立案等服务，显示出智慧赋能、共治共享的突出优势。

2. 便利当事人诉讼，有助于提高纠纷化解实效

相较于人民法院本部而言，派出法庭在审理案件方式、程序上更加灵活，无论是家里开庭还是小区开庭等便利的开庭方式，还是从诉前、诉中、诉后三个阶段为当事人引入多元的调解方案与专业司法指导，都能够为当事人提供更加便利的诉讼服务，提升化解纠纷效率。在受理与审理案件的程序

上，人民法庭更具有程序简化的空间。人民法庭可以结合辖区经济社会发展状况，在保障当事人合法权益的前提下，因地制宜进行民事案件繁简分流、开展一站式建设服务，创新送达方式解决送达难等举措，有利于降低当事人诉讼成本，减少当事人为准备与实际参与诉讼的交通、食宿等费用，缩短诉讼周期，节约当事人时间。尤其是对于一些外地当事人以及本地民营企业与中小微企业来说，简易程序、小额速裁程序以及便宜开庭方式都可以缩短诉讼时间，节约诉讼成本，提高纠纷化解实效。

3. 服务社区居民，有助于加强民生司法保障

随着城乡区域协调发展，市区面积实质扩张、区域经济开发、工厂企业聚集等因素影响，城区人民法庭管辖覆盖中乡村的比例逐渐缩小，市区面积不断增大，村民转化为市民，城区人民法庭服务乡村振兴功能弱化，而服务城市居民高品质生活需要功能不断增强。城区人民法庭管辖区域的群众以城市居民为主，其受理案件类型中房屋拆迁纠纷、物业纠纷、家事纠纷、人身损害赔偿纠纷往往具有法律关系复杂、涉及当事人个人感情、关系社会稳定等特质；而金融、建筑、教育、物业、环境、消费、房地产、互联网、交通运办理、医疗卫生等行业领域矛盾纠纷在城市居民群体中也层出不穷。因此，城区人民法庭受理关系民生案件时，可以协调多方纠纷化解主体如行业监管部门、政府相关机构、基层自治组织等，考虑当事人情感，拓宽权利人救济渠道，对纠纷进行妥善化解，更好维护当事人权益，从而真正发挥城区人民法庭引导基层社会法治秩序、引领良好社会道德风尚、提升公共服务质量水平、最大限度将群众纠纷化解在基层等司法审判职能。

4. 优化营商环境，有助于推动地区经济发展

不同于乡村人民法庭、城乡接合部法庭侧重于服务乡村振兴、维护农民合法权益、保护农村生态环境、推动乡村文明进步，城区人民法庭基于城乡

差异,其主要面向社区居民、企业,更侧重于服务社区居民高品质生活需要、优化企业营商环境、推动地区经济社会发展。城区人民法庭诉源治理优化营商环境,推动地区经济发展主要包括下述几个层面:一是延伸法庭审判职能,加强对企业的法治宣传。针对企业涉诉纠纷主要类型,进入企业进行走访交流,开展法律讲座,帮助企业依法合规管理,从源头防范诉讼风险。二是法庭利用简易程序和小额诉讼等速裁机制有效缩短办案周期,缩短审限,减轻企业诉累,减少对企业正常生产经营的影响。三是多元化商事矛盾化解。城区人民法庭通过与地区商会、行业协会、企业单位合作推动企业纠纷多种专业、便利、高效途径化解,减少纠纷对企业正常经营的影响。

(三)城区人民法庭诉源治理创新实践——以未央宫人民法庭为例

未央宫人民法庭隶属陕西省西安市未央区人民法院。作为典型的城区法庭,从其覆盖地域性质而言,未央宫人民法庭位于城区管辖区域,覆盖3个街道办事处,其中社区与行政村比例为35:21,社区个数占总体数量的62.5%,此外还包括多个大型商业网点与高校,交通便利,经济发展状况好;从其服务对象看,辖区人口状况为37.4万人均为城镇人口,区域城镇化率100%,辖区内企业数量众多,涵盖大型国有企业、中小微企业、上市企业;从其受理案件数量与类型看,从2018年到2022年,未央宫人民法庭年均受案量在2469件,受理案件量大,其主要受理类型涵盖民间借贷纠纷、物业服务合同纠纷、房屋租赁合同纠纷、交通事故责任纠纷等与居民生活关联性强的案件;从其法庭基础设施建设而言,信息化设备设施齐全,法庭建设互联网法庭,组建专业工作团队,构建线上纠纷解决机制。未央宫人民法庭立足其城区法庭的区域优势,将城区人民法庭诉源治理工作进一步融入区域基层社会治理中，发挥法庭在多元纠纷解决机制中的引领、推动和保障作用，形成自身地区实际的多元化诉源治理模式的"未央实践"。

1. 提出"1234"枫桥式工作法，推进诉讼源头治理

未央宫人民法庭基于诉源治理工作实践，创新性地将新时代"枫桥经验"的内涵和基本精神与人民法庭诉源治理标准化、规范化建设工作有机融合，以人民为中心，坚持人民主体地位、从群众中来到群众中去的本质，探索出"1234"枫桥式工作法。所谓"1234"枫桥式工作法是指"一条主线、两个抓手、三级解纷、四步审理"。

一是"一条主线"：党建引领，司法为民。未央宫人民法庭在推进诉源治理工作中始终贯穿党建政治引领这条主线，党建统揽全局，始终坚持"党建+"，推进党建与司法审判业务工作深度融合。法庭党支部推进"枫桥式人民法庭"建设，主动打造"法行方远"红色法治品牌；加强法庭司法干警的政治理论学习，打造"阅·未央"图书室、党建活动室，定期开展主题党日活动；重视传承红色基因，组织全庭干警参观鄠邑红军过境纪念馆、开展继承"马锡五审判方式"教育等，引导法庭干警坚定理想信念。

二是"两个抓手"：案件纠纷的分流与整合。"分流"指的是法庭将已经起诉的案件根据案件类型与难易程度进行诉前分流对接至辖区内的调解队伍，如街道社区的调解室、法庭内入驻的调解组织。"整合"指的是社区调解室受理或排查出的矛盾纠纷进行整合依照流程，调解成功的纠纷，为保障调解书执行，当事人可以选择申请法院对调解书进行一站式司法确认或者直接由法院出具调解书，节省当事人诉讼成本。对于调解不成功的纠纷，则立即进行流转立案进入审判程序，避免调解案件久拖不决。

三是"三级解纷"："源头解纷+合力解纷+理论指导"三级多元解纷。依据矛盾纠纷的复杂多变的特点以及群众对多元化解纠纷的需求，未央宫人民

法庭从传统法官的一元司法解纷模式,探索兼顾诉讼解纷和非诉解纷均衡发展的三层多元主体构成的诉前协同解纷模式:第一,未央宫人民法庭将人民法院调解平台深入乡村、社区,法庭联合司法所在四个社区建立"诺千金""睦亲邻""存厚德""和为贵"调解室,在村庄设置"老刘调解室"。调解室由社区书记、楼栋长、社区网格员与法庭指派的固定调解员组成,将纠纷消灭在前端萌芽阶段,降低社会纠纷数量。第二,合力解纷,特邀具有丰富的基层工作经历的街道办优秀党员退休干部、公安退休干部、地方乡贤作为调解员驻庭组成"乡贤调解团"。由法官助理带领特邀调解员对简案进行调解速裁,减轻法庭审理压力,提升审理实效。特邀调解员并不只负责调解工作,还参与送达、督促履行在案件审理全流程发挥作用。第三,理论指导与提升,未央宫人民法庭与西北政法大学合作,深入开展城区法庭矛盾纠纷和解决机制体系化研究。围绕未央宫人民法庭管辖地区多发、易发纠纷诉源治理中的理论和实践问题,开展多层次、多维度研究,并总结未央宫人民法庭矛盾纠纷源头预防和多元化解实践成果进行理论提炼。

四是"四步审理":"实地走一次、当面调一次、情理讲一次、判后访一次"。实践中人民法庭和法院机关法庭对案件受理的不同分工,事实上建构了"人民法庭侧重于化解矛盾""机关法庭侧重于彰显规则"的审判格局。[①]未央宫人民法庭在审判工作中为实现平息纠纷、案结事了,突破传统坐堂式审理案件限制,探索出"实地走一次、当面调一次、情理讲一次、判后访一次"的诉讼案件"四步审理"模式。未央宫人民法庭实行"四步审理"的核心就是继承"马锡五审判方式",通过走近群众、方便百姓、不拘形式、审调结合,最终实现诉讼案件政治效果、法律效果、社会效果有机统一。

[①] 顾培东:《人民法庭地位与功能的重构》,载《法学研究》2014年第1期,第40页。

2. 建设"丝路之翼"互联网法庭：诉源治理与 ODR 机制融合发展

诉源治理与 ODR（Online Dispute Resolution，简称 ODR）线上纠纷解决机制的融合发展是实现法院融入基层治理现代化、实现审判体系审判能力现代化的必由之路。未央宫人民法庭利用 ODR 机制便捷性、高效性等特点，将其与法庭诉源治理工作相结合，加强城区法庭智慧化建设，搭建"丝路之翼"互联网法庭。法官、调解员、当事人通过微信小程序即可实现线上开庭、线上调解、线上证据上传、笔录签署、电子送达等一系列操作，未央宫人民法庭充分利用 ODR 机制，将诉源治理工作可视化。未央宫人民法庭"创新'一案一群一站通'机制，将单一化的线上审理方式与网上立案、在线分流、线上开庭、一站调解与司法确认相衔接，搭建一体法庭智慧型框架；在完善城区法庭指导调解、普法宣传、在线便捷高效解纷等功能的同时，利用信息技术整合解纷资源，让诉源治理成效、纠纷化解流程可视、可感、可知"[①]，搭建便民服务网络，减少当事人诉累。

3. 打造人民司法文化长廊：文化润心与多元矛盾化解融合发展

法律是成文的道德，道德是内心的法律。法安天下，德润人心。国家治理需要法律和道德的协同发力。诉源治理作为国家治理中的组成部分，未央宫人民法庭在法庭内建设人民司法文化长廊，作为法治文化教育的重要载体，发挥司法文化对法庭干警与人民群众双重教育作用，营造良好社会法治导向。一方面，司法文化长廊加强对法庭司法干警的思想建设作用，推动司法干警传承"马锡五审判方式"，贯彻党的群众路线，深入调查研究，依靠群众调查案情解决纠纷，加强与群众的联系，不拘泥于审判方式，坚持便民利民的基本精神。另一方面，纠纷当事人作为纠纷化解的主体对多元化的纠纷

[①] 金明刚、周莹：《深化"枫桥式人民法庭"建设 建设"四维善治"打造城区法庭蝶变的"未央样本"》，载《西安日报》2022 年 11 月 3 日，第 6 版。

矛盾化解方式存续与发展前景起着决定性作用。通过司法文化长廊对当事人进行潜移默化式教育引导，破除纠纷当事人法院终端诉讼化解功能的依赖观念，主动接受选择多元化的纠纷化解方式。

4. 设立营商环境诉源治理工作站：诉源治理助推地区经济发展

法治是最好的营商环境。商事纠纷方面的诉源治理工作不仅有利于构架法治化营商环境、营造公平竞争的市场环境、规范企业经营行为，更是对地区经济长效发展具有重要意义。未央宫人民法庭与商会、企业合作构建"营商环境诉源治理工作站"，特邀26名商事调解员入驻工作站组建商事纠纷专业化调解队伍。商事调解员在商事纠纷诉源治理中主要发挥以下两点作用：其一，高效化解商事纠纷，商事调解员作为商事领域方面专家，发挥其在涉企商事纠纷中熟悉交易习惯、了解交易规则的专业优势，高效便捷实质化解商事纠纷，减少纠纷对企业正常经营的影响。其二，加强普法宣传，引导企业依法合规经营。商事调解员将普法宣传融入调解过程中，将抽象的法律法规引入案例中分析，在调解涉企纠纷的同时增强市场主体的法律意识，防范市场法律风险。

（四）未央宫人民法庭参与诉源治理的特色与贡献

概括而言，未央宫人民法庭参与诉源治理的实践探索呈现出以下特色：

第一，党建引领的制度化。作为基层社会治理中法治的最小"单元格"，作为与群众密切联系、化解纠纷的第一线，未央宫人民法庭始终坚持在党对人民法庭工作的领导下，推动矛盾纠纷源头化解、多元化解。未央宫人民法庭"1234"工作法以党建引领作为诉源治理工作主线，发挥党建统揽全局优势，推进党建与司法审判业务工作深度融合。无论是诉源治理工作的指导思想、工作原则、工作要求、工作目标，还是矛盾源头预防、纠纷化解治理的全过程，未央宫人民法庭始终坚持在诉源治理工作的政治基础上与中央要求保持一致。近年来，未央宫人民法庭全力打造"党建+学习""党建+业务""党建+服务"的融合发展模式，探索出一条以党建为引领的内涵式发展之路。在"党建+学习"中，以"三会一课"、主题党日、青年理论学习小组为抓手，邀请西北政法大学教授开展红色法治培训，筑牢干警忠诚根基；在"党建+业务"中，设置党员示范岗，提高干警防范化解政治风险的能力，以政治智慧促进司法智慧有效提升；在"党建+服务"中，以党建联合的方式，主动前往社区街道、商场机构等开展普法课堂、巡回审判等支部联建活动，将党建"红色引擎"效能转化为司法服务的强大动能。

第二，解纷程序的一体化。未央宫人民法庭以创建"枫桥式人民法庭"为契机，将诉源治理作为主攻点，依托"立审执"一体化建设路径，畅通"诉前联动防讼、诉中联调化讼、诉后联合息讼"工作渠道，打造诉源、执源联动治理融合发力的"双源头治理"机制。在"一室通办"诉讼服务室设置自助立案终端设备，并安排法官助理、特邀调解员轮流值班，采用"接诉即办、一管到底"原则开展诉前调解工作，为周边群众和企业提供"全科门诊式"司法服务。面对群众的诉求，灵活运用"双源头治理"机制中的专家智囊团，发挥商会行业专家外智外脑作用，对案件开展深度调解，将原被告之间基于买卖行为所产生的运输、承揽合同纠纷一揽子化解。将判后促执融入办案工作中，不断加深执源治理理念，创新"一案一群一站通"工作模式，为每起案件单独建立审执衔接的微信群，灵活适用判后答疑、判后回访、判后促执等举措，延伸司法服务，有效实现"纸上权益"的兑现。这就为人民群众提供了全流程的解纷服务，使群众能够更好地感受到司法温度。

第三，参与调解主体的多元化。如果仅依赖过去传统"司法一元"的法官调解，其治理效果只能局限于法院内部诉讼案件量下降，对降低整体社会纠纷数量收效甚微。未央官人民法庭在构建纠纷多元化解体系中注重参与调解主体的多元化。对于社会纠纷层面，未央官人民法庭根据纠纷发展规律，注重社会纠纷的源头化解，利用社区书记、楼栋长、社区网格员、村委会的基层优势组建社会、村庄调解室，对日常尚未激化成纠纷的摩擦或已经形成纠纷还未扩大至诉讼阶段的矛盾及时有效化解。对于专业的金融商事纠纷，法庭则与商会、企业合作组成商事调解员，发挥行业专家在涉企商事纠纷化解中熟悉交易习惯、了解交易规则的专业优势化解社会中企业间的商事纠纷。

第四，解纷方式的便民化。面对目前仍是以法院主导的纠纷矛盾化解方式，当事人诉讼解决纠纷实现权利必然以消耗一定的成本为代价，诉讼程序中显性成本主要包括诉讼费、律师代理费与其他辅助费用，此外时间成本以及诉讼中准备诉状、证据等精力成本也不容忽视。在当事人实现权利解决纠纷的过程中，这些显性、隐性成本的支出无疑为纠纷进一步激化埋下隐患。未央官人民法庭在纠纷化解方式的制度设置上便考虑到当事人纠纷化解的成本，在社区、村庄内设置调解室，实质开展人民调解平台进乡村、进社区、进网格，促进矛盾纠纷就地发现、就地调处、就地化解。当事人解决矛盾纠纷可以选择进入社区调解室由调解员化解，如果调解成功，当事人之间可以签订书面调解协议，为当事人纠纷化解降本增效。

不难发现，未央官人民法庭参与诉源治理，在纠纷化解、源头预防、综合为治等方面积累了大量经验，体现出一些显著的成效。

第一，在基层社会法律治理中建立以人民为中心的协同治理新理念。基层社会法律治理需要高阶价值统领，未央官人民法庭在诉源治理中建立以人民为中心的协同治理理念，包含两个方面：一是基层社会法律治理中从司法为民角度出发，以人民为中心；二是强调在党的领导下，充分尊重人民的主体性和民主自治能力,让人民群众通过各种途径和形式参与社会治理。现实中大部分的纠纷调解工作都是在司法机关、行政机关主导下进行自上而下的调处息争,而人民自下而上参与化解纠纷往往更能有效化解纠纷。基层治理的核心就是人民自治,未央宫人民法庭与司法局、社区基层自治组织进行协同治理合作,在社区、村庄设置调解室,调解室中调解员由社区书记、楼栋长、社区网格员担任,他们身为群众、身处群众、为了群众,将基层社区的活跃分子纳入基层社会法律治理中,借助其强大的联系、动员能力,提供人民参与纠纷预防与化解的途径,也更加印证了人民法庭的根本属性是其人民性。在基层社会法律治理中,法治秩序的建立不能单靠制定若干法律条文和设立若干法庭,重要的是人民怎么去应用这些"设备",更进一步来说社会结构与思想观念上也需要相应改革。故未央宫人民法庭在基层社会法律治理中建立以人民为中心的协同治理理念,该理念指导诉源治理工作中纠纷多元化解,服务基层社会治理,引导社会纠纷良性解决。

第二,推动人民法庭纠纷化解服务基层社会治理。基层社会治理的方向是基层治理的法治化,而基层社会治理法治化本身就是多元主体参与、合作协商以及展现程序和规则的过程。[①]人民法庭的工作职能就是司法审判,按照既有的法律规则、程序对基层社会治理中的纠纷依据纠纷事实进行技术化处理,对一般性的程序与规则进行建立与弘扬,进而对基层社会秩序进行引导性深化。未央宫人民法庭参与基层社会治理途径本质上仍是司法审判职能作为基础,是其审判职能的延伸,在纠纷源头阶段,通过对纠纷源头进行治理,消除社会纠纷潜在风险,有效降低社会层面纠纷产生;诉前阶段,纠纷治理侧重于控制纠纷避免激化;在纠纷进入诉讼阶段后,则是对纠纷高效实

---

① 刘义程:《社会治理创新视角下的城市人民法庭》,载《广西社会科学》,2018年第4期,第121页。

质化解并对群众释法说理，使纠纷不再向社会矛盾演化。未央官人民法庭纠纷化解工作服务基层社会治理，以其多元解纷机制的创新发展为社会治理提供新的内在动力。

第三，为新时代人民法庭发展提供实践样本。2021年最高人民法院发布《关于推动新时代人民法庭工作高质量发展的意见》，对新时代人民法庭工作从7个方面提出要求：积极服务全面推进乡村振兴、积极服务基层社会治理、积极服务人民群众高品质生活需要、不断深化新时代人民法庭人员管理机制改革、提升新时代人民法庭建设保障、建立健全新时代人民法庭工作考核机制、有效加强新时代人民法庭工作的组织领导。在服务基层社会治理中，将诉源治理与社会治理相结合。未央官人民法庭创建"1234"枫桥式法庭工作法，坚持和发展新时代"枫桥经验"，完善正确处理新形势下人民内部矛盾机制，及时把矛盾纠纷化解在基层、化解在萌芽状态。加强人民法庭组织领导，将党建引领作为工作主线，为人民法庭诉源治理提供组织保障。在服务人民群众高品质生活需要方面，法庭继承"马锡五审判方式"，坚持为民、利民、便民的基本精神，在社区村庄基层设置纠纷调解室，将矛盾化解在基层，减轻当事人的诉累。在提升人民法庭建设中，未央官人民法庭也积极探索诉源治理工作与ODR机制融合发展，建设"丝路之翼"互联网法庭。深入贯彻新时代人民法庭建设意见。未央官人民法庭立足其城区法庭优势，积极推进人民法庭诉源治理，探索纠纷多元化解模式，为其他地区新时代人民法庭建设提供生动的实践样本。

综上所述，人民法庭参与诉源治理是新时代人民法庭推进基层治理现代化的重要环节。城区人民法庭通过纠纷预防与多元化解、平衡社会主体利益，为实现居民高品质生活、助力基层社会治理、优化法治化营商环境、推动地区经济高质量发展做出独特贡献。未央官人民法庭作为典型城区法庭，积极落实最高人民法院关于诉源治理的工作要求，搭建纠纷多元预防化解的基层网格，建立具有实效的纠纷预防与化解的工作机制，为人民群众提供高效便捷纠纷化解服务，彰显了中国特色社会主义司法制度的优越性，形成了城区人民法庭推进诉源治理的"未央实践"。总结提炼未央宫人民法庭诉源治理的经验做法，对促进人民法庭参与诉源治理工作、推动人民法庭坚持和发展新时代"枫桥经验"具有积极影响。

四、新时代"枫桥经验"与检察参与市域社会治理

市域社会治理现代化是国家治理现代化题中应有之义。市域社会治理做得怎么样，事关顶层设计落实落地，事关市域社会和谐稳定，事关党和国家长治久安。[1] 党的十九届四中全会通过的《中共中央关于坚持和完善中国特色社会主义制度、推进国家治理体系和治理能力现代化若干重大问题的决定》，明确提出"加快推进市域社会治理现代化"。党的十九届五中全会提出"加强和创新市域社会治理，推进市域社会治理现代化"，凸显了市域社会治理的重要性和紧迫性。党的二十大报告再次提出，"加快推进市域社会治理现代化，提高市域社会治理能力"。目前，市域社会治理在促进国家治理现代化、防范化解矛盾风险中发挥着十分重要的作用。检察机关作为市域社会治理的参与者，应积极贡献检察力量，助力实现市域社会治理现代化。

（一）市域社会治理现代化的科学内涵

在社会治理法治领域，"市域社会治理现代化"是一个新的概念。要深刻

---

[1] 参见陈一新：《推进新时代市域社会治理现代化》，载《人民日报》2018年7月17日，第07版。

理解和把握这一概念的内涵，关键在于对"市域"的理解和把握。具体而言，需要明确以下三点：

1. 设区的市是市域社会治理的主要治理单位

按照中央政府统一领导、地方政府分级管理的原则，我国形成了由上至下的"金字塔式"地方政府层次结构，治理体系的运转主要依靠自上而下的层级"势能"推动。就现阶段中国的地方行政层级设置而言，主要存在两级制、三级制和四级制三种形式。虽然我国的行政区划体系和城市行政等级较为复杂，但从中央政法委关于市域社会治理的谋划布局来看，这里的"市域"应该主要指的是设区的市的行政区域和层级（包括副省级城市、省会城市、计划单列市）。这也是社会治理的现实需求。

当前，新型社会矛盾风险的传导性、流动性不断增强，从酝酿发酵到集中爆发周期不断缩短，牵涉的利益群体、资金往来、具体诉求等各类矛盾要素不断超越传统县域层级能够解决的职权范围。而相对于以县域为重点的传统社会治理体系而言，市域聚集了政治、法律、经济、文化、产业、金融、商贸、人流、物流等各类治理要素，具有完备的党的组织、政府、企业、社区、社会组织等治理主体，同时兼具城市与乡村两个系统，是一个相对完整、开放互动、相互依存、相互制约的社会治理生态系统，具有更大更明显的优势。

特别是推进市域社会治理现代化，既有利于发挥地方立法权优势和资源统筹协调优势，也有利于优化国家治理结构，明晰市一级承上启下的枢纽功能，还有利于强化市一级承接中央、省级治理任务和防范化解重大风险的能力，优化市一级中转统筹指导的功能。

2. 市域社会治理凸显市级层面的"主导者"角色定位

从行政层级关系看，国家和省级层面是政策的研究者和制定者，区县层面是具体的执行者，在职能定位方面十分明确。但市级层面则处于承上启下的特殊位置，既是上级政策的执行者，一定程度上又是它自己的政策制定者。在以"县域"为重点的社会治理体系中，市级层面作为"执行者"的定位容易被放大，而在地方政策研究制定、治理体系创新、力量整合调配等方面的主导性作用则发挥得不够。

"市域社会治理现代化"概念的正式提出，就是要把推进社会治理体系创新的重点从县一级向市一级转移，突出市级层面在地方社会治理过程中作为"主导者"的角色定位，以更好地发挥中央与地方两个积极性，优化市域内事权财权的纵向分配，统筹协调市域政治、经济、法治、编制、规划、财政等治理资源的科学配置。

具体而言，就是要充分发挥市一级党委政府的统筹谋划作用，通过优化市域社会治理组织体系、提升市域社会治理核心能力，形成市—区（县、市）—乡镇（街道）权责明晰、高效联动、上下贯通、运转灵活，党委、政府、社会、公众等多方主体合作共治的社会治理新体系，继而在全市域范围内构建形成共建共治共享的社会治理格局。

3. 市域社会治理强调"以城区为重点"的空间治理取向

改革开放40年来，随着城市化进程的不断加快，新经济新产业快速发展并向城市集聚，形成了以人口由乡村向城镇、由欠发达地区向发达地区迁徙为主的特征鲜明的人口流动大潮。与之相伴而生的现象是城市人口规模的迅速增加，以致中国数千年来以农村人口为主的城乡人口结构发生逆转，这意味着人们的生产方式、职业结构、消费行为、生活方式、价值观念等都将发生极其深刻的变化，城市由此也就容易成为各类矛盾风险的产生地、聚集地、爆发地。

尤其是围绕工业、教育、医疗、民生等产生的一系列治理难题，如环境污染、食品卫生安全风险突出，弱势群体的生存与保障问题凸显，"城市病"问题理不清剪不断，管理体制机制缺陷滋生自然犯罪、超自然犯罪，以及卖淫、嫖娼、赌博等易发高发，城乡接合部管理缺位使得恶势力、黑社会性质组织故态复萌，社会突发事件、群体性事件等在市域范围内持续呈现，等等，这些都对市域社会的安全稳定和人民安居乐业提出严峻挑战。

市域社会治理现代化的提出，就是希望能够将社会治理的工作重点转到城区上来，通过发挥市一级的统筹协调以及资源和技术优势，全面打造城市基层治理社会共同体，提升网格治理的法治化水平，有效地应对和化解城乡区域发展过程中各类新型社会矛盾及风险，从而真正落实以人民为中心的发展思想。

以上可见，市域社会治理现代化就是要按照中央关于社会治理现代化的总体要求，以设区的市为主要治理载体，以重点防范化解市域社会风险为目标，以"政治、法治、德治、自治、智治"为路径，以"构建具有时代特征、中国特色、市域特点的社会治理现代化体系，建设人人有责、人人尽责、人人享有的社会治理共同体"为主要任务，充分发挥市级层面的主导作用，不断促进治理理念现代化、治理体系现代化、治理能力现代化，加快提升社会治理的社会化、法治化、智能化、专业化水平的发展过程。

（二）检察机关参与市域社会治理：一个重要的时代课题

与传统的管理思维和治安综治相比，市域社会治理现代化集中体现出四个维度：第一，治理主体的"多元性"。市域社会治理现代化是市域范围内多元社会主体的合作共治，即在党的领导下，政府、社会组织、公民以及各方的良性互动，为促进社会协调运转的共同治理。第二，治理内容的"全面性"。市域社会治理现代化几乎涵盖地方治理中与党政机关、人民群众工作生活息息相关的各个领域，既涉及市域社会范畴内的党建引领机制的完善，政府依法治理能力的提升与发挥，公众与社会力量的有序参与，也涉及矛盾纠纷的预防调处化解，信访问题的排查处置，还涉及"法安天下，德润人心"的落地，尤其是舆情管控和舆论引导。第三，治理机制的"协调性"。市域社会治理现代化就要把党委领导、政府负责、民主协商、社会协同、公众参与、法治保障、科技支撑的社会治理体系有机结合起来，创建问题联合治理、工作联动、平安社会联合创建的社会治理新机制，打造市域社会"系统化"的治理模式。第四，治理目标的"综合性"。市域社会治理现代化既是以问题为导向的现代化，也是以提升社会治理体系、能力为导向的现代化，这就说明，治理的目标并不局限于排除、预防、化解政治安全风险、社会治安风险、重大矛盾纠纷、公共安全风险、网络安全风险等重大风险，而且要以一系列卓有成效的举措，在推动治理的过程中，稳步实现良法善治，推动社会和谐发展，保障群众生活安定有序。

新时代"枫桥经验"与市域社会治理现代化密切相关。2019年12月3日召开的全国市域社会治理现代化工作会议强调，要推动新时代"枫桥经验"由乡村向城镇社区延伸，确保市域社会治理的强基固本。新时代"枫桥经验"是党领导人民群众创造的一整套行之有效的社会治理方案，被誉为政法综治战线的一面旗帜，也是中国社会治理实践的经典样本。新时代"枫桥经验"尤其重视基层基础建设，这对于市域社会治理的强本固基十分重要。而新时代"枫桥经验"与市域社会治理在诸多方面存在一致性。例如，在治理目标上，二者均注重矛盾预防化解和社会长治久安；在治理主体上，二者均强调党政社群形成社会治理共同体；在治理基础上，二者均重视广大乡村和城市社区的有效治理；在治理资源上，二者均依托法律、文化、科技等相互支撑，等等。尤其值得注意的是，基层安，市域安，天下安。有了广大基层社会矛盾纠纷的预防化解和社会风险的有力防控，无论是更高层级的市域，还是全国范围的治理，才有坚固的根基和有效治理的前提。因此，新时代"枫桥经验"在市域社会治理现代化中，依然发挥着不可替代的作用。

检察机关是坚持发展新时代"枫桥经验"的主体之一，也是推动市域社会治理的重要力量。2021年6月15日发布的《中共中央关于加强新时代检察机关法律监督工作的意见》提出"坚持和发展新时代'枫桥经验'"，"切实加强民生司法保障"。2022年初召开的全国检察长（扩大）会议要求各级检察机关全面推开简易公开听证，通过阳光司法及时就地化解矛盾，将新时代"枫桥经验"落到实处。作为国家法律监督机关，检察机关肩负着维护社会公平正义的重要职责，在坚持发展"枫桥经验"的过程中贡献了大量的检察智慧，形成了通过依法能动履职促进社会治理的优秀传统，创造出新时代"枫桥经验"的"检察实践"经典品牌①。在市域社会治理现代化进程中，检察机关同样发挥着积极作用。检察机关传承借鉴新时代"枫桥经验"，推动检察职能在法治轨道上高效发挥，关系到权利救济、纠纷化解、社会稳定，对市域范围实现高效能治理、经济社会实现高质量发展、人民群众实现高品质生活等有着积极影响。换言之，在新的历史方位下，检察机关如何积极参与社会治理，并以高质量的检察工作推动市域社会治理现代化，解决社会治理中的重大矛盾问题、将风险隐患化解在萌芽状态，是新时代检察机关高质量履职面临的重要课题。

（三）检察机关参与市域社会治理的理论逻辑

与新时代"枫桥经验"是名副其实的多元治理主体有所分工而又齐心合

---

①《新时代"枫桥经验"的检察实践》，载《检察日报》2022年6月24日，第05版。

力的杰作相似，市域社会治理需要多元主体的参与，才能实现良法善治，这就为检察机关通过依法履职助推社会治理现代化提供了用武之地；而检察机关自身的特殊性与治理功能的典型性，也决定了检察机关不仅与市域社会治理存在价值理念方面的耦合，在职能发挥与内涵建设等领域也有着千丝万缕的关联。

1. 检察机关参与市域社会治理与现代治理理念高度契合

党的十八大以来，"治理"取代"管理"成为社会发展领域的主要方式，这一变化不仅仅是术语的简单转换，更多的是深层次的理念变革。现代社会结构的扁平化、利益主体的多元化、利益关系的复杂化，致使传统自上而下的单一管理手段失灵，越来越难以应对无穷多的社会风险，需要更具系统性的治理方式。从理论上来看，社会学领域将系统论作为破解现代社会管理僵局的切入点，将现代社会看作无数个局部组成的整体并以多重要素的协调配合而释放治理效能。卢曼（Luhmann）便认为社会是由不同的功能子系统构成的[1]，需要以系统的方法协调应对；新制度主义进一步指出："我们发现在实际生活的大多数制度形式中，并非是某一单独的制度基础要素在起作用，而是三大基础要素之间的不同组合在起作用。"[2]在这种理念之下"一种多元、多中心、多向度及层次交迭的复杂权力系统样貌就此浮现，并成为治理理论的基本特质"，聚焦于市域社会即呈现出主体多元、内容全面、机制协调和目标综合的治理样态。事实上，这种样态既是一种理性应对，又是治理现代化的现实所需。检察机关是国家的法律监督机关，在国家治理现代化体系中，肩负着保障中国特色社会主义建设顺利进行的光荣使命，通过检察权的行

---

[1] Luhmann Niklas, *A Sociological Theory of Law* 50 (London: Routledge & Kegan Paul Ltd. 1985).
[2] [美]斯科:《制度与组织——思想观念与物质利益》，姚伟译，中国人民大学出版社，2010，第70—71页。

使,对国家安全和社会秩序、个人和组织的合法权益、国家利益和社会公共利益保驾护航,维护国家法制统一、尊严和权威,从而实现社会公平正义。因此,就其职能而言,检察机关无疑是社会治理多元主体中不可或缺的一元;检察机关通过司法办案,依法履行法律监督职能,引导其他国家机关、社会组织和公民个人规范守法,是检察机关推动治理法治化的重要方面,也推动了与人民群众工作生活息息相关的各个领域在法治轨道上有序运转;检察机关通过社会治理类检察建议和诉讼权的行使,与有关单位和部门充分沟通、协调,本身满足了治理机制协调要求;检察机关无论是保障中国特色社会主义建设的顺利进行,还是维护国家安全、社会秩序和公平正义,其核心价值追求都无外乎推动社会和谐发展,保障群众生活安定有序,而这正是市域社会治理的目标所在。

2. 检察机关参与市域社会治理能够推动社会治理效能提升

在全面依法治国的时代背景下,检察机关不断推动体制机制改革创新,逐步发展形成"四大检察""十大业务""五类建议"的法律监督格局,使检察机关在公益诉讼、未成年人保护、打击犯罪以及贯彻宽严相济的刑事司法政策等方面,都直接地作用于和谐社会秩序的构建。特别需要指出的是,2019年通过的《人民检察院检察建议工作规定》将社会治理检察建议与再审检察建议、纠正违法检察建议、公益诉讼检察建议、其他检察建议并列为检察机关行使法律建议权的一种专门建议,凸显检察建议的社会治理职能,有效加强了检察机关参与社会治理的功能和效力。检察机关通过社会治理类检察建议,一方面强化了检察机关的诉源治理职能,即虽然在表面上看,党政机关、社会组织、人民群众等作为治理第一线,检察机关的法律监督作为后置程序处在治理末端,但检察机关"在办理大量案件的过程中,往往能洞察到前端治理的风险隐患,提出完善前端治理的合理意见"[1],检察建议尤其是社会治理类检察建议制度能够将潜在的风险隐患以建议形式前置,从源头遏制矛盾纠纷等社会问题的激化,夯实预防性法律制度,起到源头治理的效果。另一方面,检察机关的检察建议不仅依赖于制度化的法律程序,更需要良好的沟通配合机制,促使政法系统破除体制壁垒,有力推进各治理主体之间的网络畅通、智能融通、数据共享,形成协调共治的格局,进而大幅提高市域社会治理的整体性和系统性,推动市域社会治理效能充分释放。

3. 检察机关参与市域社会治理是完善自身职能的客观需要

司法体制改革的逻辑起点是基于适应社会新矛盾、新问题而创新社会治理的需要。而积极参与社会治理创新,既是检察机关履行自身职责的重要内容,也是检察机关不断完善法律监督职能的客观需求。究其原因,在于国家治理体系和治理能力的现代化建设路径大体上分为两个部分:一是需要以顶层设计的完善产生推动力,二是需要立足于社会现实需要,坚持问题导向,与平安中国建设、法治中国建设的具体实践相结合,促进体制机制创新。相较而言,第二种路径更为基础。检察机关通过对社会治理发展趋势和要求的顺应,发扬历史主动精神,以问题倒逼方式带动检察职能与社会需要相联系,可以助力检察职能完善,推动治理效能发挥。党的十八大以来,《中华人民共和国人民检察院组织法》《人民检察院检察建议工作规定》等一系列制度机制的制定,使检察机关的职能不断向治理功能方向拓展,反映了检察机关职权配置、权力运行方式和群众利益保障机制的深刻变化,体现了对检察机关参与社会治理要求的回应,满足了人民群众对检察工作的新期待。因此,在新的历史条件下,继续深化检察机关对市域社会治理的适度参与,进一步

---

[1] 黄文艺、魏鹏:《国家治理现代化视野下检察建议制度研究》,载《社会科学战线》2020年第11期,第193页。

发挥检察机关在共建共治共享社会治理格局中的作用，应当成为检察机关主动适应现代化建设的出场逻辑，这也是时代加之于检察机关的经典命题。

（四）检察机关参与市域社会治理的实践路径

市域社会治理现代化是一项覆盖面广的系统工程，需要整体推进，而整体治理的"一个严峻的挑战就是在垂直责任、横向责任和回应性之间实现更好的平衡"[1]。作为党和国家工作重要内容之一的检察工作，必须以新形势为出发点，研判市域社会治理现代化的发力点，主动应对社会治理面临的新情况、新问题，开拓思路，创新发展新时代"枫桥经验"，改进完善工作方式，进一步提高社会治理科学化、法治化水平。

1. 聚焦"办案"主业是检察机关参与市域社会治理的首要任务

作为重要的司法机关，检察机关的主责主业是办理案件，实行法律监督。参与市域社会治理，既是检察机关的一项政治责任，也是检察机关依法履职范畴内的必要之举。针对市域社会治理中存在的众多风险、纠纷和各类案件，聚焦"办案"主业，使每一个人民群众在案件办理过程中都感受到公平正义，是检察机关服务市域社会治理现代化最直接最关键最首要的手段。

一是牢固树立"问题导向"，直面市域社会重大问题，突出打击重点犯罪。加强对市域社会治安形势的分析，清醒地认识当前市域社会治理现代化工作面临的新情况，通过强化风险意识，精准研判确定打击犯罪的重点。例如：依法严厉打击危害公共安全的严重刑事犯罪和侵犯民生民利、损害企业合法权益以及为非作恶、称霸一方，欺压、残害群众的黑恶势力犯罪；对于新型网络犯罪、集资诈骗、非法吸收公众存款等涉众型经济犯罪案件，在打

---

[1] Perri, Diana Leat, Kinberly Seltzer, "Gerry Stoker. Governing in the Round—Strategies for HolisticGovernment," *Demos The Mezzanine Elizabeth House* (2001): 24.

击犯罪的同时，也要理性分析，精准施策，结合个案实际，提出加强综合治理的检察建议，切实担负起维护金融安全和社会稳定的职责。

二是全面贯彻宽严相济的刑事司法政策。本着"恢复性"司法理念，坚持把维护社会和谐作为检验检察工作的重要标准，对犯罪情节较轻、犯罪嫌疑人主观恶性不大、社会危害性不大的初犯、偶犯、过失犯罪、未成年人犯罪案件，在取得被害人谅解的前提下，可以考虑通过不捕不诉等方式，化解矛盾纠纷，恢复之前的和谐状态。对于严重扰乱社会秩序、危害公共安全等严重犯罪，依法从重从快办理，切实彰显检察机关的打击权威。积极贯彻落实少捕慎诉慎押刑事司法政策和认罪认罚从宽制度，推动刑事案件繁简分流、节约司法资源、化解社会矛盾，创新推进市域社会治理现代化。

三是不断改进创新检察工作方式方法。牢固树立"理性、平和、文明、规范"司法新理念，严格梳理所办案件，不遗漏任何违法线索，不断提升指控犯罪和纠正违法的能力。在具体工作中，要从所办理的个案出发，深入挖掘背后的原因、特点，从个案研究和类案分析中发现管理和制度漏洞，通过主动向党委政府和相关部门提出检察建议，消除隐患、强化管理，实现"一个建议解决多个漏洞"进而消除社会隐患的目的，真正做到"源头治理"。

2. 注重"监督"主责是检察机关参与市域社会治理的重要保证

检察监督是新时代中国特色法律监督体系的重要制度创新，有利于提升检察机关的法律监督能力，也有利于丰富和完善国家监督体系，提高检察机关在国家治理现代化中的应有地位。实践证明，检察机关监督职能发挥得越好，人民群众的切身利益和社会公益就维护得越好，人民检察事业这项民心工程也就发展得越好。检察机关参与市域社会治理，就是要弘扬优良传统，发挥监督职责，依法推动关乎国计民生的突出问题得到稳妥解决。

随着司法体制改革进入系统性、整体性变革的新阶段，检察机关"四大检察""十大业务"检察工作新格局已基本形成。在检察工作中,做好与民生有关的内容尤其迫切而必要。一方面,持续推进民事行政检察。着重发挥民事行政检察工作职能,紧紧围绕群众关切的利益问题开展工作,将民事行政检察监督的重点放在监督审判权的运行上,提高民事行政检察监督的针对性和精准性;强化对民事诉讼中深层违法问题的法律监督力度,办理一批具有示范指导意义的典型案件,通过案件办理深化民事检察工作质效。同时,加强行政诉讼监督,维护司法公正、促进依法行政。另一方面,因地制宜、因时制宜提起公益诉讼。随着社会经济与法治环境的不断发展以及公众权利保护意识的持续加强,公益诉讼逐渐成为社会热点问题,检察机关作为维护社会公共利益的代表,承担着对生态环境和资源保护、食品药品安全、国有财产保护、国有土地使用权出让、英烈保护等领域行使公共利益维护的职责。深化公益诉讼能力成为检察职能发展的必然趋势。除了法定领域的工作开展,可以继续挖掘生态环境和资源保护、食品药品安全、国有土地出让和群众反映强烈的其他领域公益诉讼案件线索,推动公益诉讼全面深入开展。

值得注意的是,新的历史时期,以科技化、信息化检察技术引领检察工作现代化是必然趋势。这就说明,既要清晰地认识到,信息时代是一个充满变数的时代,只有通过不断解放和充分发挥创造力,迎接未来挑战,才能"以不变应万变";也要清醒地看到,"实施科技强检、打造智慧检务",不仅是检察机关履行法律监督职责的有效途径,也是推动检察工作创新发展,维护社会公平正义的应有之义。[1]检察机关主动参与市域社会治理,积极发挥监督职能,实现惩罚犯罪与保障人权相结合的司法目标,必须通过收集、整理和编辑大量信息,使之最后成为真实有序的数据,实现有针对性的监督。而

---

[1] 张雪樵:《以科技强检创新实践,开启智慧检务新篇章》,载《检察日报》2020年8月1日,第03版。

在司法实务中，检察机关搜集数据渠道不畅范围受限；而在数据分析方面，过滤区分难度偏大，从而导致信息供给不足。因此，有必要发挥部门合力，共同搭建统一的共享数据平台，将执法信息录入和数据研判分析等功能融为一体，对大数据进行收集、过滤、分享、研判、分析，实现各部门信息获取等量等质，有效打破检察机关参与社会治理获取信息的有限性和封闭性，实现"人力"与"科技"的有机融合，进而全面提升检察机关依法履行监督职权及参与市域社会治理的能力和水平。

3. 凸显"服务"主题是检察机关参与市域社会治理的必要举措

检察机关依法办理案件，不仅是实现社会公平正义的需要，也是体现人民司法事业为民、便民、利民价值的需要。这也是中国特色社会主义检察事业不同于其他国家检察工作的制度优势所在。提升"服务"质效，是检察机关始终不渝的事业追求。在以最广大人民群众为服务对象的检察工作中，既要坚持以人民为中心的发展思想，贯彻党的群众路线，传承"从群众中来，到群众中去"的工作作风，维护好绝大多数群众的合法权益；也要注意关注弱势群体的权益保护，使"法安天下，德润人心"体现在检察工作的每一个细节，让法治具有温度和温情。

一方面，要以确保特殊人群受益为社会治理创新的突破口。例如，做好社区矫正对象和刑满释放人员等特殊人群的工作是市域社会治理现代化的重点和难点。对这些人的管理，措施、手段与方法要更严格、更规范。因此，检察机关要充分发挥管理和服务的双重功能，在依法加强对社区矫正活动等刑事执行监督的同时，要加大对上述对象的帮教考察力度，帮助上述人员步入正常的生活轨道。唯其如此，才能始终坚守以人为本的初心，推动检察工作提质增效的现实需求与实现"标本兼治"、确保一方安宁的长远利益有机统一。

另一方面，应关注并加强对未成年人的教育挽救工作。未成年人被誉为祖国的花朵，是全面依法治国事业的后备力量。但随着未成年人心智成熟越来越早，未成年人对社会的感触和认识也不断复杂化，受到不良风气的影响，一些未成年人之间的欺凌事件时有发生。法律的目的既包括打击犯罪，也包括教育民众，"治病救人"。对于误入歧途以致发生治安刑事案件的未成年人，尤其应做好教育工作。这就要求，检察机关持续创新未成年人维权工作机制，切实做好对未成年人的教育保护工作。既要积极做好减少和预防未成年人违法犯罪工作，督促协调有关职能单位，加大校园安全环境整治力度，为学生身心健康成长提供安全有序的氛围；也要强化对违法犯罪学生的挽救帮教力度，针对个案开展法治教育和心理疏导工作，杜绝重新犯罪的发生。特别是发挥好"检察建议"的作用，聚焦民众广泛关注的网络空间、网吧、娱乐场所、宾馆及其他场所安全、违规容留未成年人出入等焦点问题，督促责任部门加大整治力度，达到"办理一案，治理一片"的效果。

4. 把握"平安"主调是检察机关参与市域社会治理的核心目标

平安是市域社会治理现代化的价值追求，也是新时代"枫桥经验"长期以来孜孜以求的治理效果。检察机关执法律利器，是维护国家安全、社会安定、人民安宁的主体力量。对百姓而言，案结事了，诉愿得偿，生活恢复平稳安康、和谐有序，是数千年积淀下来的民族心理；对检察机关而言，秉公任事，依法办案，推动形成正气清风、良法善治，是社会主义检察事业的应尽之责。因而，把握"平安"主调，参与社会治理，可以有力推动群众诉求和检察机关工作要求的耦合。

一方面，强化检察环节中的风险评估，加强检察机关内部治理。一是全面审查适时提前介入。案件承办人对所办理的批捕案件要进行全面审查，分析可能引发矛盾的各个环节和各种因素，从而确定风险等级，然后依风险预警操作流程谨慎处理。尤其是对重大复杂敏感类案件,要做到主动出击、适时提前介入,准确掌握案件当事人的意见诉求、掌握案件的矛盾所在并制订工作预案,同时引导公安机关先行调解,维护社会稳定。二是健全机制实行内部联动。强化检察机关内设各部门彼此间的信息联动与工作协调,共同健全及时机动的风险评估预警机制,共同尽一切可能将风险遏制在萌芽阶段,消除风险隐患。三是做好回访及时跟踪问效。针对案件风险可能反复出现的情况,检察机关承办人要发挥主观能动性,随时与侦查机关保持沟通,第一时间了解案件当事人的情绪状态,对可能激化新矛盾进而闹访、缠访的案件,及时采取有效措施释法说理稳定当事人情绪;对已经产生的涉检矛盾纠纷全力进行化解,对重信重访和信访积案加大化解力度,确保矛盾对立情绪逐渐平稳直到化解消除。

另一方面,创新构建多元化矛盾化解机制,提升检察机关参与治理水平。2021年2月,中央全面深化改革委员会第十八次会议审议通过的《关于加强诉源治理推动矛盾纠纷源头化解的意见》强调,"法治建设既要抓末端、治已病,更要抓前端、治未病。要坚持和发展新时代'枫桥经验',把非诉讼纠纷解决机制挺在前面,推动更多法治力量向引导和疏导端用力,加强矛盾纠纷源头预防、前端化解、关口把控,完善预防性法律制度,从源头上减少诉讼增量"①。检察机关构建多元化矛盾纠纷化解机制,除了传统规定举措外,还可以夯实、用好基层检察室的作用,优化基于检察室构建的内外协作配合机制,主动融入基层社会治理格局,使检察资源与其他社会治理资源一道,成为推进社会治理、预防化解矛盾纠纷的一线力量。此外,强化检察环节中的释法说理工作,推动多元化矛盾化解机制释放治理效能。要把办案风

---

① 《习近平主持召开中央全面深化改革委员会第十八次会议强调 完整准确全面贯彻新发展理念 发挥改革在构建新发展格局中关键作用》,载《人民日报》2021年2月20日,01版。

险评估预警工作与释法说理、教育引导、情绪疏导和矛盾化解等工作有机结合并融入日常执法办案当中，从而提高办案质量，缓解信访压力。尤其应重视提高申诉案件回复和答复质量，对其中涉及疑难复杂、矛盾冲突较大的案件，加强释法说理，把法、理、情说透。①在对嫌疑人做出不捕、不诉、不予立案等决定时，以书面形式向有关当事人、涉案单位释法明理，从源头上减少缠访、闹访和涉检信访等问题的发生。

总之，新时代"枫桥经验"历久弥新的关键在于其能够始终保持对基层首创精神的尊重和与时俱进地适应时代的发展、满足社会的需求。坚持发展新时代"枫桥经验"，并不局限于机械式地照搬照抄工作方法或形式要素，而在于领悟新时代"枫桥经验"背后呈现的系统治理、综合治理、依法治理、源头治理的科学理念，实事求是地结合具体情况，进行大胆的探索和创新，这样才真正符合具有"中国式法治现代化新道路"②的发展规律。检察工作是我国法治建设的四梁八柱之一，在不同的历史时期展现出不同的使命担当。现阶段，检察机关坚持以党和国家大局为立足点分析问题、解决问题，坚持在国家治理体系与治理能力提升进程中依法履职，坚持在党的领导下充分发挥检察职能推动市域社会治理现代化，体现出检察工作的责任感和使命感。无论是聚焦"办案"主业、注重"监督"主责、凸显"服务"主题，还是把握"平安"主调，都是检察机关从实际出发，主动融入时代需要所应尽的职责，这也构成检察机关参与市域社会治理的基本路径。

---

① 葛冰：《以检察职能作用服务 推进市域社会治理现代化》，载《检察日报》2020年4月13日，第03版。
② 张文显：《论中国式法治现代化新道路》，载《中国法学》2022年第1期，第5页。

第四章
创新新时代"枫桥经验",推进平安中国基层基础建设

一、新时代"枫桥经验"与社会治安综合治理中心建设

(一)成立社会治安综合治理中心的重要意义

《中国共产党政法工作条例》第11条规定:省、市、县、乡镇(街道)社会治安综合治理中心是整合社会治理资源、创新社会治理方式的重要工作平台,由同级党委政法委员会和乡镇(街道)政法委员负责工作统筹、政策指导。在社会治理现代化进程中,社会治安综合治理中心(以下简称"综治中心")具有不容小觑的作用:

第一,有助于构建多元化矛盾纠纷化解平台。所谓多元化,是相对于单一性而言,它的意义在于避免把矛盾纠纷的解决方式完全依赖于某一种程序或方式,比如社会生活中的矛盾单纯依靠法院的诉讼来解决。①发展和完善多元化纠纷解决机制,可以保障法治的循序渐进以及法治现代化的实现,通过

---

① 范愉:《以多元化纠纷解决机制 保证社会的可持续发展》,载《法律适用》2005年第2期,第2—8页。

化解基层社会矛盾纠纷达到源头治理的效果，进而节约司法资源，减轻法院的工作压力。同时，该机制满足了不同权利救济的需要，为当事人提供了实现正义、获得救济的多元途径和渠道，促进了法治与社会的协调发展。①为了克服现阶段多元化纠纷解决机制存在的缺乏体系化的困境和弊端，各地纷纷探索在整体性治理的视域下构建多元纠纷化解一体化平台。②该平台是实现多元化纠纷解决机制相互衔接、有机配合的重大创新，它符合我国社会治理的宏观逻辑以及微观支撑与保障机制。③对于现代社会治理中日益复杂多样的社会矛盾，需要这种一站式平台来重新进行多元解纷资源的整合聚集，从而达到集约化解纷的效果。④综治中心在党委的领导和政府的主导下进行综治工作，保证了决策的科学性和合理性，其作为社会治安综合治理的一体化平台，可发挥对多元化解纷资源的统筹协调作用，充分调动机关、事业团体、企业组织和群众等多元主体参与社会治理，能够达到共建、共治、共享的理想治理效果。因此，综治中心是新形势下创新社会治理的有效载体，充分发挥了矛盾纠纷化解的前端治理和源头治理的作用。

第二，有利于推动基层社会治理现代化。基层社会治理是社会治理工作中最基础和最关键的部分。推进基层社会治理现代化，要坚持在党的领导下，实现政府治理和社会调节、居民自治良性互动，企业组织积极参与，全面提升基层社会治理的现代化、法治化、科学化和协同化的水平，从而促进基层社会治理体系和治理能力现代化。⑤综治中心的实体化运行促进了社会

---

① 范愉：《多元化纠纷解决机制与和谐社会的构建》，经济科学出版社，2011，第42—44页。
② 胡仕浩：《多元化纠纷解决机制的"中国方案"》，载《中国应用法学》2017年第3期，第36—47页。
③ 张西恒：《走出碎片化：多元化化解纠纷一体化平台的建构》，载《甘肃社会科学》2021年第6期，第163—170页。
④ 温丙存：《我国基层纠纷治理的制度转型与创新发展——基于2019年—2020年全国创新社会治理典型案例分析》，载《求实》2021年第4期，第53—63页。
⑤ 汪世荣：《提升基层社会治理能力的"枫桥经验"实证研究》，载《法律适用》2018年第17期，第11—20页。

治理过程中治理政策和方针的落地实行。综治中心助推基层社会治理现代化主要体现为：在主体要素上，综治中心的实体化、法治化运行是在党委领导和政府主导下进行的，在很大程度上保证了综治工作决策的科学性和执行的有力性，同时，鼓励群众和社会组织共同参与，充分发挥多元主体的资源力量，使得综治工作的推进具备综合性和协同性优势，从而达到共建、共治、共享的理想治理格局；在手段要素上，综治中心的综治工作手段和工作方式具有多样性，充分利用人防、物防、技防等手段发挥立体化、全方位的治安体系作用，尤其是综治中心的信息化、智慧化设施平台为综治工作赋能，在很大程度上提升了治理的效能水平。可以说，社会治安综合治理是基层社会治理的重要组成部分，综治中心建设及实体化运行，充分发挥其矛盾纠纷化解的作用，将社会治理的触角延伸到村（社区）、楼栋和单元，其网格化治理模式不仅有利于将矛盾纠纷化解在基层，其治理方式也由原来的单一模式的政府管理转变为现在的多元化主体共同参与，这体现了社会治理体系和治理能力的进步。

第三，有助于贯彻执行《中国共产党政法工作条例》。《中国共产党政法工作条例》是指导全国各级政法机关进行政法工作改革的指导性政策文件，同时也是我国政法改革的产物。建设综治中心，是《中国共产党政法工作条例》所规定的重要任务。综治中心建设的目标和要求就是将其打造成为整合多元解纷资源、提升复杂社会条件下综治实战能力的有效平台和重要载体。具体来看，各级综治中心是在党委政法委的领导下进行，把党的方针政策贯穿于综治工作的各方面和全过程，确保了综治工作的决策科学性和合理性，同时也保证了综治中心运行方向的正确性，这体现了综治中心始终坚持党对政法工作绝对领导的原则。综治中心开展综治工作，强调多元主体共同参与，特别是在基层治理工作中，综治中心的立体网格体系发挥了重大作用，网格员将社会治理的触角进行了延伸，打通了基层社会治理的最后一米，这些工作体现了综治中心"专群结合"的工作方法，维护了广大人民的安全利益，贯彻落实了条例中要求的要坚持以人民为中心的原则。国家安全事关人民生命财产安全，事关党和国家执政兴国和政权稳定，综治中心作为基层社会治安综合治理的重要平台，对于国家主权、安全和利益具有重要意义，综治中心的工作是充分利用人防、物防和技防的优势，及时发现基层社会的矛盾纠纷和安全隐患，将矛盾纠纷和安全隐患消灭在萌芽阶段，很大程度上避免了矛盾纠纷演变成恶性案件悲剧的发生，起到了源头治理的作用，践行了维护国家总体安全的使命。

第四，有助于坚持和发展新时代"枫桥经验"。"枫桥经验"被誉为基层社会治理的"东方典范"，它从"处理阶级矛盾"的社会主义教育运动经验，发展到"强化社会管理"的社会治安综合治理经验，再到"推进社会治理"的新时代伟大实践，实现了跨越与创新。[①]新时代"枫桥经验"对于综治中心的建设与实体化运行也起着示范与指导作用。首先，新时代"枫桥经验"强调矛盾纠纷预防化解的工作机制，为综治中心发挥矛盾纠纷化解的作用提供了经验依据。其次，新时代"枫桥经验"强调多元主体共同参与，群防群治和专群结合，"一站化"解决矛盾纠纷，为综治中心建设提供了方法论指导。再次，新时代"枫桥经验"为了适应互联网背景下群众对高效化、便捷化的需求，紧跟时代步伐，开发线上平台并打造"网上枫桥经验"，通过大数据手段将前端感知、收集到的信息进行整合分析，联合职能部门开展专项行动，从源头进行矛盾治理。这就为综治中心的信息化建设提供了重要参考。最后，新时代"枫桥经验"强调以法治思维和法治方式解决问题，要求广大干

---

① 赵秋雁、贾琛：《新时代"枫桥经验"的法治价值及其创新发展路径研究》，载《北京师范大学学报》2022第3期，第113—119页。

部和其他社会治理力量坚守法治立场，树立法治思维底线，在法治的原则上进行矛盾纠纷化解和安全隐患排查。这就为综治中心依法进行社会治安综合治理提供了有益借鉴。

（二）综治中心实体化运行现状及成效——以铜川市印台区为例

印台区隶属于陕西省铜川市，关中平原与陕北黄土高原过渡带，境内曾有九矿一厂，曾是省属铜川矿务局煤炭主产区。随着煤炭资源枯竭和煤矿关停，印台区面临产业结构单一等资源转型城市通常固有的社会问题，再加上农业人口多、农村山区环境复杂、就业困难等问题，造成新旧矛盾交织、基层治理复杂性和艰巨性凸显。为深入推进基层社会治理现代化，2019年1月，印台区综治中心挂牌成立，同年完成区镇村三级综治中心的规范化建设任务，并投入实体化运行。印台区综治中心在全面落实《社会治安综合治理中心建设与管理规范》的规定下，其综治工作取得了很大的成效。

第一，综治中心的组织架构建设基本完成。印台区对区、镇（街道）和村（社区）按照不同功能定位进行了标准化建设，三级综治中心均配备公共安全视频监控联网、综治视联网、"雪亮工程"系统，达到信息化建设全覆盖。在区级综治中心，安排独立办公大楼，按照一个综合协调办公室的"一办"，人民群众来访接待大厅、公共法律政策服务大厅的"两厅"，多元化解工作部、网格化工作部、信息化工作部的"三部"统一建设。区信访联合接待中心全体入驻，司法行政系统派员入驻并设置律师调解工作室窗口，法院派员入驻并设置诉调解纷工作室窗口，另外单独设立视频指挥室、分析研判室、数据分析室、矛盾纠纷调解室等必要办公窗口和办公场所。镇（街道）综治中心根据实际在镇（街道）集中办公区域或就近独立设立，按照设置维稳办、信访接待大厅、信息化网格化平台的"一办一厅一平台"标准建设，设立人民群众来信来访、法律政策服务办事窗口，实行"一站式服务、一厅式办公"。村（社区）综治中心利用村（社区）两委场所和村（社区）便民服务平台办公，按照群众接待室、心理咨询室、矛盾纠纷调处室和公共服务窗口的"四室一窗口"标准建设，在群众接待室设立视频接访系统，综治中心主任由村（社区）支部书记兼任，驻村（社区）民警、网格员、社会工作者从事综治工作。目前，区镇（街道）村（社区）三级综治中心在机构建设上达到了办公有场所、机构有牌子、人员有编制、运行实体化的基本要求。

第二，综治中心三级联动已经实现。印台区三级综治中心在功能和职责方面都发挥着不同作用，既分工有别又相互形成联动。村（社区）综治中心作为社会治安综合治理的桥头堡，在村（社区）党组织引领下，在镇（街道）综治中心指导下，依靠社区干部、网格员、志愿者、楼栋长等力量，充分发挥社会治安联防、矛盾纠纷调解、法规政策宣传和社情民意收集等作用，对于矛盾纠纷和安全隐患能够及时化解消除的，相关人员及时进行处置，对于村级综治人员无法解决的及时上报镇（街道）综治中心，做到"办小事，报大事"。镇（街道）综治中心则处于社会治理和平安保障的关键中心环节，负责对接村（社区）综治中心和区级综治中心，对于村（社区）综治中心上报的问题进行协调联办和联合处置，做到镇办吹哨，部门报道，其负责综治工作"办实事，报难事"。同时，镇（街道）综治中心负责对村（社区）综治中心的监督和指导。区综治中心作为三级综治中心的神经中枢，发挥着综合协调指挥功能，对镇（街道）综治工作进行监督、指导和协调，对于镇（街道）无法解决而上报的问题，区综治中心负责将其分流至公安、检察、法院等不同业务部门单位进行专门处理。村（社区）镇（街道）区三级综治中心功能作用纵向递进、上下贯通，形成了立体联动的综治体系，对于矛盾纠纷和安全隐患做到"小事不出村（社区）、大事不出镇（街道）、矛盾不上交"。

第三，多部门协同发挥综合效能。建设综治中心就是着力破解社会治理难题，整合社会资源，创新治理形式，在综治中心搭建的平台上实现各部门协同治理，达到"1+1>2"的治理效果。印台区综治中心入驻各部门单位对矛盾纠纷化解实行一站式服务和一体化解决，在综治中心的公共法律服务大厅设置了诉调解纷工作室。由工作人员坐班值守，对于群众的一些小型矛盾纠纷进行调处化解，减少了群众因为一些小矛盾引发的诉讼案件数量，在节约司法资源的同时也达到了诉源治理的效果。同时，综治中心对于收集到的矛盾纠纷信息和隐患险情，通过及时通报公、检、法、司等部门并与这些部门共同研讨、精准预测，能够在最大程度上避免矛盾纠纷转化为重大恶性案件，达到"防治结合、预防为主"的治理目的。印台区综治中心采用"集中办公+信息化联动"等形式整合相关单位力量，有效统筹县域社会治理工作，突出对相关部门和基层"分流安排、协调作战"的功能，推动辖区内各部门社会治安与和谐稳定的协同作战、共建共治，提高社会治安综合治理工作的效能。

第四，"数智"平台为综治工作提效赋能。综治中心指挥中枢功能的发挥正是依靠信息化、智慧化系统的平台支撑。为了更加方便综治工作的开展，印台区综治中心委托信息科技公司开发出掌上数字治理平台"印台平安通"，该平台通过微信小程序进行操作并主要用于印台区立体网格治理工作。平安通在群众端口设置群众议事、微治积分、消息广播、诉求反映、法律服务、小成说事、风险直报等多个模块。消息广播，主要是宣传党和政府的政策方针，发布灾情状况等重要通知；诉求反映，主要是群众可以通过平安通反映生产生活中遇到的困难，通过联动处置解决群众的"急难愁盼"问题；法律服务，共有两个模块，分别为"法律宣传"和"法律咨询"，"法律宣传"模块主要将《民法典》《信访工作条例》等法律法规列入其中以供查阅，起到对群众普法宣传作用，"法律咨询"模块将全区部分优秀律师、检察官等列入系统，群众可以向"三官一律"进行线上法律咨询；群众议事，主要是民意调查、协商共建和网格公告功能；微治积分，主要是网格员平安积分和群众反映积分，网格员签到、发现、上报、处置风险隐患等履职情况系统会自动对其积分，群众发现隐患上报也会自动积分，这些积分在年终工作总结时作为奖励依据；小成说事，主要是各镇（街道）将调解员信息录入系统供群众选择，群众有矛盾纠纷需要调解时可以对调解员进行预约；风险直报，即群众和网格员发现安全隐患可以直接在平安通进行上报。网格员通过平安通数字平台及时发现并妥善解决矛盾纠纷和安全隐患问题，对于网格员不能解决的问题可通过快捷上报得到高效妥善处置。平安通数字化治理平台充分发挥了科技的智慧化和信息化优势，不断助推综治工作提效增质。

第五，立体化网格助力源头治理。党的二十大报告指出，要完善网格化管理、精细化服务、信息化支撑的基层治理平台，要把矛盾纠纷化解在基层、化解在萌芽状态。印台区按照要求构建起区、镇（街道）、村（社区）三级立体网格联通体系，将治理的触角延伸到每个社区、楼栋、家庭，确保网格化治理打通最后一米。为使网格工作更加高效，印台区创新工作方法，制定了具有其特色的"531"立体网格治理机制，即聚焦五项平安联创职能、构建三级网络联通体系、打造一体指挥联动平台，推动资源、管理和服务下沉，将社会治安联防、矛盾纠纷联调、风险隐患联控、重点人员联管、便民服务联动作为网格治理工作目标，依托区镇村联动平台、网格员和群众平安通进行区级行业网格、镇级属地网格、村级基础网格的立体治理，实现三级网格体系上下联动。此外，三里洞街道芳草社区还创造出"党建引领、多方参与、平战结合、共治共享"的"1251"网格工作法，该工作方法后来在全区的社区层面推广应用。"1"即党群服务驿站,该驿站充分发挥党建引领作用;"2"即工作调度会和议事协调会,网格工作人员依托这两项会议制度进行工作交流和协商议事,充分发挥了居民的自治功能;"5"即敲门问需队、便民服务队、平安守护队、睦邻调解队、爱心关怀队,网格员组成的五支队伍对居民的矛盾纠纷进行化解,对群众困难进行主动发现并及时帮助;"1"即平安通数字平台,网格员以平安通为辅助手段便于网格工作更加高效的开展。通过这些工作方法,不仅在源头上化解了矛盾纠纷和安全隐患,而且在很大程度上提高了为群众服务的精细化水平,促进了基层社会治理人性化、现代化。立体网格工作的价值体现为重视源头治理,实现了矛盾纠纷在一线化解、风险隐患在一线消除、温暖服务在一线体现的治理效果。

经过探索,印台区综治中心实体化运行成效明显。

一是形成了一套高效的工作运行机制。首先,不断健全完善统筹协调机制,紧跟党委领导和政府主导,在党委政法委的统筹指导下进一步明确各有关部门的职责任务,与各派驻单位密切配合,发挥综治中心的领导、指挥和调度作用,确保综治工作形成合力。其次,完善议事协商机制,镇(街道)级以上综治中心通过建立调度会和联席会议制度总结工作进展、分析研判形势、协调重大矛盾纠纷和安全隐患,共同进行平安建设,确保形成良好的治安环境与和谐的社会环境。再次,完善首问负责制,各级综治中心的工作人员、值班人员为首问责任人,确保责任人对工作办理情况全程跟踪督办,直至相关事项办理完结并及时反馈给当事人。复次,完善矛盾风险收集、研判、报告、预警和处置机制,突出"防治结合,预防为主",依托网格员处于基层治理一线的优势,通过数字化平台赋能,及时将辖区内社会治安和稳定形势情况进行收集并分析研判,实现第一时间预测预警预防并报告情况、妥善解决,防止矛盾纠纷发酵演化成为重大突发事件。最后,完善督导检查和考核奖惩机制，为充分调动工作人员的工作积极性，定期组织对下一级综治中心建设及运行情况督导考评，参与辖区内平安建设督导检查，实行考勤、考核、奖惩和台账规章制度，从而确保综治工作落到实处。这些高效工作机制是经过不断摸索而逐渐完善的，对综治中心实体化运行起到了机制保障作用，是社会治理工作方法的创新，为综治中心高质量发展奠定了基础。

二是构建了自治、法治、德治"三治融合"治理体系。创新社会矛盾化解机制是实现国家治理能力现代化的重要环节，自治、法治、德治"三治融合"是推进基层社会治理现代化的必然要求。[①]在自治方面，印台区充分发挥基层各类自治组织作用，例如，三里洞街道芳草社区综治中心成立了群议坊，对于社区需要协商的大事小情，居民来到群议坊进行商量议事，充分发挥了群策群力的作用。在法治方面，印台区高度重视综治工作与普法、法律咨询工作相结合，同时，定期开展工作人员法律培训，鼓励、督促工作人员用法治思维和法治方式开展工作，不断提升法治能力和水平，充分维护群众合法权益。印台区红土镇综治中心成立了"小成说事室"。王小成作为专职调解员，具有丰富的调解经验，他发挥人熟、地熟、事熟优势，结合情理法，调纠纷、化矛盾，在群众当中赢得了良好口碑。小成说事室成立以来，成功调解矛盾纠纷160起，其中婚姻家庭矛盾16起，邻里纠纷43起，合同纠纷15起，损害赔偿纠纷23起，征地拆迁纠纷32起，劳动争议纠纷19起，其他纠纷12起。[②]在德治方面，综治中心积极传承中华优秀传统文化，弘扬了社会主义核心价值观，追求基层善治。周陵村综治中心成立乡风促进会，将村里的乡贤能人、退休老干部、道德模范组织起来，引导村民积极参加公益活

[①] 桂晓伟：《以"三治融合"重塑基层治权》，载《武汉大学学报（哲学社会科学版）》2023年第1期，第175—184页。
[②]《"小成说事室"用真情解开群众心结》，铜川市印台区人民政府，http://www.yintai.gov.cn/news.show.rt?contentld=621940&channlld=5754。

动、做好人好事，评选村里好媳妇、好婆婆、好邻居，树立道德模范典型，使得村民争相当文明村民、争做公益之事，形成了文明和谐的乡村风尚。可见，综治实体化运行过程中形成的自治、法治、德治"三治融合"治理体系，使得综治工作以法服人、以情动人、以德育人、以诚待人，达到了源头治理、预防先行、平安和谐、德润民心的社会治理效果。

三是形成了共建、共治、共享的综合治理格局。印台区综治中心在实体化运行过程中实行多元主体共同投身平安建设，各种社会组织共同发挥治理作用，强调共治与法治相结合，始终坚持综治工作在法治的轨道上运行。综治中心在党委政法委的领导下开展综治工作，与公安、法院、检察院、司法行政、消防等部门协同作战，同时依托网格员的下沉作用，充分鼓励群众、企业以及其他社会组织共同参与综合治理，充分调动了群众的主体意识并使其积极参与社会治理，也充分发挥了企业这个重要的市场经济组织，为综治中心的智慧化、信息化提供科技支撑。物业和家政等社会组织在社会治理过程中也起到非常重要的作用，为综治中心进行购买服务提供优质的服务和产品供给。通过多元主体对平安建设的共建、共治，形成了良好的社会治安环境和营商环境，自印台区综治中心成立以来，平安建设群众满意度实现连年上升，由2018年的94.56%上升到2022年的99.61%，印台区平安建设也连续五年被授予全省"平安区"荣誉称号，这种平安建设成果也由多元主体所共享，共建、共治与共享形成相互联系的良性循环，最终形成良好的综合治理格局，实现印台区平安稳定、和谐幸福。

（三）完善综治中心实体化运行的路径探索

1. 以加强党的领导为保证

党领导基层社会治理是由党的社会革命历史使命决定的，是当代中国基层社会治理的现代化的根本特征。①加强党对社会治安综合治理工作的领导，是深入推进平安建设、维护良好社会治安的必然要求。综治中心的建设与实体化运行要始终坚持党的领导，把党的领导充分贯彻落实到综治工作的各方面和全过程，推动党的基层组织进入立体化网格，促进党建网格与平安网格实现融合，大力发挥基层党组织的政治优势和联系群众优势，特别是发挥村（社区）的党组织作用，使其成为矛盾化解、凝心聚力、维护稳定、服务群众的战斗堡垒和综治阵地。各级党委、政府要加强对综治中心的指导，将其作为维护社会治安的重要平台和推进平安建设的重要力量，健全完善各项工作制度和体制机制，组织协调多方力量和部门积极参与，政法委书记要定期对各级综治中心建设与实体化运行情况进行视察考核，领导干部要对综治中心的工作情况持续跟进。要形成定期工作汇报制度，各级综治中心要定期向党委领导进行汇报，使党委领导对综治中心的情况如人员编制、项目经费等具体困难进行解决。除此之外，要把综治中心的运行任务纳入政法委综治平安建设的考核中，建立并完善综治中心建设与运行的责任主体制度和协同推进制度。

2. 分阶段有序推进各层级立法

法律是推进全面依法治国的依据，综治中心的建设与实体化运行也需要法律法规来明确其地位，分阶段建立完善中央立法、地方立法和基层社会规范的立体化制度体系。要建立完善综治中心及其实体化运行的有关法律法规，首先就要解决目前我国社会治安综合治理政策性太强而法治化太弱的问题。目前，各地相继出台平安建设、社会治理相关地方立法，增强了综治中心建设的规范依据。以浙江省为例，浙江历来高度重视平安建设工作，自

---

① 祝灵君：《党领导基层社会治理的基本逻辑研究》，载《中共中央党校（国家行政学院）学报》2020年第4期，第37—45页。

2004年部署建设平安浙江以来，浙江深入推进社会治理变革，全面推进基层社会治理平台建设，建立健全风险闭环管控的大平安机制，形成了大量行之有效的政策、经验和做法，平安建设走在全国前列。2023年5月26日，浙江省十四届人大常委会第三次会议审议通过《浙江省平安建设条例》，于2023年7月1日起施行。该《条例》共9章66条，包括总则、工作体制、风险防控、重点防治、基层社会治理、数字平安建设、保障措施、考核与责任追究以及附则。在有关单行法律法规规定基础上，明晰了各方责任，推动各方形成合力、构筑全社会共同做好平安建设新格局。《条例》的出台，正是对十九年来平安浙江建设实践经验、做法的固化总结，在解决平安建设领域普遍性、综合性问题上，做出不少具有浙江特色的规定。如《条例》要求强化应用贯通和业务协同，推进平安建设跨场景重大应用建设；完善平安建设数据汇集共享机制，推动数据跨部门、跨区域、跨层级有序流动；强化平安监测预警防控、社会治理一体化应用，推进省平安监测预警防控平台建设；推动公共视频监控与平安建设场景应用协同建设；发挥大数据在平安建设中的作用；等等。可以说，作为浙江省平安建设领域首部基础性、综合性地方性法规，条例以法治手段解决平安建设中存在的难点问题，以法治思维和法治方式推进社会治理体系和治理能力现代化，在法治轨道上推进平安浙江建设，为高水平建设平安中国示范区提供了有力法治保障。

3. 加强法治与科技人才的培养

现阶段的综治中心作为矛盾解纷实体化运行平台，存在着专业人才队伍力量薄弱的难题，为保障综治中心的实体化运行效能，不能仅仅依靠财政拨款来支撑技术更新升级和法律人员管理产生的费用。互联网和大数据等技术的出现为社会治安综合治理的创新提供了物质与技术的支撑。综治中心作为依托信息化系统高效运行的智慧平台，其信息系统维修、数据分析等专业人才更为重要。对于综治中心人才短缺与经费不足问题，可以从市场的角度考虑加强与企业的合作，特别要充分利用科技型企业的人才与科研优势。比如，综治中心的网格员所需的手机 App 程序开发要因地制宜，既要将各环节模块全覆盖又要求操作简单，使网格员一学就会、一用就对。为了激发企业主动参与的积极性，综治中心可请求党委政府联合税务等部门实行对综治工作做出贡献的企业进行年度评比，对评比优秀的企业给予税收等优惠政策。综治中心的工作与政法部门密切相关，综治工作人员平时需要大量运用法律知识，因此，综治中心要注重法治人才队伍建设与培养，在招聘综治工作人员时要以法学类专业人员为主，不断强化综治中心法治人才队伍。同时，要建立定期培训机制，强化人员法治素质建设，对于综治工作人员要不断提高工作素养，加强人员依法行政水平，定期参加岗位培训学习，提高综治工作人员整体素质，满足社会治安综合治理的工作要求。此外，要健全完善综治中心的物质保障与职务晋升制度，逐渐提高综治中心工作人员工资待遇，对于工作中表现积极、能力突出、业绩显著的工作人员要予以重视培养，将其纳入干部提拔的考察范围，适时予以提拔重用，使综治中心工作突出的人员看到晋升希望，激发工作人员的积极性，确保综治中心实体化运行的效能发挥。

4. 增强多元主体参与治理的合力

社会协同治理是根据发挥不同主体社会治理作用，通过参与一体化机制的平台，发挥协同治理的作用。综治中心的优势就是整合社会多元主体资源，通过统筹协调指挥，实现多方共治的格局，但是在现实实践中，部分综治中心的多元主体合力有待进一步加强。对于此类问题，各地综治中心要按照"工作联动、问题联治、平安联创"的工作思路，要立足于职能职责，组织协调全域社会治安防控体系建设，同时要规范职责定位、明确合理分工。具体而言，就是要加强社会治安联合防控，有效整合公安派出所、平安志愿者网格巡逻员等群防群控力量等资源，完善常态化治安巡逻机制，加大对学校周边、商场、广场等人流密集型场所的巡查。指导企事业落实安全生产保障制度，定期安排综治人员进行抽查。充分发挥综治视联网的优势，加强线上安全形势的排查；加强矛盾纠纷联合调解，常态化开展矛盾纠纷大排查，全面掌握辖区内容易导致恶性案件发生的矛盾苗头，充分发挥收集、调度、分流和化解职能，健全"统一受理、分流管理、限结办理"的一站式矛盾纠纷调解机制，积极构建调解、仲裁、诉讼等有机衔接、相互协调的矛盾纠纷多元化解体系，力求把矛盾纠纷化解在萌芽状态。学习"网上枫桥经验"优秀做法，通过移动软件开通网上司法确认渠道，为当事人提供便捷高效的多元解纷供给。根据实际需要，在家庭邻里纠纷、道路交通纠纷、工程建设纠纷、征地拆迁纠纷等矛盾多发领域建立专职以及民间调解组织，全面化解矛盾纠纷；加强重点工作联合行动，对于重点领域要加大联合行动力度，对于商场、医院、学校周围要加强治安综合治理，对于突发性事件，综治中心要在党委指挥下发挥指挥中心的平台作用，协调各方力量联合行动。

5.打破基层综治信息壁垒

2023年，十四届全国人大一次会议表决通过了组建国家数据管理局的机构改革方案，该管理局负责统筹数据资源整合共享并对其开发利用，协调推动公共服务和社会治理信息化，旨在打通数据壁垒和打破"数据孤岛"现象。这一改革方案表明数据信息共享是社会治理现代化的必然趋势。然而，在综治中心建设与运行过程中，由于各部门对于信息资源单独控制，数据开放需要横向与纵向的严格审批程序，这使得基础信息很难在综治信息平台有效共享，使得"信息孤岛"现象大面积存在，综治中心采集到的社会治安信息无法与其他职能部门实时共享，这在一定程度上影响了矛盾纠纷与安全隐情处置的及时性。另外，各部门资源的单一化管理使得数据库重复建设，这不仅造成资源的浪费，而且使得各部门之间因系统不兼容问题导致信息系统无法进行有效衔接，部门所有权数据资源的划分与垄断限制了综治中心协同统筹作用的发挥。因此，为了加强综治中心与各部门之间协调联动水平，应该实现信息化协同一体化建设，使得各职能部门信息能够与综治中心共享，实现信息、数据的有效采集和分析，为化解矛盾纠纷、解决群众诉求提供精准应用指导。综治中心收集到信息并在精准分析研判后对于不能解决的矛盾纠纷和安全隐患，及时通过信息共享平台反馈到相应部门，使其对矛盾事件和安全险情早发现、早处理。信息数据壁垒的破除将在很大程度上增强多元主体共同参与社会治安综合治理的合力。

二、新时代"枫桥经验"与平安乡镇（街道）建设

基层治理是国家治理的基石，统筹推进乡镇（街道）和城乡社区治理，是实现国家治理体系和治理能力现代化的基础工程。2021年4月28日，《中共中央 国务院关于加强基层治理体系和治理能力现代化建设的意见》（以下简称《意见》）重磅发布，提出力争用15年左右时间，基本实现基层治理体系和治理能力现代化，中国特色基层治理制度优势充分展现。乡镇（街道）的社会治理与平安建设工作，是实现基层社会治理现代化的关键，是维护社会秩序和社会稳定的基础性工作。

（一）乡镇（街道）在社会治理与平安建设中的重要作用

结合《意见》，可以发现，乡镇（街道）对基层社会治理现代化具有特殊意义。

第一，乡镇（街道）是基层社会治理的重要层级。街道办事处是城市基层社会治理的主体，乡镇政府是农村基层社会治理的主体，二者治理能力是社会治理能力的重要体现。《意见》提出，构建党委领导、党政统筹、简约高效的乡镇（街道）管理体制。加强基层政权治理能力建设，特别是增强乡镇（街道）行政执行能力、为民服务能力、议事协商能力、应急管理能力、平安建设能力。当前，随着新型城镇化快速推进，城市社会结构、生产方式和组织形态深刻变化，利益主体日益多元，利益诉求更加多样，基层往往成为社会矛盾的高发地和集聚地，而乡镇（街道）一端连着县级政府、部门、单位，一端连着老百姓，具有承上启下的作用，也是调节化解社会矛盾纠纷的关键环节，更是市域社会治理现代化的主战场。乡镇（街道）的社会矛盾纠纷调处化解至关重要，其与村级、县级上下联动，有助于有效防止矛盾外溢或上行，切实把社会矛盾纠纷解决在萌芽状态、解决在始发阶段、解决在基层。

第二，乡镇（街道）矛盾纠纷往往最能体现"基层"特色。现阶段，乡镇（街道）的社会矛盾纠纷通常呈现出以下特征：一是类型增多，诱因复杂。由于社会结构变动而引发的利益调整、观念冲突等，导致现阶段社会矛盾更加多样和复杂。近年，由安全隐患、征地等因素引发的纠纷大幅度增加。在矛盾纠纷的类型中，债权债务、征地拆迁、老人赡养、婚姻纠纷、安全事故等方面占矛盾纠纷总数的比重极大。二是矛盾主体多元化，群体性纠纷突出。突出表现为村民与村委会之间、经济合作组织之间乃至与政府之间的纠纷。在拆迁安置、征地补偿纠纷中，极易由一般性矛盾演变为群体性纠纷。三是矛盾不断反复，调处难度加大。由于群众自身素质和一些历史因素，常使矛盾纠纷不能按照调处协议办理而再起纷争，进而导致纠纷调处难度加大。

第三，乡镇（街道）更能发挥源头治理的基础性作用。平安建设是构建社会主义和谐社会、促进经济社会协调发展的保障工程,是维护广大人民群众根本利益、为人民群众所期盼的民心工程,是提高党的执政能力、巩固党的执政地位的基础工程。源头治理对于平安建设更是有着基础性的地位。源头治理是针对整个危害社会平安活动的最初诱因的治理。中国自古以来就有"防患于未然"的思想,这里的"患"即是危害和灾难,"未然"即是危害和灾难发生之前的一个过程。整个社会治理过程中,成本最小的就是源头治理,收益最大的也是源头治理。相对于危害造成的严重社会经济危害,源头治理所投入的财力、人力更是"划算"很多。而乡镇(街道)有着社区(村组)难以具备的解决区域内复杂问题的资源,加之乡镇(街道)的矛盾纠纷大多为社区(村组)所溢出的尚处于未激化到极其严重程度的纠纷,因而,乡镇(街道)的源头治理更具基础性作用。《意见》专门强调坚持和发展新时代"枫桥经验",加强乡镇(街道)综治中心规范化建设,发挥其整合社会治理资源、创新社会治理方式的平台作用。完善基层社会治安防控体系,健全防范涉黑涉恶长效机制。健全乡镇(街道)矛盾纠纷一站式、多元化解决机制和心理疏导服务机制。这些举措既是提升乡镇(街道)平安建设能力的体现,也充分反映了顶层设计对源头治理的重视。

(二)平安乡镇(街道)建设的枣园实践

枣园街道位于延安西北 7.5 公里处,延安时期枣园是中共中央书记处所在地。随着延安城市化的进程加快,1998 年枣园撤乡设镇、2015 年撤镇设街,辖区面积 112 平方公里,常住人口 4.4 万,其中城区流动人口 3.1 万、农村人口 1.3 万人。撤镇设街后,枣园街道已由农业镇逐渐向城区转变,伴随着单位、小区、商户的增加,流动人口也大幅度上升,各类矛盾纠纷也逐渐增多,化解难度也相对以前的农村矛盾有所增大,原有的以村干部为主的矛盾化解机制已不适应形势的发展，亟须改进。为此，枣园街道紧紧围绕解决影响社会和谐稳定的源头性、根本性、基础性问题，坚持发展新时代"枫桥经验"，积极探索矛盾纠纷多元化解路径，建立了"三化同步"矛盾纠纷化解机制（网格化管理、多元化普法、精细化服务），成立了枣园街道综治中心，组建张思德"四队"，即张思德服务队、张思德调解队、张思德巡逻队、张思德宣传队，用张思德精神为民纾困解难，最大限度地实现矛盾纠纷"发现得早、控制得住、化解得了、处理得好"，确保做到"小事不出村社，大事不出街道，矛盾不上交"，筑牢维护社会和谐稳定的坚固防线。

1. 下好矛盾纠纷排查"先手棋"，优化前端线索收集

全面推行网格化服务管理模式，做到预防走在排查前、排查走在调解前，最大限度减少矛盾纠纷的发生。一是建好桥头堡。枣园街道致力于建设互联互通的"红色网络"，将党组织的建设延伸至辖区24个居民小区，实现居民小区党组织全覆盖，充分发挥党员联络站、信息收集站、矛盾调处指挥站作用，利用在职党员进社区、进小区，结合在职党员政策理论水平高、责任心强特点，常态化开展敲门行动，建立居民信息库，实现社情民意底数清。二是选好观察哨。按照情况熟悉、方便工作原则，街道坚持"城乡一体推进、干群共同发力"，在两个城市社区实行"社区—片区—网格—楼栋"四级网格管理模式，在党员、退役军人、致富能手、乡贤等中，聚焦政治素质高、热心网格事务、熟悉区域情况标准，择优选配中心户长310名、单元长325名，通过村组综治中心、小区议事点、板凳会议等开展基层事务共商共议活动，从而达到社情民意增量明。三是盯紧重点人。创新工作方法，依托"两册一图"，即房主信息登记册、租赁户信息登记册和小区内区域网格图，采取"以房管人"的措施，落实公安派出所、物业企业、村组社区等责任，将社区矫正、刑满释放、精神障碍、缠访闹访、吸毒等重点人员，实行常态关

注，严防重点人员关注关爱不到位而引发矛盾纠纷和重大案事件。2020年以来，街道中心户长、单元长累计走访辖区群众26万人次，一线排查问题线索875个，一线处理问题791件，问题调处率达90.4%，提升了15%，变过去等矛盾问题上门为主动走访调处矛盾，通过听民意、解民忧，有效实现了聚民情，居民群众的获得感、幸福感、安全感不断提升。

2. 出好矛盾纠纷调解"组合拳"，实现中端妥善调处

坚持和发展新时代"枫桥经验"，核心就是人民至上，让老百姓在方方面面感受到方便和满意。一是开好矛盾研判联席会。由小区党支部牵头，每周召开联席会议，用好群众来访、干部下访、站所转访等矛盾信息渠道，充分整合信访、综治、司法、纪工委、12345热线等多部门资源，分析研判各类不稳定因素，在矛盾纠纷激化前提出介入，确保矛盾纠纷有效化解在萌芽阶段。对于小区（村组）内难以化解的疑难问题，第一时间上报街道综治中心，并转办张思德调解室联合调处，及时对调解情况进行跟踪督办，极大地方便了群众，提高了化解效率。二是建好明理说法调解队。围绕街道综治中心建设，在小区、村组设立便民调解室，邀请各片民警参与调解，采取"两说一联"的模式推进矛盾纠纷调解，即由群众说事说出心事，执法者说法说出效率，干部联动联出稳定，一般矛盾问题都能有效得到化解。街道联合法庭、司法所、派出所成立张思德调解室，返聘30年警龄的退休老民警赵学慧担任"首席调解员"，吸纳公检法司从业人员、政府干部、法学教授、律师、乡贤等34人组成调解专家库，针对疑难问题，由专业人员进行事理、法理的分析，化解矛盾双方心结。三是用好"四心"调解工作法。推行"一杯热茶暖心、耐心倾听顺心、矛盾化解舒心、人民群众安心"的"四心"工作法调解疑难问题，就是群众来申请调解纠纷时，首先热情用茶水接待，其次耐心倾听群众诉求表达，让双方先把"委屈"说出来、发泄出来，认真做好记录，并现

场播放与当事双方矛盾纠纷相似的中央电视台《今日说法》和《法治在线》栏目中的案例，以案说法，讲明事理，很多本来难以化解的矛盾，都很快得到解决。近三年，已累计受理各类纠纷84起，成功化解82件，成功率达98%，基本实现了"小事不出村社，大事不出街道，矛盾不上交"的目标。

3.打好法律服务"主动仗"，促进末端规范引导

强化法律法规在化解矛盾纠纷中的权威地位，构建法治化矛盾纠纷化解体系，全面深化公共法律宣传，让群众树立遇事找法、解决矛盾问题用法的意识，推动普法宣传从"灌输式"向"主动式"转化，营造尊法、学法、守法、用法的法治氛围。一是建好一个阵地。依托街道综治中心公共法律服务站，按照"五有"标准（有场所、有标识、有人员、有制度、有记录），建立健全村组（社区）综治中心14个，配备法律顾问14名，实现法律服务阵地前沿，推动城乡普法服务全覆盖。二是健全一个体系。组建了张思德宣传队、张思德服务队，联合基层司法所、派出所、城管中队，充分利用"逢九"宣传活动，深入农村、小区，设立公共法律服务点，受理法律法规知识咨询，极大地满足了群众的法律需求。共计开展普法宣传活动97次，公共法律咨询人数达1000余人次。同时将文化与普法紧密结合，通过多媒体课件、陕北说书、小品说唱等群众喜闻乐见的形式，进行法治宣传教育，有效提升了广大居民法治意识。三是建强一支队伍。坚持把提升街道、村社"两级"党员干部公共法律服务能力，作为推动基层社会治理，调处矛盾纠纷问题的重要举措，加强与西北政法大学研学深度合作，每年至少开展3次法律知识专题培训活动，有效提升"两级"党员干部依法行政、依法治理能力。共举办法治讲座、培训班共260余场次，解答法律咨询800余人次，发放各种普法资料20余万份，审核集体和个人合同300余份，培养乡村（社区）法律明白人315人。

枣园街道办的成功探索为平安建设提供了以下启示：一是强化基层党建工作，提高基层组织的组织力、凝聚力和战斗力，是解决矛盾纠纷的根本出路。枣园街道党工委十分重视基层党建工作，通过加强对基层组织的建设和管理，延伸服务，有效打通了服务群众的"最后一公里"，用心用情用力解决好人民群众的操心事、烦心事、揪心事，在工作中积极培养和选拔有能力的矛盾纠纷处理干部，有效提高了基层矛盾纠纷处理能力。二是加强舆情监测和处置能力，及时掌握和处理矛盾纠纷事件。枣园街道坚持"预防在先"，用好群众来访、干部下访、站所转访等矛盾信息渠道，充分整合信访、综治、司法、纪工委、12345热线等多部门资源，全方位排查收集矛盾纠纷线索，建立健全了舆情监测和处置机制，通过"观察哨"及时掌握社情民意，对矛盾纠纷事件及时介入处理，防止事件扩大化，组建"张思德"品牌化调解队伍，合情合理、依法依规调处矛盾纠纷，基本实现了"小事不出村社，大事不出街道，矛盾不上交"的目标。三是加强法律宣传和法律援助工作，提高群众法律意识和维权能力。枣园街道注重开展法律宣传和普法教育，一方面有效提高了群众的法律意识和维权能力，另一方面通过加强法律援助工作，免费为群众提供法律咨询和法律援助服务，有效扭转了群众"信访不信法"的陈旧观念，为全面构建法治社会奠定了扎实的基础。

以上可见，陕西省延安市宝塔区枣园街道办将弘扬延安精神、传承红色基因与社会治理创新结合起来，坚持和发展新时代"枫桥经验"，打造"张思德"服务体系，扎实推进平安街道建设，丰富"两说一联"调解工作机制，不断创新"党建+社会治理"新模式，实现了系统治理、综合治理、依法治理、源头治理的有机结合、风险防控与矛盾化解的高度统一、高质量发展和高水平安全的良性互动，人民群众的获得感、幸福感、安全感显著提升，为基层社会治理现代化和平安中国建设提供了生动案例。

（三）枣园街道推动平安乡镇（街道）建设典型案例

目前，我国基层社会治理实践已经取得了不少成果，但毋庸讳言，由于地理区位、人文环境、经济水平等因素的影响，不同省份的不同地区乃至同一省份的不同地区对社会治理模式的探索仍存在较大差异。而基层社会治理能取得普遍性的实效，克服各种不利于治理能力提升的种种弊端，减少各地治理的差异性，关乎改革发展稳定的大量任务在基层的最终落实，关乎党和国家各项政策在基层的深入贯彻，关乎国家治理体系与治理能力现代化的基层基础的扎实构建。总结枣园实践中涌现出的典型案例，有助于促进各地借鉴参考，在此基础上坚持和发展新时代"枫桥经验"，践行以人民为中心的发展理念，健全共建共治共享的综合治理机制，融通自治、德治、法治一体，提升基层社会治理的社会化、法治化、智能化、专业化水平。

案例一："第一书记手绘一张平安建设图"

枣园街道开展大走访、大排查、大化解、大宣传暨建设平安枣园活动开展以来，各第一书记、网格员闻令而动，创新工作思路、探索有效方法，绘制辖区平面图，将枣园各村、各社区的地理方位、地形地貌、森林水库、河流桥梁等做了描绘，大棚蔬菜、畜牧养殖等产业项目散落其中，最为醒目的是上面将中心户长进行了位置标注，直观形象，一名中心户长辐射管理十户家庭，337名中心户长分布在辖区12个行政村和2个城市社区的12个网格中。在地图的右下角方框，有村情的简要说明。

中心户长是创新基层社会综合治理工作的义务工作者，在街道党工委、办事处指导帮助下，在村（居）委会的直接领导下开展工作，主要职责有七个方面。一是带头贯彻落实上级有关社会综合治理工作的政策、指示和任务，带头发展产业、带头维护稳定、带头化解矛盾，引导片区群众实现自我管理、自我教育、自我管理、自我服务。二是牵头组织片区群众开展义务治安巡防，检查并协助解决片区内不安全因素，当片区群众遭受非法侵害时带领群众保护自己的合法权益。三是积极排查了解片区内可能引发矛盾纠纷的潜在因素，每月定期向村（居）汇报信访、治安和安全稳定等方面情况。四是在获知不安定因素、事故隐患、违法犯罪线索、片区内人员和大量财物不正常变动治安信息时，迅速向党支部和村综治中心报告。五是主动、及时、就地调解片区内发生的一般性矛盾纠纷，积极做好劝和化解工作，积极配合上级综治部门和公安派出所处理片区内发生的较大矛盾纠纷和案件。六是认真开展道德和法制宣传教育，继承传统美德、弘扬新风正气、传承家风家训，增强群众道德和法治观念。七是热心听取群众对综治工作的意见和建议，并及时向上级综治部门反映。

手绘图显示出绘图者对整个村情地貌的分布能烂熟于心，是工作的有心人；枣园街道对社会治理的钻研与创新，是群众的贴心人。手绘一张图，确保创建平安枣园工作稳步扎实推进。确保做到数据准、情况明、底数清，创建取得最大化效果。

案例二："枣园讲堂"

"枣园讲堂"于2018年9月成立，是结合"枣园法律大讲堂"职能，建设打造的一体化培训场所。从设立初期，"枣园讲堂"就坚持贴近群众的需求，通过先进典型现身说法、传颂美德、邀请专家讲课授业，提供场所服务企业等多种形式，多层次、多维度地深入传承红色基因。以"枣园讲堂"为载体，讲好枣园故事，服务创新创业，成立以来共培训80余次，累计参加人数10000人次，孵化中小型企业5个。

一是打造品牌化志愿服务项目。由辖区的23名志愿者认领了10个岗位进行不定时的培训。围绕法律知识宣传、政策宣讲、教育服务、科技科普等不同内容，针对不同人群进行培训服务。志愿者包括律师、大学教授、老师、街道办事处干部等。

二是传播好声音，弘扬主旋律。"枣园讲堂"所涉及的项目，让辖区基层群众了解了党的路线方针政策，学到了文化知识，增强了群众法治意识，丰富了日常生活，增强了幸福感和获得感。

三是因地制宜、提高孵化器服务的能力与水平。近年来，"枣园讲堂"针对辖区的中小型企业从政策上进行支持和引导，在提供免费培训场所的同时，将技术、人才、信息、管理、市场等各种资源加以整合和集成，打造相互交流沟通的平台，不断提升服务能力，有针对性地帮助解决在孵企业创立和发展过程中遇到的问题。辖区农村集体经济的蓬勃发展和新兴中小企业的健康成长均得益于此。

案例三：党支部+业委会+物业

枣园街道 23 个小区成了党支部，全面推行"党支部+业委会+物业"党建引领小区治理工作机制，推动党的组织和党的工作向城市最基层延伸，这个家门口的党建阵地，不仅让党组织链条从社区延伸到小区、楼道，找到了破解小区治理难题的金钥匙，更打通了党组织联系服务群众的"最后一公里"。

首先，加强组织建设。枣园街道根据小区规模、党员人数，采取单建、联建等方式，组建了 23 个小区党支部。坚持小区党支部成员与业委会成员"双向进入、交叉任职"原则，依法依规推选小区党支部书记担任业委会主任，优先推选党支部委员、党小组长担任业委会副主任、委员，明确业委会工作职责，并建立与物业企业沟通协商机制，通过召开居民议事会、听证会，共议共商小区建设事宜。业委会既是业主的代言人，又是物业的监督者。明确小区党支部工作重点是领导业委会和物业公司抓好小区治理服务工作，建立议事协调机制，每月召开一次小区治理联席会，及时解决小区各类问题。同时，推动各小区由党支部、业委会、物业公司共同使用和议事的办公服务阵地建设。

其次，有效完善居民自治体系。枣园街道以加强物业企业党建工作、提升物业服务管理质量水平为导向，推进物业企业服务管理与社区治理融合发展，对物业企业进行考核评价，综合评估结果作为物业服务企业评比、准入与退出的重要依据。枣园街道成立了小区治理工作领导小组，每两月召开一次小区治理联席会议，统筹推进社区小区治理工作。

再次，构建共驻共建共治新局面。枣园街道将在职党员社区报到工作延伸至其居住的小区，并由小区党支部牵头，动员小区党员、居民、物业及社会各界人士积极参与公益志愿行动。根据志愿者特点和居民实际需要，各小区党支部分类组建小区志愿服务队，定期开展形式多样的组团服务。

枣园街道通过推行"党支部+业委会+物业"，党建引领小区治理工作机制，将党组织链条由社区延伸到小区，使小区居民有了"主心骨"、小区治理由"群龙无首"到"核心引领"、小区建设从"简单粗放"到"精准精细"。小区居民与物业之间、居民与居民之间的矛盾纠纷明显减少，小区治理情况明显改善，居民获得感、幸福感大幅提升，群众支持、配合、参与城市基层社会治理工作的自觉性空前高涨。

案例四：平安酒店建设

陕西延长石油（集团）有限责任公司延安枣园宾馆（以下简称"延安枣园宾馆"），位于延安市枣园路中段风情街。依托延安深厚的历史底蕴和红色文化旅游资源优势，延安枣园宾馆扎实开展"平安酒店"创建活动，成立了领导机构，制定了实施方案，明确了目标任务，落实了扛硬措施，使此项工作呈现出七大亮点：一是依托先进的软硬件设施和多种宣传渠道进行创建"平安酒店"、实现"十个没有"活动宣传，通过LED屏滚动播放、固定宣传牌集中展示、公众微信号全方位宣传，使全体干部员工和广大宾客都能对此次活动的重要意义和"十个没有"的具体内容了然于心。二是注重培训，聘请专业培训机构对全体员工进行服务、礼仪、专项技能、安全管理等方面的培训，通过落实培训内容，规范了服务标准，提高了员工的服务水平，提升了企业品牌形象。三是贯彻"预防为主，防消结合"的工作方针，在相关单位的指导下建立了延安市第一批微型消防站，使延安枣园宾馆具备了扑灭初级火灾的能力。同时，与治安大队、枣园派出所、消防支队紧密协作，修补了安全漏洞，排除了安全隐患。四是本着对广大消费者负责的态度，狠抓环境卫生治理，落实食品安全责任制，健全各项规章制度，杜绝违规登记、欺客宰客等损害消费者权益的事件发生。五是积极配合公安机关认真落实拒绝"黄、赌、毒"的宣传工作和加大安保力度，给宾客创造了安全健康的消费环境。六是将创建"平安酒店"、实现"十个没有"活动纳入宾馆的6S管理工作体系之中，以加强现场管理为主线，以规范管理、提高员工素质为目标，以强化制度与标准化管理为重点，在搞好试点的基础上，稳步推进"平安酒店"创建、实现"十个没有"目标活动管理工作，将创建工作与宾馆常规管理相融合并实现常态化，从而进一步推进了"十个没有"目标的实现，优化了接待服务环境，提升了员工素质和工作效率，保障了宾馆的安全文明经营。七是将创建"平安酒店"与党建、企业文化相结合，以党建促经济，以文化聚力量，以品牌提效益，以安全做保障，构建党建、文化、品牌、安全"四位一体"治理体系，探索出了一条以党建文化品牌建设助推企业效益提升的新路径。

上述案例表明，枣园实践是历史传承与现实创新的有机结合，既赓续历史智慧绽放时代光辉，又贴合基层社会治理需要，枣园在长期实践中形成了枣园模式、凝聚了枣园经验、显现了枣园特色。他山之石可以攻玉，总结、提炼枣园实践使其形成可复制可借鉴的枣园经验，有助于为新发展阶段基层社会治理现代化的完善创新提供借鉴样板；而枣园实践及经验的进一步提升，也有助于深化新时代"枫桥经验"以及平安乡镇（街道）建设的内涵，进而为丰富中国特色社会主义基层社会治理制度做出贡献。

三、新时代"枫桥经验"与城市社区治理现代化

党的十八大以来，以习近平同志为核心的党中央从党和国家事业发展全局和战略出发，就推进国家治理体系和治理能力现代化提出一系列新理念新思想新战略，并把城市治理提高到前所未有的高度。城市社区治理是市域社会治理的基石，城市社区治理的能力和成效决定着市域社会治理现代化水平。"红旗经验"是新时代城市社区治理的典型，其有益的实践探索和显著的治理效能，为发展和完善新时代以党建为引领的城市社区治理提供了积极的经验借鉴。

（一）社区治理的发展历程

新中国成立以来，我国对社区治理实践给予高度重视，在不同时期，根据不同的国家政策和经济社会发展需要对社会治理进行了不同模式的探索。我国城市社区治理大致经历了三个特色分明的发展阶段：

1. 以单位制为主的行政管理阶段

从新中国成立至改革开放，是以单位制为主的行政管理阶段。随着党的工作重心由农村向城市的转移，以及社会主义计划经济体制的确立，"单位制"作为一种不同于以往任何时期城市基层管理模式（如传统社会的街坊、民国时期的保甲等）的新制度，是城市居民参与国家公共事务的新路径，体

现着代表最广大人民群众根本利益的人民政权的民主性、进步性。因此，单位制成为我国城市基层管理的主要组织形式，也是管理效能颇为显著的基层管理模式。在这一模式下，以城市居委会、居民小组（1967年至1978年改为"街道革命委员会"等）、"军队大院""干部大院"等为代表的城市单位是国家整合各种社会资源、进行集中分配的重要平台，也是单位成员实现社会化的基本渠道，同时又是为单位成员提供教育、医疗、文化等公共服务的有效载体，各个单位成员在高度统一的空间中，从事各式各样的生产和生活，无论关系网络还是社区文化都体现出极强的同质性。所以，单位成员对单位有着强烈的依附关系。在以单位制为主的行政管理阶段，国家通过行政力量实现了对街道、居委会等城市单位的绝对控制，人民群众的生产生活、各类社会生产的正常秩序和城市社区内部及外部的稳定关系得到前所未有的保障，尽管这一模式存在各种各样的问题和历史局限，但其在促进国计民生的发展方面仍功不可没。

2. 由政府主导向社区自治过渡的服务创新阶段

从改革开放至党的十八大召开，是由政府主导向社区自治过渡的服务创新阶段。随着社会主义市场经济的繁荣和社会结构的变迁，城市社区的管理模式出现重大变化。20世纪80年代，民政部在全国范围内倡导开展社区服务工作；90年代，民政部等国家部委正式发布《关于加快发展社区服务业的意见》；进入21世纪，中央发布《关于在全国推进城市社区建设的意见》；2002年，党的十六大报告提出"加强公共服务设施建设，改善生活环境，发展社区服务，方便群众生活"，"完善城市居民自治，建设管理有序、文明祥和的新型社区"。[①] 2005年8月份，全国社区建设工作会议召开，"和谐社区"成

---

① 《江泽民同志在党的十六大上所作报告全文》，载中华人民共和国中央人民政府网，2008年8月1日，http://www.gov.cn/test/2008-08/01/content_1061490.htm。

为城市社区的新的建设目标,其基本标准为:居民自治、管理有序、服务完善、治安良好、环境优美、文明祥和。在这一阶段,"小政府、大社会、大服务"是主要治理逻辑,尽管党和政府依然领导着城市社区的发展,但已经打破了政府权力包办一切基层事务的局面,实现了政府权力逐步下放到基层社区的有益探索;社区在群众自治、社区服务、文化建设等方面发挥着日益重要的作用,特别是社区对基层事务的决策权日渐增多,社区的服务意识、服务能力均获得更加广阔的发展空间,居民和社区之间的良性互动关系也进一步凸显。

3. 构建共建、共治、共享的社会治理格局的能力提升阶段

党的十八大以来,是构建共建、共治、共享的社会治理格局的能力提升阶段。党的十八大报告提出:"在城乡社区治理、基层公共事务和公益事业中实行群众自我管理、自我服务、自我教育、自我监督,是人民依法直接行使民主权利的重要方式。要健全基层党组织领导的充满活力的基层群众自治机制,以扩大有序参与、推进信息公开、加强议事协商、强化权力监督为重点,拓宽范围和途径,丰富内容和形式,保障人民享有更多更切实的民主权利。……发挥基层各类组织协同作用,实现政府管理和基层民主有机结合。"[1]2017年,《中共中央、国务院关于加强和完善城乡社区治理的意见》发布,提出:"坚持以基层党组织建设为关键、政府治理为主导、居民需求为导向、改革创新为动力,健全体系、整合资源、增强能力,完善城乡社区治理体制,努力把城乡社区建设成为和谐有序、绿色文明、创新包容、共建共享的幸福家园。"[2]

---

[1]《胡锦涛在中国共产党第十八次全国代表大会上的报告》,载人民网,http://cpc.people.com.cn/n/2012/1118/c64094-19612151-5.html。
[2]《中共中央、国务院关于加强和完善城乡社区治理的意见》,载国务院官网,http://www.gov.cn/gongbao/content/2017/content_5204888.htm。

党的十九大强调："打造共建共治共享的社会治理格局。加强社会治理制度建设，完善党委领导、政府负责、社会协同、公众参与、法治保障的社会治理体制，提高社会治理社会化、法治化、智能化、专业化水平。……加强社区治理体系建设，推动社会治理重心向基层下移，发挥社会组织作用，实现政府治理和社会调节、居民自治良性互动。"[1]党的十九届四中全会通过了《中共中央关于坚持和完善中国特色社会主义制度 推进国家治理体系和治理能力现代化若干重大问题的决定》，继续指出："健全充满活力的基层群众自治制度。健全基层党组织领导的基层群众自治机制，在城乡社区治理、基层公共事务和公益事业中广泛实行群众自我管理、自我服务、自我教育、自我监督，拓宽人民群众反映意见和建议的渠道，着力推进基层直接民主制度化、规范化、程序化。""构建基层社会治理新格局。完善群众参与基层社会治理的制度化渠道。健全党组织领导的自治、法治、德治相结合的城乡基层治理体系，健全社区管理和服务机制，推行网格化管理和服务，发挥群团组织、社会组织作用，发挥行业协会商会自律功能，实现政府治理和社会调节、居民自治良性互动，夯实基层社会治理基础。加快推进市域社会治理现代化。推动社会治理和服务重心向基层下移，把更多资源下沉到基层，更好提供精准化、精细化服务。注重发挥家庭家教家风在基层社会治理中的重要作用。加强边疆治理，推进兴边富民。"[2]

在这一阶段，深化社会治理实践、完善社会治理体制、提升社会治理水平成为基层社会治理的新趋向。习近平总书记指出："治理和管理一字之差，体现的是系统治理、依法治理、源头治理、综合施策。"这就表明，当前的社

---

[1]《习近平在中国共产党第十九次全国代表大会上的报告》，载人民网，http://cpc.people.com.cn/n1/2017/1028/c64094-29613660-10.html。
[2]《中共中央关于坚持和完善中国特色社会主义制度 推进国家治理体系和治理能力现代化若干重大问题的决定》，载新华社客户端，http://xhpfmapi.zhongguowangshi.com/vh512/share/6604286?channel=qq。

会治理和新中国成立之后的社会管理有着重大变化。尤其是"共建共治共享的社会治理格局"的提出，标志着我国城市社区治理进入以社区共同体为核心内涵的新的发展阶段。在这一阶段，政府逐步厘清了自己和社区、社会组织之间的关系，通过简政放权、政府购买服务等方式激发了基层治理潜能，实现了政府权力和社区、市场、社会权力的平衡，社区治理的法治化、规范化、程序化、科学化水平迅速提升，多元主体参与社区治理成为一大特色，治理模式也出现多样化发展。而"'党建+'治理模式"在诸多治理模式中脱颖而出，展示出契合时代发展需求、保障人民根本利益、体现中国特色社会主义制度优越性等特征，成为具有典型性和普遍意义的新时代城市社区治理的优秀模式。

（二）当前城市社区治理的趋向及特点

通过对我国城市社区治理历程的梳理，可以发现，在新时代的历史方位中，在社会主要矛盾从"人民日益增长的物质文化需要同落后的社会生产之间的矛盾"转化为"人民日益增长的美好生活需要和不平衡不充分的发展之间的矛盾"的背景下，"构建共建共治共享的社会治理格局"成为城市社区治理创新和发展的主要目标，也是我国基层社会治理的趋向。构建共建共治共享的社会治理格局，在推进社会治理现代化的今天，可以更好体现人民群众主人翁地位，更好满足人民群众多层次、差异化的需求，不断增强人民群众获得感、幸福感、安全感。这一趋向具有以下几方面的特点：

1. 始终坚持党的领导，突出党建的引领作用

党的领导是中国特色社会主义最本质的特征，是中国特色社会主义制度的最大优势。在城市社区治理中，党的领导特别是以党建促治理的作用非常重要。2017 年，《中共中央、国务院关于加强和完善城乡社区治理的意见》顺

利出台,《意见》将"坚持党的领导,固本强基"作为首要原则,进而提出:"充分发挥基层党组织领导核心作用。把加强基层党的建设、巩固党的执政基础作为贯穿社会治理和基层建设的主线,以改革创新精神探索加强基层党的建设引领社会治理的路径。加强和改进街道(乡镇)、城乡社区党组织对社区各类组织和各项工作的领导,确保党的路线方针政策在城乡社区全面贯彻落实。推动管理和服务力量下沉,引导基层党组织强化政治功能,聚焦主业主责,推动街道(乡镇)党(工)委把工作重心转移到基层党组织建设上来,转移到做好公共服务、公共管理、公共安全工作上来,转移到为经济社会发展提供良好公共环境上来。加强社区服务型党组织建设,着力提升服务能力和水平,更好地服务改革、服务发展、服务民生、服务群众、服务党员。继续推进街道(乡镇)、城乡社区与驻社区单位共建互补,深入拓展区域化党建。扩大城市新兴领域党建工作覆盖,推进商务楼宇、各类园区、商圈市场、网络媒体等的党建覆盖。健全社区党组织领导基层群众性自治组织开展工作的相关制度,依法组织居民开展自治,及时帮助解决基层群众自治中存在的困难和问题。加强城乡社区党风廉政建设,推动全面从严治党向城乡社区延伸,切实解决居民群众身边的腐败问题。"[1]

2. 坚持以人民为中心,巩固基层群众自治基础

人民是历史的创造者,是真正的英雄。人民对美好生活的向往,就是我们的奋斗目标。在最广大人民群众的支持和拥护下,中国共产党不仅通过艰苦卓绝的斗争赢得了新民主主义革命的胜利,实现了民族独立与人民解放,建立了新中国;而且,在社会主义建设时期和改革开放以后,党始终与全国各族人民同心同德、患难与共,取得了一个又一个辉煌成就,稳步实现国家

---

[1]《中共中央、国务院关于加强和完善城乡社区治理的意见》,载国务院官网,http://www.gov.cn/gongbao/content/2017/content_5204888.htm。

富强和人民幸福；特别是十八大以来，党带领人民迈入新时代，实施"全面建成小康社会、全面深化改革、全面依法治国、全面从严治党"的治国方略，经过不懈努力，无论是制度建设、经济建设、文化建设、社会建设等各个方面都发生了巨大变化。所以，人民是我们党执政的最大底气。人民立场是中国共产党的根本政治立场，这是马克思主义政党区别于其他政党的显著标志。人民性是马克思主义最鲜明的品格，也是以人民为中心思想的集中体现。尽管中国特色社会主义事业日新月异，我国的社会主要矛盾也发生巨大变化，这些都促使治理理念、治理方式、治理水平、治理体系等方面与时俱进，做出重要改变，但是，坚持以人民为中心，一切为了群众，一切依靠群众，一切服务人民，尊重人民的主体地位，发挥人民的首创精神，实现好、维护好、发展好最广大人民的根本利益，始终是一切治理工作最坚定的初心。

3. 支持多元主体参与，发挥社会力量协同作用

随着经济社会的飞速发展和深化改革的全面推进，人民群众在参与基层群众性自治组织之外，也广泛参与各项社会公益事业，在处理各项基层公共事务中发挥了重要作用。除了居民委员会，城市社区纷纷建立协商议事委员会、业主委员会等具有辅助性、补充性协商治理职能的社会组织，人民群众和各个城市社区因地制宜、因时制宜建立的具有服务性、公益性、互助性特征的社区服务志愿者组织更丰富多彩。城市居民通过这些遍布社区的基层群众性自治组织参与治理，使社会主义民主协商、民主监督、民主决策和民主管理更加完善。城市社区治理也因此形成了以居民委员会为主，其他主体共同参与的特色鲜明的自治形式。党的十八大以来，中央对多元主体参与基层治理给予了有力的支持。《中共中央、国务院关于加强和完善城乡社区治理的意见》指出：要"统筹发挥社会力量协同作用。"具体要求包括："制定完善

孵化培育、人才引进、资金支持等扶持政策，落实税费优惠政策，大力发展在城乡社区开展纠纷调解、健康养老、教育培训、公益慈善、防灾减灾、文体娱乐、邻里互助、居民融入及农村生产技术服务等活动的社区社会组织和其他社会组织。推进社区、社会组织、社会工作'三社联动'，完善社区组织发现居民需求、统筹设计服务项目、支持社会组织承接、引导专业社会工作团队参与的工作体系。鼓励和支持建立社区老年协会，搭建老年人参与社区治理的平台。增强农村集体经济组织支持农村社区建设能力。积极引导驻社区机关企事业单位、其他社会力量和市场主体参与社区治理。"[1]

4.弘扬中华优秀传统文化，发展社会主义治理文化

弘扬中华优秀传统文化、汲取传统治理资源，在构建具有中国特色、中国气派、中国智慧的市域治理模式中特别是社区治理模式中发挥着重要作用。早在夏商周时期，中国就已经开始了基层政权建设的探索，此后，无论是大一统中央集权制的著名王朝，还是处于割据、对峙时期的地方政权，均无一例外地重视基层政权的建设，历代的政治家、思想家对基层社会治理也有不少体现理性思维的论断。譬如，"民惟邦本，本固邦宁"是贯穿于中华五千年文明演进历程中的一条颠扑不破的历史规律。民是国家最基本的构成元素，不仅承担着各式各样的生产活动，为国家提供各项赋税钱粮，也是广大官吏群体和军队的主要来源，是实现国家治理、社稷安稳的根本力量。历代著名的思想家、政治家莫不以巩固民本为治国理政之要务，并不断阐发、充实民本思想。又如，在对治国理政经验教训的总结中，孟子提出"徒善不足以为政，徒法不足以自行"[2]，说明仅仅依靠德化，难以稳定社会秩序，确保

---

[1]《中共中央、国务院关于加强和完善城乡社区治理的意见》，载国务院官网，http://www.gov.cn/gongbao/content/2017/content_5204888.htm。
[2]《孟子·离娄上》。

民生安乐；而只凭法律手段，也不能实现惩恶扬善、安民富民的治理效果。因此，古代统治者在制定国策之际均注意综合发挥道德的感化作用和刑罚的制裁作用。在基层社会中，德法交织，而且由于传统的社会结构以家庭、家族为本位，是建立在情感、伦理和道德基础上的熟人社会。因此，形成了独具特色的伦理法治模式。基层普遍依据国法制定乡规民约，在处理基层事务时注意实现天理国法人情的统一。虽然时移世易，今天的基层社会治理不能和中国古代的基层治理一概而论，但发掘和弘扬体现中华民族集体智慧和理性思维的优秀治理文化，推动其创造性转化，创新性发展，则是构建新时代城市社区治理模式的必由之路。

（三）红旗经验：创新发展新时代"枫桥经验"的生动范例

近年来，陕西省铜川市王益区红旗社区党总支在贯彻落实习近平新时代中国特色社会主义思想的过程中，主动适应城市党建和社区治理的新形势和新要求，坚持发展新时代"枫桥经验"，积极推动基层社会治理创新，逐渐形成以"网格化管理、智慧化服务、联动式共建"为主要内容的大联动、大共建机制，走出了一条"党建领航、优化服务、促进和谐"的社区党建引领城市基层党建、促进社会治理的新路径。由于成效显著，红旗社区先后被授予陕西省"文明社区、和谐家园"活动标兵社区党组织、"全省先进基层党组织""全省和谐社区建设示范社区"和"全国社会管理综合治理先进集体"等荣誉，并总结提炼成铜川市全市普遍推行的红旗经验。作为"'党建+'治理模式"的代表，"红旗经验"在城市社区治理创新方面具有以下特色：

1. 党建引领是"红旗经验"的本质特征和显著优势

红旗经验坚持党建引领，使基层党建与社会治理有机衔接。如红旗社区在支部书记"全国三八红旗手"、优秀共产党员、党的十九大代表李秋莲的带领下，以"党建领航"为统揽，以加强"党建提升"为契机，围绕人民群众的期待和需求，着力实践"四社联动"机制下的社区服务新模式，推动社区社会组织、各社会群体、社会力量之间良性互动、健康发展，使党群关系、干群关系更加融洽，创建了"党建领航"四社联动机制的红旗实践。在以社区党支部为主导，搭建城市社区联动平台的同时，重点做好以下几个方面：一是发挥党支部总揽全局、协调各方的领导核心作用以及在基层事务中的组织、引领作用，加强社区社会组织的协作，赋予社区社会组织在弘扬正能量、公益服务等方面的承载功能；二是广大党员干部及时熟悉社区管理与服务工作对人才的需要，关心、帮助人才队伍建设，强化社区社会工作专业人才的支撑力量；三是党员干部带头，积极参加社会公益活动，组建社区志愿者团体，实现志愿服务与社区管理的优势互补，满足群众多样化需求；四是有效发挥社区民主协商的优势，党员干部在重大问题和人民群众普遍关心的问题上积极走访、耐心倾听、坦诚协商，达到群策群力，集思广益，实现居民有序的政治参与。

为强化党建引领，以党建促治理，铜川市王益区制定出台了《关于实施党建"四大提升工程"推进基层党组织建设全面过硬的意见》，统筹推进城市基层党建工作，内容包括：第一，实施从严管党治党"六项举措"。一是建立区委抓党建"四项"机制；二是落实党（工）委书记及班子成员"10+4"党建责任；三是建立季度考核排名问责制度；四是严格村（社区）党组织和干部绩效考核，加强对镇、街道党委落实《王益区村级班子和村干部绩效考核办法（试行）》情况的监督检查，严格村级班子和村干部绩效考核，强化结果运用，激发农村干部工作活力；五是推行积分制管好党员；六是落实"三项机制"激发干劲。提升落实主体责任的政治定力。第二，强化基层基础"六大保障"。一是加强骨干队伍建设，确保有人管事；二是加强经费投入保障，确保有钱办事；三是加强基本能力建设，确保有能力理事；四是落实干部待遇补贴，确保有动力干事；五是加强实践载体建设，确保有工作抓手；六是加强作风纪律建设，确保风清气正。提升基层党组织的战斗力。第三，加强基层组织建设"六个规范"。一是阵地建设规范化，二是组织运行规范化，三是组织生活规范化，四是党员发展规范化，五是流动党员管理规范化，六是档案管理规范化。提升党建工作规范化水平。第四，推行联系服务群众"六项制度"。一是督包联制度，二是代办服务制度，三是信访包案制度，四是"实事"暖民制度，五是在职党员志愿服务制度，六是党代表服务群众制度。提升党员干部服务能力。此外，还制定了《推广"红旗经验"推进城市基层党建的实施方案》，明确了6大板块54项任务。这些内容明确的文件均得到良好执行，持续丰富"红旗经验"的党建工作。

2. 以人民为中心是"红旗经验"治理理念的充分体现

红旗经验是以人民为中心而形成的基层社会治理新方式，特别是在坚持"党建领航"的基础上，重视"智慧党建"的建设，将人民群众喜闻乐见的新媒体、新平台、新事物融入社区党组织的建设和社会治理创新中来，通过"红旗社区一站到底"网络信息平台，实现了坚守全心全意为人民服务的宗旨与不断提升社区党建工作水平、增强社区文明和谐程度相统一。一方面，红旗经验始终坚持人民群众是社会治理的主体，党建工作的目的不仅在于夯实党的执政基础，更在于相信群众、依靠群众、团结群众、服务群众，借助现代化的智慧平台建设为人民群众提供参与治理的各种机会，培养和塑造基层社会治理的内生动力，使人民群众真正成为社会治理的主要参与者和实践者；另一方面，红旗经验创新党建方式，重在实施"民情工程"，疏解民困、凝聚民心，拓宽"知党情、听民意、促和谐"的渠道，使党员干部、社区工作人员与人民群众有更便捷的路径、更充裕的时间、更务实的方法来沟通情况，排忧解难，尤其是在处理群众来访的过程中提升基层治理的能力，切实加强党员干部、社区工作人员与人民群众的血肉联系，最大程度保障人民群众老有所安、弱有所助、急有所济、危有所帮，最大程度实现社会和谐稳定，群众安居乐业。

3. 共建共治共享是"红旗经验"的基本治理格局

红旗经验通过覆盖全区的综合管理服务平台的建设，致力于打造全民共建共治共享的社会治理格局。除了创建智慧党建平台、四社联动服务平台外，重点落实两个方面的工作。一是搭建社会组织孵化平台。王益区积极响应国家号召，满足人民群众需求，建成区级社会组织孵化基地，重点为社会组织提供组织培育、人才培养、项目发展、标准建设、保障服务、资源对接等综合服务，并依法加强社会组织的规章制度建设，确保其规范运行。目前，全区已成立社区中老年艺术团、书画、棋牌、矛盾调解、医疗救助、篮球协会等社会组织72个，会员3000多人。这些社会组织联合社区经常性开展社会治理各项活动，在改善民生、繁荣经济文化、化解社会矛盾、维护社会秩序、保护自然环境等各项社会治理中均发挥出积极的补充性作用。二是健全网格化服务平台。从人民群众的共同目标、共同需求、共同利益入手，整合辖区单位、在职党员、志愿者、社会组织等资源，建立便民服务网点，推行"网格化"管理和服务。不仅大力培养网格员，使网格员们及时了解中央精神、国家政策、法律法规，提升政治素养，而且深化网格员们对治理体系、治理理念、治理方式等方面的了解，增进专业知识。与此同时，改变以往被动地等候人民群众反映问题的工作态度，鼓励网格员经常深入群众，倾听和了解人民群众的意见建议，将治理的重点和社区的服务工作下移，第一时间呼应群众需求，及时解决矛盾和问题，有效地避免工作的"盲区"和"真空"，实现了社区服务的全天候、零距离。

在共建共治共享的基础上,"红旗经验"还形成了具有自身特色的"共驻共建"模式。近五年来,红旗社区围绕管理有序、服务完善、环境优美、文明祥和的和谐社区建设工作,按照"区域统筹、开放丰富、条块结合、资源共享、共驻共建"的原则,和驻区各单位签订共驻共建协议书。在落实协议的过程中,红旗社区与辖区单位都遵循"社区党建共商、社区事务共管、社区资源共享、社区文明共建、社区难题共解、社区活动共办"的基本原则,按照各自的职责开展工作和发挥作用。其中,红旗社区主动发挥自身优势,与辖区单位开展思想工作联做、社区治安联防、公益事业联办、文明社区联建、党员教育联抓、贫困对象联帮等活动,为驻区单位排忧解难,提供优质服务;而辖区单位认真执行社区党总支会议的决定、决议,积极参加社区党总支各种会议,自觉参与支持社区活动,做到社区的公共事务、基础建设和文化建设齐抓共管,社区服务同办共享,社区机制同立共建,一些有一技之长的优秀人才还积极参加社区志愿者协会组织的活动。在这些行之有效的措施激励下,红旗社区先后与包联社区的市区部门、辖区企事业单位、社会组织等32个单位建立了共驻共建关系[①],内容覆盖党建工作联创、社区服务联动、环境卫生联抓、文体活动联办、社会治安联防等诸多方面,不断促使"'党建+'治理模式"在内涵和效果上有质的提升。

4.自治、法治、德治相结合是"红旗经验"的有效路径

自治、法治、德治相结合是党的十八大之后基层社会治理实践中脱颖而出的一条新经验,也是构建共建共治共享的基层治理格局的一条新路径。以村民委员会和居民委员会为主体的基层群众自治是实现基层治理现代化的基础,是维护人民主体地位和确保人民群众依法行使各项权利的基石;法治则

[①]《"红旗"为什么这么红——来自城市基层党建样本陕西铜川红旗社区的报告》(上),载人民网,http://dangjian.people.com.cn/n1/2017/1030/c117092-29616546.html。

是基层治理现代化的关键，在全面依法治国的进程中，法治体系、法治理论迅速健全，法治思维、法治方式空前普及，群众的法治观念、法治素养显著提升，这些均在最大程度上避免了权力的滥用，为社会公平正义的实现、社会主义民主政治的实施和人民合法权益的维护提供了有力保障；至于德治，更体现出中华优秀传统文化、红色文化和社会主义先进文化的有机融合，能够延揽社会上有道德、有学识、有威望的贤才，是一个政权健康发展、实现善治的重要标志，具备良好的道德、学识和威望，也是新时代基层社会治理参与者的基本要求，在中华传统美德的给养下，在红色文化的激励下，在社会主义核心价值观的引领下，基层德才兼备的治理主体更能发挥道德模范的示范作用，影响人民群众自觉形成崇德向善的社会风尚。自治、法治、德治相结合，并不是多种治理方式的简单拼凑，而是整体上的协调、功能上的互治、理念上的提升，既有助于释放社会各方主体的活力，弥补治理主体、治理方式等方面存在的短板，进一步增强社会协同能力，释放治理效能，也可以最大程度促使人民群众在自治的基础上、法治的框架内、德治的浸润下，依法依规进行自我管理、自我教育、自我监督、自我服务，确保基层治理现代化的愿景成为现实。

红旗经验在形成与发展过程中，体现出自治、法治、德治相结合的特色，并成为进一步提升、发展的有效路径。首先，健全以群众自治组织为主体、社会各方广泛参与的新型基层治理体系。既加强学习培训，提升人民群众参与治理的知识素养，又提高两委成员的综合素质和服务群众的工作能力，还通过社会组织的培养，搭建协商交流平台，通过社区议事协商会等形式反映社情民意，做到民事民议、民事民办、民事民管。其次，整合法治资源，搭建法治平台，培养法治文化，凸显综合治理的法治元素。注意建设"和为贵"调解室、诉调对接中心、警务融合指挥中心、平安智慧小区和法治文化一条街，强势推进扫黑除恶专项斗争，创新群防群治平安志愿服务，实现区、镇（街道）和社区（村）三级综治维稳中心的全覆盖，在全省率先引进了"智能接报警机器人"，全天候24小时自助受理警情，并搭建和完善综治信息系统，在群众中普及"互联网+服务"，宣传法律知识，形成了多方联动、全面发力的基层矛盾纠纷化解机制和刑事犯罪预防机制，社会治安形势持续平稳，公众安全感逐年提升。再次，重视精神文明建设，充分发挥德治的引领作用。要求基层社区与乡村大力弘扬社会主义核心价值观，积极传承中华优秀传统文化，以"三面红旗"（美丽红旗、人文红旗、幸福红旗）为引领，以"四项活动"（创建不同层次的精神文明单位活动，评选各类"道德模范""身边好人"，支持各行业的社会志愿者活动，开展"道德讲堂"活动）为载体，以"五种文化"（党建文化、社区文化、企业文化、街区文化、群众文化）为依托，通过道德榜样、公序良俗等的示范和教化作用，引导人民群众远恶迁善、趋吉避凶、化解纠纷，促进人民群众道德水平和基层社会文明程度的全面提高。

综上可见，红旗经验作为一种新的社会治理模式，是对新时代"枫桥经验"的创新和发展。在红旗经验中，党建引领是根本保障，人民主体是核心价值，与时俱进是创新驱动。虽然作为一种年轻的社会治理经验，红旗经验在某些方面不及新时代"枫桥经验"成熟和完善，但其形成和发展的过程，同样体现出自治、法治、德治"三治"融合的基层社会治理路径，以及共建共治共享的社会治理格局，并在智慧党建、"四社联动"等方面展现了自身特色。目前，红旗经验已经走出红旗社区这一原创地和发源地，在铜川市遍地开花，正在成为当地的社会治理创新的成功范例。如同新时代"枫桥经验"一样，凝聚着人民群众治理智慧的红旗经验，也必将在不断提升和发展中丰富内涵，为基层社会治理体系与能力现代化做出积极贡献。

（四）坚持发展新时代"枫桥经验"，推动社区治理现代化

以"红旗经验"为代表的"党建+社会治理"模式的治理成效已经为实践所证明，其坚持党建引领，践行以人民为中心的发展理念，健全共建共治共享的综合治理机制，融通自治、德治、法治一体，致力推动基层社会治理的智能化水平，对中小城市基层党建引领社会治理具有重要的启迪作用。

1.加强基层党的建设，巩固党的执政基础

党的领导是实现国家长治久安的根本保证，是坚持和发展中国特色社会主义制度的最大优势。历史雄辩地证明，只有坚持党的领导，中国革命的胜利才能成为现实；只有坚持党的领导，彻底改变贫穷落后的国家面貌，使中国人民真正站立起来、中华民族真正独立进步才能成为现实；只有坚持党的领导，团结优秀中华儿女，迎战一切艰难险阻，化解各种重大风险，切实维护人民利益，实现民族伟大复兴才能成为现实。一言以蔽之，我国政治进步、经济腾飞、文化繁荣的巨大成就离不开党的领导，国家治理体系与能力现代化的推进离不开党的领导，基层社会治理现代化不断取得新的成效离不开党的领导。在长期的治理实践中，城市社区党组织始终是城市的执政基础，是党在市域治理中最可靠、最坚实的力量支撑。城市社区党的领导强，党的建设规范有序，社区治理就能成绩斐然；反之，党的领导弱，党的建设流于形式，社区治理就杂乱无章。"红旗经验"之所以成为新时代"党建+社会治理"模式的杰出代表，最核心的就是强化了党的领导，做好了党建工作。因此，在城市治理中，基层党的建设工作至关重要。

加强城市社区党的领导，巩固党的执政基础，引领社会治理创新，应该做到：一方面，规范和强化社区党组织的管理与党员教育，充分发挥基层党组织的战斗堡垒作用和先锋党员的模范带头作用。在"红旗经验"中，党组

织与党的工作依规开展,"三会一课"等基本制度顺利推行,坚持的"一会一主题、一课一讲义、一月一活动"得到各社区党组织的普遍落实。红旗社区党总支书记李秋莲牢记使命初心,真诚服务群众,总结推行以网格化管理、智慧化服务、联动式共建为主要内容的"网格化大联动"党建模式,变"上面千条线、下面一根针"为"上面千条线、下面一张网",使党建工作既立足于传统,又着眼于时代,既传承红色基因,又丰富时代内涵,受到党员干部和人民群众的一致好评,她无私奉献、书写忠诚的高尚品质,感染和带动了一大批党员干部勤恳为民,将先锋党员的模范带头作用发挥于社会治理的各个角落。这些为人民认可的党建工作,值得其他社区在创新"党建+社会治理"模式中学习和发展。

另一方面,与时俱进,充分发挥新平台、新媒体优势,改进党建工作方式,以"智慧党建"引领基层社会治理。在科学技术日新月异的互联网时代,大数据、人工智能等为"支部建在网上"提供了便捷的技术支撑,建设社区智慧服务综合信息系统成为一大趋势。基层党组织应主动对接和利用"智慧党建"平台,开辟组织生活新阵地,促使三会一课、队伍建设、社区服务等组织活动实现线上和线下两线并重、相辅相成,最大限度满足信息化潮流下党建工作的基本需要,赢得人民群众在互联网时代对党建工作的广泛支持。各社区党组织可以效仿"红旗经验",搭建"信息化服务平台""社区网格管理服务平台",以"前台一口受理、后台分工协同"为原则,通过网络推广应用社保、救助、就业等业务模块,发布惠民信息,优化办事流程,打通联系服务群众"最后一公里",实现公共事务迅速办理;在不断完善网格化管理体系的同时,充分发挥信息化网格员队伍作用,推进服务前移,将关系人民群众切身利益的各类矛盾纠纷在第一时间有效化解,提升人民群众对社区工作的满意度。

2. 坚持以人民为中心，提高居民参与积极性

党执政的力量源泉是人民群众，基层建设与治理的主体也是人民群众。2019 年，习近平总书记在甘肃考察时强调："城市是人民的，城市建设就是要坚持以人民为中心的发展理念，让群众过得更幸福。""我们是全心全意为人民服务的党，一心一意追求老百姓的幸福。路很长，我们肩负的责任很重，这方面不能有一劳永逸、可以歇歇脚的思想。唯有坚定不移、坚忍不拔、坚持不懈，才能无愧于时代、不负人民。""金杯银杯不如百姓口碑，老百姓说好才是真的好。"[1]在基层社会治理中，尽管"党建+社会治理"模式高度重视社区居民的参与问题，但面对一些社区居民对社区的认同度偏低、对社区事务的参与热情不高、对社区利益的关系程度不够以及一些居民因长期漠视社区事务而导致自己不仅远离治理中心而且主体地位日益边缘化等顽疾，有必要借鉴"红旗经验"，坚持落实人民为中心的发展理念，提高居民参与社区治理的积极性。

一方面，党员干部带头关心群众，倾听人民群众的心声和治理需求，提高人民群众的参与意愿。在"红旗经验"中，无论是年富力强的青年党员，还是德高望重的老党员，都积极热心参与社区事务，密切联系群众。针对"辖区人口密集，破产企业多、下岗职工多，各种社会矛盾突出"等问题，各社区党组织倡导党员干部带头，动员驻区单位、居委会和人民群众，就每一个百姓关切的问题，及时出资出力、建言献策，通过集体智慧、集体力量予以解决。不少群众表示："社区工作人员十分热心，事事替群众着想。"[2]一系列为人民利益着想的行动，彻底改变了各区市居民"事不关己，高高挂

---

[1] 参见《开创富民兴陇新局面——习近平总书记甘肃考察纪实》，载新华网，http://www.xinhuanet.com//2019-08/24/c_1124914866.htm。
[2] 《王益区红旗社区：事事替群众着想》，载王益区人民政府官网，http://www.tcwy.gov.cn/html/xwzx/zhxw/201909/33755.html。

起"的思维局限，绝大多数居民不再把社区建设、社区服务和各项治理事务看作是党和政府的事情，而是视为自己日常生活的一部分；不再被动地接受各种决策的结果，而是迸发出在自愿、民主基础上主动参与社区治理的热情。

另一方面，注意人民群众参与结构的失衡问题，提高人民群众对社区治理的参与度。在当前的城市社区中，普遍存在以下几类群体：第一，由党员干部构成的党支部、居委会组成人员；第二，借助公共事务的参与，发挥余热，在公益活动中实现人生价值的老年群体；第三，满怀热情和好奇心，需要进行社区实践的大学生、中学生和小学生群体；第四，具有一定专业才能和相对稳定的工作，在工作日按时上下班的中青年群体；第五，以残障人士为代表的由于身体或心理等原因需要进行社会救助和关怀的弱势群体。在这些群体中，党员干部、老年群体是基层社会治理的中坚力量，而广大中青年群体却很少参与社区治理，以致每每出现邻里纠纷、物业纠纷，中青年群体或手足无措，不懂得借助党组织和居委会化解矛盾；或因小失大，即使通过法律途径维护了自身的合法权益，但丝毫不顾及人情、事理，从此与争议者形同陌路，互生嫌隙，每逢公共议题不分青红皂白便针锋相对，人际关系久久不能修复。面对这些问题，在"红旗经验"中，各社区党组织积极鼓励中青年群体参与治理，并在各项议题、各项事务中为中青年群体留足施展聪明才智的空间，注重动员群众共同参与精神文明创建，每逢重大节庆日开展文娱活动，使广大居民在社区事务和文化活动中增进感情，加深了解，增强了对社区的认同感、归属感和荣誉感。

3.在党的领导下推动社会组织有序参与治理实践

社会组织因其自治性、自发性、多样性等特征，在满足人民群众日常生产生活及社会服务需要等方面发挥了重要作用，成为人民群众参与政治、经济、文化和社会事务的有效平台。培育、发展和规范各种各样的社会组织，不仅有助于优化社区治理资源、协调社区居民关系、维护社区安全稳定、提高人民群众生活。而且，可以最大限度激发全社会的创造活力，最大限度增进人民群众之间的互信与共识，最大限度增加社区和谐安定因素，最大限度推进文明社区的建设。在社会组织的发展过程中，坚持党的领导，坚持党建引领，是我国各社会组织良性发展的根本性制度保证。社会组织与基层党组织融洽合作，在党的领导下依法依规有序参与社会治理实践，将有力推动共建共治共享的社会治理格局的构建工作。在"红旗经验"中，社会组织对各项治理工作贡献颇多。尤其是开展复工复产以来，王益区坚持发挥非公企业和社会组织党组织的战斗堡垒作用，牢固树立党建引领的观念，推动全区非公和社会组织一手抓复工复产，一手抓党的建设，在工作中检验党组织的创造力、凝聚力、战斗力，在参与治理中加大人民群众对社会组织各项工作的支持力度，提高其满意程度。

在目前的城市社区治理中，要加强党建引领下社会组织的人才培育和平台建设，提升社会组织的服务能力和发展空间。针对当前有些社会组织因规模小、职能单一、人员管理能力和人才渠道缺乏等问题，党组织可以帮助社会组织建立专职人员选拔、培训机制，分阶段、分层次、分领域、有计划、有目标地进行培训工作，重点培训公益慈善类、文化传承类、科技服务类、经济协作类、环境保护类、法律服务类社会组织人员，对于表现优秀而又德才兼备的社会组织人员，可以纳入党代会、人大、政协委员的推荐范围，提高其政治参与度；针对有些社会组织缺乏活动场地，或活动场地不固定、面积过于狭小等问题，党组织还结合社区的发展情况，通过社区规划和政策引导对需要场地的社会组织给予一定的支持，使社会组织摆脱"巧妇难为无米之炊"的顾虑。这样一来，各社会组织可以在党的领导和优秀代表人物的带领下提供社会治理的"补位"功能,协同构建起文明和谐社区建设所需要的公共服务的供应机制,强化党、政府、社区、社会组织及人民群众之间的共同体意识,更好地实现党的领导和社会力量在基层社会治理领域的共建共治共享。

4.在党建引领下实现自治、法治和德治路径创新

目前,党的建设覆盖到城市的各个社区、各个组织、各行各业,在基层社会治理特别是城市社区治理中意义重大,虽然各地在构建自治、法治、德治相融合的基层治理体系时结合自身情况,积累出不尽相同的治理经验,但党建工作贯穿于基层社会治理始终却是一条颠扑不破的规律。习近平总书记在全国组织工作会议上指出:"党的十八大之后,党中央做出全面从严治党的战略部署,以坚定决心、顽强意志加以推进,团结带领全党开创了党的建设新局面,为党和国家事业取得历史性成就、发生历史性变革提供了坚强政治保证。"其中一项重要工作就是:"坚持强基固本。我们树立大抓基层鲜明导向,持续整顿软弱涣散基层党组织,推动基层党组织全面进步、全面过硬。我们以提升组织力为重点,突出政治功能,把各领域基层党组织建设成为宣传党的主张、贯彻党的决定、领导基层治理、团结动员群众、推动改革发展的坚强战斗堡垒,要求党支部担负好直接教育党员、管理党员、监督党员和组织群众、宣传群众、凝聚群众、服务群众的职责。"[1]在党的建设持续推进的情况下,很多城市的社区、行业和组织都提出了"党建+"的模式,如"党建+经济""党建+网络""党建+文化""党建+社会治理"等,可以说,在"党建+N"的模式下,各地具有地域性、行业性特点的探索非常积极,尤其是在社会治理中,党的政治优势和组织优势都得到了一定程度的发挥。然而,有

---

[1]《习近平在全国组织工作会议上强调 建设一支宏大高素质干部队伍 确保党始终成为坚强领导核心》,载《人民日报》2018年7月5日,01版。

些社区在推行时，本末倒置，陷入形式主义的泥淖；同时，在推行自治、法治、德治相结合的治理路径时，也容易割裂三者之间的关系，使得基层治理成效不彰。因而，非常有必要实现"党建+社会治理"的模式与自治、法治、德治的融合，以"党建"引领自治、法治和德治路径创新。

以"党建"引领自治，可以保障基层群众性自治组织在社会治理中发挥核心作用，使党员干部和居民充分动员起来，将社区事务的决策权牢牢把握在居民手中，依托居民代表会议、居民议事会、居民监督会等，形成"提议—讨论—决策—执行—监督"整个过程全覆盖的民事民议、民事民办、民事民管的基层民主协商格局，推动城市社区居民自治制度化、规范化、程序化；此外，社区自治还须注意以服务为根本的工作方法创新，改变生活有困难，社区居民纷纷找党员干部、社区组织解决问题的被动方式，推行更加主动、积极的党员干部和社区工作者到小区实地走访，询问和关心居民生活困难的方式，以上门服务增进彼此的信任，对于一时之间不能解决的重大问题，按照有关政策向居民说明情况，需要上级有关部门帮助解决的及时向上级反映，使人民群众提出的每一项合理要求和意见、建议都能落到实处。

以"党建"引领法治，可以保障国家治理与百姓生活有规可循，有法可依，使各项社会治理工作依法在"阳光下"进行，确保任何社区治理主体都不能任凭个人喜好而违法行事，更不能在法律法规的约束下损公肥私、损人利己；同时，可以提高党员干部和人民群众按照法律思维、法治方式处理事务的意识，帮助大家明确个人行为的边界，使任何人都不得谋求也无法谋求超出法律之外的不法利益。在《中华人民共和国民法典》颁布之后，党建工作的深入推进更应和被誉为"社会生活的百科全书"的民法典的宣传和适用工作相结合，党员干部带头遵法守法，和人民群众一起维护日常生活中与"物权""合同""人格权""婚姻家庭""继承"相关的各项民事权利、履行民事义务，使我国的社会主义立法拥有坚实的群众基础和了解民情、集中民智、反映民意的优越性，助力基层社会治理的法治化水平的提升。

以"党建"引领德治，可以切实发挥中华优秀传统文化与社会主义核心价值观对社会风尚的指引和社区文化的塑造作用，切实发挥道德模范的榜样示范作用。这样既能在潜移默化中提高党员干部和社区居民的人文素养和科学观念，使社区党总支和居民委员会在做出任何关乎民生的决策时，能从求富强、行民主、倡文明、促和谐的治理需要和自由、平等、公正、法治的美好追求以及爱国、敬业、诚信、友善的社会公德出发，增强决策的科学性、可行性和合理性；也有助于将社会主义先进文化融入人民群众的生活习惯，使社区内外，皆能呈现出一片守望相助、诚信友善、团结有为、文明礼貌的德治景象，人心趋于良善而远离罪恶，风俗趋于清正而远离腐浊，从而使中华民族焕发出崇德向善的勃勃生机。

四、新时代"枫桥经验"与社区志愿服务规范化

社区志愿服务是社区治理的重要内容，也是我国志愿服务体系的重要组成部分。2019年1月17日，习近平总书记考察天津市和平区新兴街朝阳里社区，走进社区志愿服务展馆，接见全国第一个成立的社区志愿服务组织成员，为社区志愿者们点赞，称赞他们是为社会做出贡献的前行者、引领者。习近平强调，志愿者事业要同"两个一百年"奋斗目标、同全面建设社会主义现代化国家同行。志愿服务是社会文明进步的重要标志，是广大志愿者奉献爱心的重要渠道。各级党委和政府要为志愿服务搭建更多平台，更好发挥

志愿服务在社会治理中的积极作用。①经过长期建设与发展，我国志愿服务事业取得了长足进步，在服务国家重大战略、重大任务中做出了积极贡献，在助推城乡社会建设、提升社会文明素质等方面发挥了积极作用。创新社区志愿服务模式，健全社区志愿服务体系，促进社区志愿服务的常态化、制度化、专业化、智慧化和可持续发展，将社区志愿服务与社区治理现代化相融合，将社区志愿服务与人民对美好生活的向往相融合，使社区志愿服务更好地适应新时代社区治理的新挑战与新要求，是新时代创新社区治理题中应有之义。

（一）社区志愿服务规范化管理的时代背景

志愿服务是基层社会治理的重要内容，"奉献、友爱、互助、进步"的志愿服务精神是新时代文明实践的重要载体，"我志愿，我奉献，我快乐，我成长"口号是社区文化的组成部分。党的十八大以来，我国社区志愿服务迎来了重要的发展机遇，迈进了新的发展征程，志愿服务也成为城乡社区发展中新的文明"地标"。

1. 社区志愿服务规范化管理是加强和创新社区治理的客观需要

党中央高度重视包括社区志愿服务在内的志愿服务事业发展。党的十八届三中全会提出"支持和发展志愿服务组织"。2017年《志愿服务条例》出台，对志愿服务组织的法律地位、规范管理和活动开展等进行了系统规定，为进一步推动志愿服务制度化、常态化发展和提升志愿服务整体效能提供了重要支撑，标志着我国志愿服务步入法治化的发展轨道。党的十九大提出"推进诚信建设和志愿服务制度化，强化社会责任意识、规则意识、奉献意

---

① 《习近平在天津考察》，载习近平系列重要讲话数据库，http://jhsjk.people.cn/article/30576928。

识"，同时"健全志愿服务体系"。2019年7月24日，习近平总书记在《致中国志愿服务联合会第二届会员代表大会的贺信》中指出："志愿服务是社会文明进步的重要标志。希望广大志愿者、志愿服务组织、志愿服务工作者立足新时代、展现新作为，弘扬奉献、友爱、互助、进步的志愿精神，继续以实际行动书写新时代的雷锋故事。"2020年6月8日下午，习近平总书记在宁夏吴忠市利通区金花园社区考察时，再次为社区志愿者点赞，他指出，"你们的经验很好，真正体现了行胜于言。社会主义是干出来的，各族群众要一起努力，志愿者要充分发挥作用，谢谢你们的努力和贡献"①。可以说，社区治理是基层社会治理的重要环节。在新时代的历史方位中，在社会主要矛盾已经转化为"人民日益增长的美好生活需要和不平衡不充分的发展之间的矛盾"的背景下，夯实基层治理根基，提高社区治理效能，既是社会治理创新的重要目标，也是不断增强人民群众获得感、幸福感、安全感的必然要求。社区志愿服务的健康发展和法治化、常态化、规范化水平的提升，对加强和创新社区治理有着积极的推动作用。

2.社区志愿服务规范化管理是社会治理现代化的应然之举

社区志愿服务规范化管理深度嵌入国家治理体系与治理能力现代化的系统性工程中，对于推进国家治理体系和治理能力现代化具有重要意义。志愿服务本身具有激发社会活力、推进社会治理、弭息风险隐患的重要功能，而对其进行规范化管理更是提升国家公共事务管理水平的有力手段，对于推进新时代社会治理创新具有重大意义。随着基层社会治理事务复杂性、多变性、综合性的不断凸显，在坚持基本理念和基本方向的基础上，不断创新社会治理模式，通过社区志愿服务规范化管理面向基层提供更为优质的志愿服

---

① 《习近平为社区志愿者点赞》，载习近平系列重要讲话数据库，http://jhsjk.people.cn/article/31740538。

务，以高质量、高效能的社区志愿服务管理工作，助推基层社会治理的深入发展，以实现社会治理状态的"善治"目标。社区志愿服务规范化管理高度契合了基层社会治理的主体与平台最广泛而普遍的需求，各方共同发力、共同推进、共同协作进而形成共建共治共享的社会治理新格局，在自上而下助推国家治理效能和自下而上集结群众动能上都形成了不可忽视的支撑力量。同时，社区志愿服务规范化管理亦能为基层社会治理提供切入点，在规范化管理的基础上兼容多样主体进入志愿服务事业，一方面，调动社会主体积极参与基层社会治理，另一方面发挥不同社会主体在基层社会治理中的优势，提升社区志愿服务绩效。

3. 社区志愿服务规范化管理是促进志愿服务发展的必由之路

随着社会发展和人们道德意识的提升，志愿服务作为一种自愿和无私的公益性、利他性行为，已经被越来越多的人当成一项高尚的事业和一种追寻幸福的生活方式。高素质志愿服务队伍是推动志愿服务事业高质量发展的重要支撑。志愿服务并非只有面对灾难的时刻，中华优秀传统文化蕴含的厚德仁爱、乐善好施、助人为乐、扶危济困等思想理念和道德精髓一直是中国人价值观中不可或缺的基石。新中国成立之后，爱国卫生运动、义务劳动、学雷锋活动等类似志愿服务活动在全国推广。改革开放之后，老百姓参与社会的积极性高涨，无论是传播党的声音、服务国家战略，还是参与大型赛会、抗击重大灾害，志愿服务逐渐活跃在社会生活的方方面面。党的十八大以来，志愿服务工作不断改进，老百姓参与志愿服务的热情不断提高，政府各部门和民间的志愿者队伍越来越壮大，参与社会服务的领域越来越宽泛。据不完全统计，到目前为止，全国实名注册志愿者超过1.6亿人。从青年志愿者、巾帼志愿者到文艺志愿者、医疗志愿者、环保志愿者、科技志愿者等，志愿者年龄层次更加丰富，人员构成更加多元。以此，深入推进以社区为基石的志愿服务阵地建设，培育规范化的志愿服务组织、专业化的志愿服务队伍和特色品牌化的志愿服务项目，为壮大志愿者队伍、培育和弘扬志愿精神提供载体和依托，对促进我国志愿服务事业发展和社区治理创新具有积极作用。

（二）社区志愿服务规范化管理的实践和推动

我国社区志愿服务的发展已经有力地嵌入到国家治理能力和治理现代化体系中，在自上而下推动国家治理效能发挥和自下而上发动群众参与治理等方面都起到了不可替代的作用。已经形成了社区志愿服务日渐多样化、多层次、多领域发展格局，规范化的志愿服务管理，推动了志愿服务质量提升和基层社会治理创新。以规范、完备的制度引导志愿服务高质量、高效能开展，规范社区志愿服务工作，提升社区志愿服务效能，对于助推基层社会治理创新、健全治理体系、提高治理能力，具有重要的理论和实践价值。

1.规范化保证了社区志愿服务质量，促进基层社会治理创新

创新社区治理，必须完善社区志愿服务规范管理体系。步入新时代，在加快构建共建、共治、共享的基层社会治理格局的大背景之下，人民群众利益诉求的日趋多元化，利益诉求表达方式日趋多样化，同时伴随而来的社会风险不确定性的增加，使得党中央适时提出了"推进治理体系和治理能力现代化"的战略目标，这为社区志愿服务规范化管理构建指明了方向。与此同时，基层社会治理的内在要求是达到基层社会治理的"善治"，志愿服务本身所蕴含的"奉献、友爱、互助、进步"的志愿精神本就是一种推崇关怀的价值精神，志愿精神与基层社会治理价值目标高度契合，有利于发挥社区志愿服务的价值动力。基层社会治理新格局对于服务机制的创新提出了重心下移、资源下沉、精准化与精细化服务管理能力的具体要求，社区志愿服务作

为一种社会动员方式,让每一个社会成员都有机会平等地参与到基层社会治理和社区服务中,基层社会治理是多元主体共同治理的过程,社区志愿服务队伍是新时代基层社会治理的新生力量,在探索基层治理新模式方面契合了时代要求。社区志愿服务不断延伸服务内容,同时促进了党的思想政治工作、群众工作与社会工作的紧密结合,实现了资源的有效整合与解纷机制常态化运行,打通了基层社会治理"最后一公里"。

2. 规范化促进了社区志愿服务健康稳定可持续发展

志愿服务是奉献爱心、服务社会的重要方式,也是提升社会文明程度不可忽视的力量。作为社区治理的重要组成部分,社区志愿服务在推进基层社会治理现代化的过程中发挥的作用是其他基层治理手段所无法替代的。社区志愿服务体制机制形成过程中,重视志愿者、志愿者组织、志愿活动三者信息匹配度,建立一整套行之有效的志愿服务规范流程;社区志愿服务团队增速较快,团队人数规模不断发展,社区志愿者专业能力不断提升,重视对志愿者的工作评价,初步形成量化标准,力求对志愿者的绩效考评做到科学合理等。加快社区志愿服务规范化管理,可以主动掌握服务意愿需求,规范志愿者招募培训,完善社区志愿者管理,强化激励考评机制,将社区志愿服务规范化立足于决策、执行、监督制度和议事规则,完善以章程为核心的法人治理结构和治理机制,把各项事务纳入制度化、规范化管理的轨道,创新志愿服务激励机制和评估机制,保障志愿服务的可持续发展,提升志愿服务专业化水平,能够有效化解因原有管理制度缺位导致的社区志愿服务活动第三方监督缺失等问题。有效提升社区志愿服务质量,使志愿服务扎根基层、服务群众,为提升城乡文明程度做出应有贡献。规范化建设将进一步促进社区志愿服务健康稳定可持续发展。

3. 规范化满足了人民群众不断增长的社区志愿服务需要

人民群众是基层社会治理的参与者、建设者、享有者，同时也是社区志愿服务的受益者。社区志愿服务事业作为基层社区治理的有效补充，其在现代社区治理体系的地位和重要性不言自明。人民群众的实际需求有没有得到及时的回应，有没有得到及时的处理是衡量社区志愿服务质量的关键指标。随着经济社会文化事业的不断发展，人民群众对于社区志愿服务的需求也随之增加，这不仅是量级层面的增加，更是对质级层面提出了更高的要求。而社区志愿服务规范化管理就是回应这一要求的体现。杜绝一些社区志愿服务组织借公益之名行牟利之实，维护志愿组织的宗旨和精神，保护志愿组织的声誉等工作，都需要志愿服务管理的规范化建设。同时，规范化建设对志愿者从事志愿服务的保障，推动了志愿服务的可持续发展。社区志愿服务规范化建设，加强了社区志愿服务组织的监督管理，依法依规运行，也可以保障社区服务志愿者的合法权利，进而激发志愿者社区服务的热情，还可以提高治理资源利用效率，提供高质量的社区服务。而这三者同时服务于社区居民不断增长的社区志愿服务需要这一主体目标，使社区志愿服务不断满足为人民服务的要求，把组织群众、宣传群众、凝聚群众、服务群众作为基本职责，紧紧围绕群众最现实、最迫切、最关心的问题开展志愿服务，把公民文明素质和社会文明程度推向新高度。规范化的社区志愿服务成为新时代文明实践活动重要的载体之一。

（三）社区志愿服务规范化管理取得的成效

社区志愿服务契合"自治、法治、德治"三治融合治理模式，有助于构建共建共治共享治理格局。笔者对我国各省代表性社区进行了蹲点调研，详细了解我国社区志愿服务规范化管理现状及其与全国各地的发展异同。调研发现，经过多年的探索与不断努力，我国社区志愿服务规范化管理已取得长足进步，成效显著。

1.社区志愿服务管理体系逐渐健全

近年来，中共中央宣传部、中央文明办等部门先后印发《关于深入开展志愿服务活动的意见》《关于推进志愿服务制度化的意见》《关于支持和发展志愿服务组织的意见》，各省也结合实际出台了系列文件。这些文件有力推动了社区志愿服务融入城乡社区治理，形成了一套贯通中央和地方、适应经济与社会同步发展、布局合理、管理规范、服务完善、充满活力的志愿服务组织体系，陕西省形成了以社区为平台、以社会组织为载体、以社会工作专业人才为支撑、以社区志愿者为补充的"四社联动"机制，推动社区志愿服务政策有效实施，社区志愿服务信息平台、社区志愿服务评价体系逐步健全。我国已经在社区志愿服务领域，进入了规范化、制度化发展的新阶段。

诸暨市坚持把新时代"枫桥经验"的本质精髓融入社会组织培育发展的全过程，通过党建引领、政策引导、规范提升、作用发挥，持续推进社会组织参与社会治理，助力高质量发展建设共同富裕示范区和谐自治标杆区建设。目前，全市共有注册类社会组织1193家，备案类社会组织4113家。具体做法有：

一是坚持政治引领，把党建优势做强。诸暨市按照"分级负责、条块结合、区域兜底"的原则，推进社会组织综合党委实体化运作，近三年累计发展党员72名，社会组织党的工作覆盖率达100%。研发社会组织党建云平台并获国家专利，作为唯一一个社会组织党建系统获评全省组织系统"软件长廊"优秀成果三等奖。该平台从活跃度、规范化、覆盖率、影响力四个维度，对社会组织党组织组织力指数进行动态评价，并根据评价结果落实社会组织激励、准入、会诊、帮扶、退出等五项工作机制，推进社会组织健康发展。

二是加强政策引导，把培育扶持做活。出台《关于创新发展新时代"枫桥经验"加强和改进社会组织建设管理推进社会组织参与社会治理的实施意见》《诸暨市社会组织发展专项资金管理办法（试行）》等政策文件，明确社会组织培育经费，设立社会组织发展专项资金。深化社会组织"优+"行动，积极引导社会组织认领社会治理项目。开展"社社牵手"活动，推动社会组织与社区治理深度融合，推行"社区服务社会化"，建立群众需求清单和社会组织服务清单。2019年以来，诸暨市社会组织公益创投项目立项282个，补助资金超800万元，全市政府购买服务超4000万元。制定《关于加强党建引领村（社）社会组织"5+X"标准化建设 创新发展新时代"枫桥经验"的实施方案》，实现镇乡（街道）社工站建设全覆盖，进一步推动乡镇社会组织服务平台和社工站融合，加大村级社会组织"5+X"培育力度。

三是完善规范管理，把高效发展做优。诸暨市严格按照社会组织登记管理规定，加强各部门协同配合、信息共享，落实社会组织发起人（单位）前置审查要求。充分利用年检年审、双随机、财务检查等方式，规范行业协会商会收费行为，2022年共减免和降低收费77.4万元，减轻企业负担金额324.8万元。开展"僵尸"社会组织专项整治，根据"一案一策"明确整治措施，挂图作战、逐个销号，全市共排查出"僵尸型"社会组织105个，其中注销登记12个，重组8个。综合运用常态化、智能化、社会化手段，确保打击整治非法社会组织工作取得实效，劝散、整改非法社会组织36家。

四是强化作用发挥，把品牌特色做大。坚持把社会组织参与社会治理和服务的各项工作融入高质量发展建设共同富裕示范区工作大局。聚焦"文明共创"，开展越民生义工团"我为孩子上一课"、餐饮协会"我为老人烧餐饭"、网联会"我为家乡带个货"等活动；村级关爱协会、老年协会等积极参与"爱心食堂"建设，目前全市共有志愿服务类社会组织1322家，年服务时间超过180万个小时。打响乡贤理事（参事）会、江大姐调解室等社会组织知名度，引导群众广泛参与矛盾调解、环境保护等。开展品牌社会组织、优秀社会组织、品牌项目（活动）评选，编印《社会组织参与基层社会治理案例集》，提升社会组织影响力[①]。

2.社区志愿服务管理效能不断彰显

习近平总书记指出："社区很重要，上面千条线，底下一根针，很多工作都要靠社区去完成。我们要把工作沉到基层，一定要接地气，了解老百姓的所思所想所盼，根据大家的需求来做我们的工作。要把社区基层党组织建好，真正发挥战斗堡垒作用，把社区各方面服务工作搞好，使各族群众生活越来越幸福。"[②]2021年，《中共中央 国务院关于加强基层治理体系和治理能力现代化建设的意见》开篇即旗帜鲜明地提出，基层治理是国家治理的基石，统筹推进乡镇（街道）和城乡社区治理，是实现国家治理体系和治理能力现代化的基础工程。同时指出，完善基层志愿服务制度，大力开展邻里互助服务和互动交流活动，更好满足群众需求。社区志愿服务管理水平关系到社区治理的成效。规范化、科学化的社区志愿服务，是对社区资源有效开发和利用的方式，对处理社区事务、协调社区人际关系、促进社区良性发展有重要的推进作用。当前，我国各地正在致力于建立起党组织统一领导、政府依法履责、各类组织积极协同、群众广泛参与，自治、法治、德治相结合的基层治理体系，健全常态化管理和应急管理动态衔接的基层治理机制，构建网格化管理、精细化服务、信息化支撑、开放共享的基层管理服务平台。社区志愿服务管理效能的彰显，也深刻反映在社区治理与志愿服务活动的互动

[①]《诸暨市创新发展"枫桥经验"探索社会组织参与社会治理新路径》，载浙江省民政厅官网，https://mzt.zj.gov.cn/art/2022/9/14/art_1632804_58930820.html。
[②]《习近平：我很重视社区工作》，载习近平系列重要讲话数据库，http://jhsjk.people.cn/article/32476117。

与共进中。

在社会治理进程中，社会各阶层的利益格局不断调整，群众服务需求日渐多样化，促使基层加快推行网格化管理、精准化服务，提供更加温馨的社区志愿服务，通过服务凝聚人心，让更多的群众参与到社区治理中来。如西安市新城区西一路街道在创新社会治理工作过程中，探索"网格化"与彰显长安古都文化特色的传统里坊文化相结合，打造出一系列让人民群众安居、安康、安心的"长安格"，建立一支尚德、和谐、勤劳、俭朴、仁爱的"尚德街坊"网格员队伍，丰富了网格服务载体，密切了干群关系，有效提高了社会治理效能，形成了"共商共建共治共享"的基层治理体系。其中，街道特别注重打造社会化支持平台，联合陕西省慈善协会，设立尚善社区公益基金，用于解决群众实际问题；打造枢纽型组织平台，成立尚德社会组织孵化运营基地，大力培植草根型社会组织，积极引入专业化社会组织，构建"群众点单、社区下单、社会组织接单、志愿者送单"的服务体系；打造公众性参与平台，发挥"长安格"依靠群众、发动群众的功能，大力开展居民自治，培育组建"夕阳红哨子队""鸿雁志愿服务队""红小帽"等8支网格志愿服务队伍，服务居民群众近十万人次。发动"服务员+院长"、退休老党员、楼门长、自治组织成员、热心群众、志愿者、社会组织等力量担任"兼职网格员"，形成近千人的"尚德街坊"专兼职网格员，共同参与到网格治理中。西一路街道的实践充分反映了社区治理与社区志愿服务相结合产生的积极效果，体现了社区志愿服务规范化管理取得的效能。

再如，西安市莲湖区环城西路街道坚持党建引领，积极整合社区资源，深化基层社会治理创新和社区志愿服务规范化管理，初步探索出了社区志愿服务助推基层社会治理的环西经验。街道创新社区发展思路，搭建服务群众新载体，创造性开展"五色环西"基层治理体系，实现了为民服务的精细化和精准化。"五色环西"即红色党建引领、橙色邻里关爱、金色敬老孝老、蓝色惠民帮扶、绿色公益服务。通过将居民的生活需求融入"五色环西"创建活动,"五色环西"以"社区家庭"为公益服务的主体,不断整合辖区各类志愿服务资源,广泛开展公共事务服务、助孤扶弱服务、青少年成长服务、社会应急服务、公益慈善服务等活动,使群众参与志愿服务和社区建设的积极性持续增长,一批批优秀志愿者不断涌现。他们中有几年如一日,为辖区孤残儿童、70岁以上老人及瘫痪老人、残疾老人免费理发的青年理发师;有为空巢老人尽孝,做留守儿童的好伯伯的社区热心人。"五色环西"促使了居民个人品德全面提升、家庭关系更加融洽、社会风气明显好转,社区为民服务精细化、精准化服务水平大幅提高,"奉献、友爱、互助、进步"的志愿服务精神在环西街道不断弘扬,文明和谐友善种子在街道广为播撒,有效推进了新型和谐社区建设,为实现人民群众高品质生活提供了有力支撑。

3. 社区志愿服务管理水平不断提升

经过长期实践,广大社区志愿服务管理水平明显提高。一是志愿服务登记、培训、激励等机制不断健全。特别是不少地方建立星级认定制度,根据志愿者的服务时间质量,给予相应的星级认定。建立嘉许制度,将优秀志愿服务组织评选表彰纳入群众性精神文明建设创建体系,鼓励机关单位、街道办和工青妇等群团组织、企(事)业单位对优秀志愿者予以褒扬和嘉奖;运用各种渠道对志愿者的优秀事迹进行宣传,提高群众对志愿服务知晓率、认知度,吸引更多的群众参与到志愿服务中来。二是社区党员参与社区志愿服务的表率作用明显增强。许多地方结合社区志愿服务项目和需求,引导党员根据本人意愿和能力,主动到社区认领志愿服务岗位,积极主动、保质保量开展志愿服务,争做星级党员志愿者,涌现出一批先进的共产党员志愿服务队。三是借助信息化、数字化等方式提升社区志愿服务质量的能力显著提升。借助社区志愿服务管理主体与社区治理主体存在交集的优势，许多社区组建信息化平台，通过党建引领，实现各部门、各街道志愿服务信息的有机衔接、互联互通、信息共享，有效凝聚志愿者力量、促进志愿者与志愿服务的匹配对接，进一步提高了志愿者管理和志愿服务信息化水平，从而加快推进志愿者队伍建设，使管理服务更加便捷。

正是由于社区志愿服务管理水平的稳步提升，社区志愿服务品牌日益增多。以陕西省为例，除了前文列举的典型，各行业各地区还有大量值得关注和肯定的社区志愿服务品牌。莲湖区是西安市中心城区之一，所辖社区面临的治理特点十分明显，一方面，辖区退休党员多，做好党员的服务管理工作，是社区工作的重要内容。另一方面，辖区老旧小区房屋年久失修，硬件设施差，维护费用短缺，监控设施不足，更缺少保安巡逻，居民生活安全痛点不少。面对现状，莲湖区放手发动群众来解决群众身边事。社区大力倡导"以社区安危为己任，以自身行动保社区平安"的思想理念，充分发动退休老党员老干部以实际行动保卫社区平安，成立了"萤火虫"志愿者服务队，充分发挥社区退休党员作用，志愿者服务队兼安全稳定信息员、矛盾纠纷调解员、特殊人群协管员、平安建设宣传员、文明新风倡导员"五大员"责任使命，志愿者服务队从社区服务到平台搭建再到文化建设，不断推动社区治理内涵式发展，实现矛盾纠纷常态化解。全区共成立"退休爱党俱乐部"131个，设立"党员示范岗"65个，"萤火虫"志愿服务队老党员达到1316名；依托和利用街道党建平台，发动辖区单位、社区党员参与"萤火虫"志愿服务活动，在活动中受锻炼，促使党员成为社会公共精神积极倡导者，同时注重发挥党员先锋模范作用，影响带动更多群众加入志愿行列，进一步壮大了队伍、凝聚了合力。目前，莲湖区"萤火虫"志愿服务品牌持续引导广大离退休干部充分发挥自身优势，广泛参与平安建设、疫情防控和关心教育下一代等志愿服务，离退休干部志愿服务队伍不断发展壮大，涌现出一批离退休干部党员先进典型，成为加强和改善城市基层治理工作中的一道亮丽风景线。

《为人民服务》讲话纪念广场位于枣园革命旧址西北侧，是1944年9月8日毛泽东同志为纪念张思德发表《为人民服务》讲话的地方。延安市宝塔区枣园街道办传承发扬张思德精神，鼓励社区志愿者争当张思德新传人，努力打造张思德志愿服务体系，开展行之有效的志愿服务活动。目前共登记辖区志愿者800余人，成立了张思德志愿者服务队、张思德矛盾调解队、张思德志愿宣讲队、张思德治安巡逻队等志愿服务队伍，在便民服务、矛盾调解、政策宣讲、治安巡逻等方面开展大量工作，既方便群众办事，又第一时间解决基层群众困难问题和矛盾纠纷。特别是枣园街道司法所、派出所成立张思德调解室，吸纳辖区党代表、人大代表、政协委员、驻村律师、公证员、各村（社区）调委会人员以及执法人员等组成调解志愿者组织，有效整合行政调解、司法调解、人民调解等力量。调解室综合运用法律、政策、经济等手段和教育、协商、疏导以及信访诉求代理、听证评议等办法，对突出、疑难信访问题进行联动调解。张思德调解室秉持"一杯热茶暖心，耐心倾听顺心，矛盾化解舒心，人民群众安心"的理念，让群众说事、法官说法、干部联动，为群众办实事、解民忧，为社区和谐稳定做贡献。针对部分当事人出行困难等问题，张思德调解室还组建了"张思德人民调解服务队"，定期开展流动调解、上门调解，最大限度减轻当事人的调解成本，助推各社区实现"矛盾化解早、平安守护好、服务质量高"的目标。事实表明，张思德志愿服务体系已经成为创新社区治理的有效载体。

（四）现阶段社区志愿服务规范化管理存在的问题

尽管各地在社区志愿服务管理规范化建设不断推进，也取得了一定成效。但还存在诸多问题，有待进一步解决。

1. 社区志愿服务管理理念有待更新

基于公共服务理论，将公共服务过程区分为安排、生产和消费三个基本环节，据此认为公共服务过程存在安排者、生产者和消费者等主体，公共服务机制就是这三个类型化角色间的关系模式。社区志愿服务虽名为"管理"，但在社会治理现代化进程中，需要由单一管理思维向"共建共治共享"转型，实现由"管理"到"管理与服务并重"的理念转型。当下管理理念中呈现出控制要素占主导的局面，例如，志愿服务组织在民政部门登记注册条件较为严苛，实质是为了一方面保证志愿服务团体的规范化、合法化运行，另一方面亦是为了方便管理，宽松的登记注册条件导致志愿服务组织的快速增加，对于有关部门的管理活动造成了一定压力。当下社区志愿服务管理理念中，更多强调对于志愿者队伍的管理。作为社区志愿服务消费者的辖区单位或社区居民，对于志愿者队伍的服务观念、能力和质量亟待提升，固有的单一且片面的"管理"思维需要进一步突破。在现实中安排者"管住"志愿者队伍成了"关住"志愿者队伍，无法为群众提供即时满意的社区志愿服务。而社区志愿服务管理理念中对于直接安排者与间接安排者之间概念功能的混同，让整个社区志愿服务体系陷入"人人皆可管，人人都不管"的境地。

此外，社区志愿服务管理理念更多着力于组织管理而非志愿者个体管理，社区志愿服务管理理念的生成往往与其管理对象——社区志愿服务组织密不可分，当下社区志愿组织可大致划分为"政府组织建立""政府倡导下社区居民创建"以及"社区居民自身创建"等三种类型。由于志愿服务队伍大多由政府部门及有关社会团体组建，社区志愿服务的外在表现往往围绕政府中心工作展开。因而现有的管理理念更多是服务于政府组织成立的社区志愿组织，其"服务"社区居民程度往往不足。而社区治理现代化，既需要充分调动多元力量，促使政府与社会各司其职，形成合力，实现精准治理；也需要探索创新社区志愿服务管理模式，集中人力、物力做全做实基层志愿服务工作，出台相应扶持政策，促使广大党员群众自觉主动地参与基层治理，着力服务社区居民。另外，社区志愿服务的理论研究和实证分析调研不够，影响政策的针对性和有效性，缺少一线信息助力党政机关、法治部门对社会治理发展规律、社区志愿服务发展规律的准确把握，政策、举措不够接地气、入人心，政府"自上而下"的管理诉求与居民"自下而上"的服务需求之间存在一定的矛盾，亟待加强构建富有活力和效率的新型基层社会治理体系和志愿服务体系。

2. 社区志愿者服务管理制度有待完善

一是登记制度尚需改进。《志愿服务条例》明确规定：志愿服务组织是指依法成立，以开展志愿服务为宗旨的非营利性组织，包括社会团体、社会服务机构、基金会等组织形式。在一些地方，目前仍有少数社区志愿服务组织处于未经登记注册但是实际开展活动的状态，未经有关部门登记而开展活动，使其有非法组织之嫌，这样便给志愿者组织开展工作带来一系列困难。这样的志愿组织没有完善的组织契约，没有有效的约束机制，也没有相应的经费来源和必要的造血机制。只有坚持依法登记，不断完善登记制度，社区志愿服务组织及其活动才能依法得到规范，才能更好地开展各项社区志愿者服务。

二是激励制度有待提升。志愿服务工作因其具有无偿性、公益性和福利性的特点，故志愿服务工作的激励机制极容易被"无私奉献""不图回报"等崇高的道德风尚所替代。重视志愿服务的无私性并非绝对排斥志愿者的正当需求，虽然志愿服务不以获得报酬为主要目的，但这并不意味着志愿服务不需要回报，作为组织者，还需要全面考虑志愿者在参与志愿服务过程中的正当要求。如安全、个人成长和福利等，包括为志愿者提供保险、交通费、误餐费等方面的开支与基本的福利保障。社区志愿服务也应把志愿者的意愿和需求纳入志愿服务结构之中，尤其是作为理性的志愿者，在提供志愿服务的同时，也希望自己需要服务时，能有其他志愿者来满足。一味强调无私奉献、不求回报，会导致志愿者服务行为持续性差，社区居民参与志愿服务的热情不足，志愿服务工作仅在举办大型活动或是与志愿者有关节日与传统节日的时候才开展，志愿服务不能常态化开展。仅凭"情感往来"或是个人关系动员起来的志愿服务行为弹性大，可持续性差。

三是保障制度亟待健全。在人员方面，大多社区只关注本社区的志愿者发展，忽视与相邻单位、企业的互动，导致社会力量参与度较低，项目经费也无法得到保障。此外，针对社区志愿者自身服务技能提升的专项培训资金的设立不够普遍，缺乏资金长效保障。对于志愿者是否能承担一些需要专业技能的服务项目考虑不够，志愿者自身业务能力的提升往往滞后于服务需求的多元性与复杂性。而场地方面，诸多社区并未将专门设立社区志愿者工作办事场所视作保障制度的一部分，许多志愿者是无事家中坐，有事现场跑，缺失专有办公场所，不利于志愿者归属感、荣誉感、集体感的培养，同时，居民出现服务需求的时候，志愿者还需从家中赶来，一是费时费力，二是居民服务需求未能得到及时满足，对志愿者形象造成负面影响。

四是评估机制还需完善。在不断发展的现代社会，伴随着精细化程度越来越高的社会分工，各个领域呈现出高度专业化、标准化的现代社会基本特征。在推动各个行业、领域实现跨越式发展的进程中，评估手段起到关键作用。当前的志愿者绩效考评标准已经难以适应和满足志愿服务多样化的需要。从现行的志愿服务评价标准体系来看,对志愿者的工作评价过于感性模糊,缺乏具体的量化标准,这就导致无法对志愿者的绩效考评做到科学合理。同时,现行的评价标准也无法将服务主体及服务对象的差异纳入其评价范围之内。除此之外,评估制度的制定和执行权力的主体较为单一。志愿服务最重要的参与者是志愿者和服务对象,在这一过程中,如果忽视双方相互的现实诉求,势必会导致政策、制度制定的执行偏离志愿服务宗旨,从而无法满足基层志愿服务的真正需求。

3. 社区志愿服务管理机制有待改进

一方面,社区志愿服务活动的行政色彩过于浓厚。社区志愿服务活动行政化具体体现在:许多志愿服务组织的成立均是由政府主导并推进的,而这些组织承担的除了社区志愿服务内容之外,还需承担部分政府性的相关事务,此外部门将"完善基层党委党组织对志愿工作的领导制度机制"等同于"将志愿服务组织高度行政化"抑或排斥非官方因素进入志愿服务领域,制度化管理并非行政化的代替,制度化管理能有效提升志愿服务质量、志愿者自身素养,提高各类资源使用效率,而过度的行政化管理模糊了志愿服务组织与基层群众自治组织之间的界限,影响志愿服务的活力。

同时,社区志愿服务组织过于浓重的行政化色彩与管理体制不利于社区志愿服务者自我激励机制的形成,采用强制命令或行政命令等方式要求志愿者,而没有根据志愿服务项目要求和志愿者的具体情况安排志愿服务活动,充分尊重志愿者个人意愿与自我选择的权利。就社区志愿服务具体内容而言,当前,绝大多数社区志愿者提供的,仍是诸如帮助孤寡老人买药、搬运大件物品、定期为其打扫卫生等基础性服务,长期从事这些服务一定程度导致了部分社区志愿服务者缺少动力,对于社区志愿服务的理解也日趋简单化。从成就动机角度来看，应注重提高志愿者的成就动机，给志愿者提供一些富于挑战性、创造性的工作，增强他们的服务意识和责任感，在参与志愿服务过程中不断提高志愿者的成就动机。

另一方面，社区志愿服务项目缺乏实用性。志愿服务组织一般是有爱心、有善心、有担当的一群人在民政、团委、其他主管机构名下注册成立的服务队，这类志愿服务组织的管理者大多对志愿服务组织没有明确的目标、组织架构、管理办法、监督机制，有的志愿服务组织的各种分工只有一人或几人参与，导致志愿服务活动不明确、队伍组织懒散、活动形式单一、志愿者参与感较差，久而久之，志愿服务活动难以持久开展。另外，由于缺乏孵化、培育等环节的工作，志愿服务组织没有开展项目的经验，只是有一腔热血，想为社会做贡献，却不知做什么，怎么做。而且，我国社区志愿服务事业没有形成比较成熟的志愿服务项目体系，加之社区文化的限制和企业参与度较低，项目经费也无法得到保障，导致实际服务流于形式。此外，一些社区志愿服务忽视了社区居民的真正需求，造成服务结果和服务目标的现实差距较大，影响社区志愿服务的效果。

4. 社区志愿服务文化有待培育

文化是最持久、最深沉的力量。志愿文化的繁荣和志愿精神的弘扬是社区志愿服务具有生命力、影响力和创新性的重要保障。奉献、友爱、互助、进步的志愿精神[①]与中华优秀传统文化一脉相承，与社会主义核心价值观相契合。新时代志愿服务文化具有历史的继承性、时代的创新性和内涵的先进性。

但是，在基层社会中，社区志愿服务并非长期发达，而是随着改革开放

---

① 习近平：《弘扬奉献友爱互助进步的志愿精神 以实际行动书写新时代的雷锋故事》，载《人民日报》2019年07月25日，01版。

以来特别是十八大以来城市化进程加速和城镇化水平提升而日渐丰富，也就是说，社区志愿服务具有起步晚而发展迅速的特征。与具有深厚文化和价值观积淀的传统乡村不同，社区类型多样，近年来由不同居民基于工作、生活等形成的新社区尤其突出，这些社区汇聚着南来北往的群众，占比巨大，文化的差异、习惯的差别等在这类社区体现得十分突出。加之许多社区以"朝九晚五"的年轻人（上班族）居多，这些年轻人价值观念、学习背景、生活环境不尽相同，对社区文化特别是社区志愿文化的认同度和社区志愿服务的参与程度与热心公益事业的老年群体相比，有较大距离。在广泛宣传和倡导下，虽然越来越多的年轻居民对志愿服务的认识不断加深，但多停留在认知与接受层面，对志愿活动的内涵缺乏深刻的认知。这就导致大量社区出现了志愿文化发展迟缓、志愿精神普及不够等问题。

志愿服务按服务过程和内容可分为专业化和非专业化服务两种。非专业化服务技术含量较低，多数志愿者无须专业知识即可提供服务，如大型活动中的后勤保障工作。专业化服务对某项专业知识技能或获得专业资格有一定要求，如专业社工师、心理咨询、支教、法律援助等。随着经济社会发展，社会问题的复杂性、多样性明显增强，解决问题的难度不断加大，对社区服务专业化的需求越来越多，要求越来越高。而从志愿者人员构成角度出发，大多数志愿者不仅自身学历较低，同时没有接受过系统的社会工作专业教育，对志愿服务内容比较生疏，理解单一，同时伴有畏难情绪，工作手段和方法比较落后，难以提供个性化、多样化、系统化的专业服务。志愿精神的强调与灌输的缺位，更让部分志愿者认为志愿服务活动仅仅停留在做做好事、带带小孩、帮助老人等简单层面，遇到棘手难题往往裹足不前只图草草了事。

另外，由于奉献、友爱、互助、进步的志愿精神普及不够、社区志愿服务行政化导向明显等因素，在一些社区出现了志愿组织活力不足等亟待解决的现象。社区志愿服务是一项社会事业，必须强调社会化参与、社会化组织、社会化服务、社会化运作和市场力量的参与，而独立性更是志愿者组织的基本特征之一。一方面，我国目前的社区志愿者组织主要还是由行政力量推动，党政部门与志愿者组织设置高度同构，志愿服务的组织化和社会化水平较低，自主空间不足。另一方面，"独立性不强"也与社区居民的文化心理有关，尽管社区为人民群众提供了重要的自治空间，但许多居民仍将社区视为一级政府，以找政府帮忙的心态进入居委会办理事务，而对自我管理、自我服务、自我监督的自治精神和奉献、友爱、互助、进步的志愿精神缺乏深入理解，这就导致许多由群众自发成立的志愿服务组织，离开了党政部门的引导和支持，便失去开展活动的动力或持续性。

（五）完善社区志愿服务规范化管理的对策建议

把脉、回应和破解社区志愿服务管理中的种种问题，既是切实提高志愿服务发展水平的现实需要，也是完善基层社会治理体系、实现社区治理现代化的必要举措。社区志愿服务管理规范化亟待推动的工作主要包括：

1. 践行"共建共治共享"理念，以志愿服务助推社区治理现代化

党的二十大报告提出，健全共建共治共享的社会治理制度，提升社会治理效能。一个现代化的社会，应该既充满活力又拥有良好秩序，呈现出活力和秩序的有机统一；一个健康发展的社会治理共同体，也应该既心情舒畅又关系和谐，呈现出个人与集体的互利共赢。构建共建共治共享的社会治理机制，本质上包含了对全体人民共同意志的遵从，对全体人民合法权利的肯定，对全体人民根本利益的维护。社会治理现代化体现在基层，首先要体现以人民为中心的理念，并构建相应的制度机制。共建是社会治理的基础，强调各类主体共同参与社会建设，既要本着政府、社会合作的原则，通过一系

列的政策安排，为市场主体和各种社会力量提供更多的发挥优势的机会；也要增进党委、政府与市场主体和社会各方的互信及沟通，打破简单的管理与被管理的关系，促进各类主体平等协商、合作互动。共治是社会治理的关键，强调各类主体共同参与治理，在充分发挥各级党委领导核心作用的基础上，强化各级政府的主体责任，增强社会各方参与社会治理的能力和活力。共享是社会治理的目标，强调各类主体共同享有社会治理成果，社会治理归根结底是增进人民福祉，实现公平正义，保障人民群众的合法权益，让全体人民共同享受发展和治理成果。只有使社区志愿服务深深嵌入基层社会治理现代化进程，才能有效推进公益事业，推动社区治理体系与治理能力现代化建设。

共建共治共享是现代治理体系的基本格局和必然走向，志愿者通过参与社会建设与治理活动，与人民群众共同分享治理成果。因而，虽名为"管理"，实质上属于治理思维下的"管理+服务"。换言之，社区志愿服务管理的规范化，不仅意味着社区及社会组织管理部门应加强对志愿服务的有序管理，更意味着社区和民政等部门在管理过程中应提供更多服务机会与条件，促使社区志愿服务更好地实现共建主体多元化、共治方式多样化、共享成果多层次的目标，实现政府治理同社会调节、居民自治良性互动，使每个社会细胞都健康活跃，使社区志愿服务事业欣欣向荣。具体而言，一是要支持社会组织发挥作用，具备条件的志愿服务组织应设立党组织，加强党组织对社会组织的领导，引导志愿服务工作有序开展。坚持党建带群建，充分发挥群团组织的积极作用，促进志愿服务组织茁壮成长。二是要通过政策支持和制度安排①，为志愿服务组织在社区治理与服务拓展活动空间，充分激发其自主

---

① 如鼓励多个社会组织协同发展，鼓励街道、驻地单位和社会组织联合开展活动等。

性、创造性、积极性，真正把志愿服务纳入社区治理格局。三是加强奉献、友爱、互助、进步的志愿服务精神与共建共治共享理念贯通宣传，让群众和社会组织、志愿者共同享有治理成果，不仅满足社区居民对公共服务的需要，也让志愿者在整个服务过程中更加充分地实现志愿服务价值。

2. 借鉴吸收先进经验，健全社区志愿服务管理规范体系

在基层社会治理中，新时代"枫桥经验"是毫无疑问的典型，数次写入中央文件，特别是写入党的二十大报告。习近平总书记多次强调，要加强和创新社会治理，坚持和完善新时代"枫桥经验"。新时代"枫桥经验"之所以获得群众拥护、中央认可和推广，就在于其符合中央有关基层社会治理的决策、人民群众维护生产生活秩序需要以及经济社会发展规律。它不仅产生和发展于中国特色社会主义基层治理实践中，而且将党的领导、人民主体地位、多元主体参与、共建共治共享等现代治理元素体现得淋漓尽致。与此同时，新时代"枫桥经验"更加注重自治、法治、德治的融合，善于运用法治思维和法治方式解决涉及群众切身利益的矛盾和问题，充分发挥数字治理、智慧治理的作用，进一步丰富了城乡社区治理实践。浙江省诸暨市暨阳街道江新社区自成立以来，始终坚持"人民为中心"的理念，不断创新和发展"枫桥经验"。为探索新时代城市社区治理的"枫桥经验"，江新社区通过党建引领、综治统筹、居民联治、共建单位协同、志愿者参与，推动居民自治向制度化、标准化方向发展，努力打造"三治"融合的社区治理格局，引领城市社区志愿服务管理规范化和精细化，营造社区治理平安和谐的良好氛围。2022年，在西北政法大学课题组的支持下，通过总结、概括、提炼和提升社区治理的成熟经验和成功探索，江新社区制定并通过了六个标准文件，即《党组织和党员进社区实施规范》《开放式小区邻里互助理事会工作规范》《社区居民议事会议事规范》《江大姐调解工作室工作规范》《江大姐共享学苑

工作规范》《社区社会组织参与社区治理规范》，构建起城市社区志愿服务管理规范化的标准体系。

这些文件要求，市级机关、企事业单位的在职党员通过手机微信扫一扫功能，登录"先锋微家"小程序，完成注册报到；根据小区居民需求，完成居民心愿，开展"亮旗"行动。社区党组织对社区报到的党员进行年终"合格党员"考核，并将结果反馈单位党组织。邻里互助理事会要开展召开邻里互助理事会会议、联系小区居民、开展小区服务、帮扶困难居民、化解矛盾纠纷、开展楼道"微治理"等志愿服务。依托"江大姐"这支积极参加公益事业、化解矛盾纠纷、热心帮助邻里、德高望重的或有一定专长的志愿服务队伍，排查、调解矛盾纠纷，防止邻里矛盾纠纷激化升级，构建和谐社区文化，实现源头治理。通过江大姐公益课堂，为居民提供学习机会，满足居民不同年龄、层次、方面的文化艺术需求，实现居民共享和美、共同富裕。其中，《社区社会组织参与社区治理规范》（以下简称《规定》）特别对社区社会组织进行界定，明确提出社区社会组织是指以本社区的公民、法人和其他组织为主自愿组成的，开展为民服务、邻里互助、公益慈善、平安创建、文体娱乐等活动的非营利性社会组织；包括依法在民政部门登记或经国务院批准免予登记的，在街道备案的社会组织以及不具备登记和备案条件、规模较小、组织较为松散的社区群众活动团体。《规范》还规定了社区社会组织的术语与定义、组织建设、参与社区治理的途径和活动、监督管理和考核评议等内容，要求社区社会组织在社区党组织的领导下和居民委员会的指导下，开展为民服务、邻里互助、协商议事、公益慈善、平安创建、文体娱乐等活动，以满足社区居民不同方面和层次的需求，助力社区实现共建共治共享。

在推进社区志愿服务管理规范化过程中，可以借鉴吸收新时代"枫桥经验"发源地浙江省诸暨市社区治理的先进做法，在规范制定、制度设计等方面取得新的突破，进而形成具有时代特色、地方特征、志愿服务特质、社区治理特点的社区志愿服务管理体系。具体而言：一是建立符合实际、便于操作的规范体系，指导各社区因地制宜制定志愿服务管理制度，强化品牌志愿服务组织建设。尤其是要建立和完善基层党组织对志愿服务工作的领导机制。各级党委应将志愿服务工作纳入相关部门及组织的日常工作日程，在保证党委领导的前提下，转变政府职能，主动将社会公共治理领域的部分权力下放给相关社会组织，从而强化社区的自我治理能力。二是完善志愿服务组织登记制度，完善志愿服务组织监督管理。建立登记管理机关、业务主管单位、行业管理部门、行业组织和社会公众等多元主体参与，行政监管、行业自律和社会监督有机结合的监督管理机制，加强志愿服务组织日常引导和监管。三是健全志愿服务激励机制。在教育、就业、公共服务等方面对有良好志愿服务记录的志愿者实行激励。鼓励对优秀志愿者和优秀志愿服务组织予以表彰、奖励。志愿服务组织还可以通过服务积分、会员互助等方式，激励志愿者长期参与志愿服务活动，使"我为人人，人人为我"的志愿服务理念深入人心。四是加快建设智能化服务管理机制。充分利用网络信息管理与服务流程，创新志愿服务记录手段，不断规范和完善各类基础单元数据，构建上下一体、互联互通的志愿服务信息化平台，通过大数据分析方式，准确掌握社区居民需求及其变化趋势，精确了解志愿者队伍人员构成、发展概况，为合理统筹规划社区志愿服务事业，有效提高社区志愿服务质量提供技术支撑。

3. 重视事前事中事后全程贯通，改善社区志愿服务管理过程

社区志愿服务是一个系统性的全过程服务，不应被孤立地视作仅是志愿者提供服务的一个时间段，需要从事前、事中、事后三个时段改善管理。

一是注重事前引导。在志愿服务需求生成或形成的过程中，要注重收集

社区居民潜在服务需求，分析研判哪些因素可能会成为服务需求出现的"催化剂"，强化志愿服务供需对接。在平常工作中以问卷调查、实地走访、记名投票等方式，掌握群众更加迫切需要的服务需求，结合自身能力特点，有针对性地做好志愿服务规划，设计服务项目，开展服务活动，切实使服务对象受益。同时对所在社区志愿服务组织是否有足够的志愿者数量，志愿者的年龄构成是否可以承担此项服务，新的服务需求是否需要更加专业的技能型、技术型志愿者加入等加以分析。把志愿者技能、专长与群众需求有机结合，及时有效匹配志愿服务供给与需求，使志愿服务计划更具有针对性与前瞻性，在此基础上形成"菜单式"志愿服务项目。

二是关切事中结果。志愿者上门提供服务或是直接面对群众是整个志愿服务过程的核心，亦是影响群众对志愿者印象以及志愿服务评价的重要环节。首先，完善社区志愿服务记录制度，将此项工作交由专人进行，将志愿服务组织是否建立完备的志愿服务记录制度作为考核、督查的重点，并有效利用服务记录结果，将其与志愿者就业、升学、医疗、信贷等方面挂钩。创新志愿服务方式，积极探索"互联网+志愿服务"，围绕助学、助医、助老、扶弱等重点领域开展工作，支持志愿服务组织合法利用互联网优化服务。其次，建立志愿服务经费保障机制。明确政府可以通过购买服务等方式支持志愿服务组织运营管理，鼓励依法设立志愿服务基金，鼓励自然人、法人和非法人组织对志愿服务进行捐赠和资助，并依法享受税收优惠。为保障志愿服务活动费用开支，还应规定对志愿者个人因活动所支出的交通、通信、食宿等费用，活动组织方可以给予适当补贴；国家机关、群团组织、国有企业事业单位开展志愿服务活动的必需费用，可以在单位公用经费中统筹安排。再次，建立志愿服务权益保障机制。设区的市以及有条件的县（市、区）可以为在志愿服务信息系统注册并开展志愿服务活动的志愿者购买人身意外伤害等保险；志愿服务组织安排志愿者参与可能发生人身危险的志愿服务活动前，应当为志愿者购买相应的人身意外伤害保险；志愿者在志愿服务过程中受到意外伤害的，民政、应急管理、卫生健康等有关部门应当及时协调相关机构进行救助，并协助做好保险理赔。

三是追踪事后评价。建立社区志愿服务事后评估机制，指导志愿服务组织及时、完整、准确记录志愿者参加志愿服务的信息，保护志愿者个人隐私，规范开具志愿服务记录证明。评估内容主要由志愿者自我评价与接受服务的群众评价两主体构成，评价内容由完成志愿服务的时间、服务质量、服务效果及其持续时间构成。同时，加强对评估结果的使用，作为志愿服务组织与志愿者本人评优受表彰的重要参考，激发志愿者投身志愿服务事业的热情，不断提高志愿服务组织的服务效能和管理水平，促进志愿服务事业良性循环。

4.加强项目支撑和文化建设，提升社区志愿服务质效

加强社区志愿服务项目支持，培育新时代社区志愿服务文化，是实现广大人民群众对美好生活的追求与向往的需要，也是建设法治社区、平安社区、和谐社区、文明社区的重要内容。

一是建立健全志愿服务项目化运作机制。项目制是提升社区志愿服务实效性和影响力的重要途径，也是新时代社区志愿服务高质量发展的重要保障。项目化运作是提升社区志愿服务质量的关键举措。从当前我国社区一般服务项目的现状来看，其普遍存在的问题就是缺乏基本的规范性。实行志愿服务的项目化运作，就是要在充分调查研究、广泛征求意见、了解社区群体需求的基础上，面向全社会发布项目，筛选出价值性高、公益性强的志愿服务项目。在项目实施过程中，项目资助方和社区居委会需对志愿服务组织进行联合督导，组织相关专家学者以专题调研、走访研讨的方式进行相关指

导。在项目验收阶段，政府相关部门和项目资助方应对项目完成情况进行严格评估：评估验收合格的项目，批准其结项；不合格者，则要整改完善。与此同时，也可通过开展志愿服务项目大赛等方式，引导基层打造具有自身特色的社区志愿服务品牌项目，通过项目化运作方式提升社区志愿服务的活跃度与可持续性。还可以通过政策引导、重点培育、项目资助等方式，建设一批活动规范有序、作用发挥明显、社会影响力强的示范性志愿服务品牌，对品牌实践效果良好的志愿组织进行表彰。

二是建立健全社区志愿服务文化发展机制。以文化人，更能纯洁心灵；文以载道，更易沟通世界。发展社区志愿服务文化，既要加强文化阵地建设，擦亮各地业已成熟的志愿服务优秀品牌，大力发扬志愿服务精神，扶持人民群众在志愿文化领域进行探索和创新，定期通过戏曲、歌舞等公益演出等，以先进志愿者事例为宣传素材，通过照片、图画、视频等方式加以呈现，鼓励地方有关部门通过将优秀志愿者事迹改编成栏目剧、话剧的形式，借以广泛宣传志愿服务组织在提高国民素质和社会文明程度、加强社会治理创新、保障改善民生中的重要作用。也要注意强化社区志愿服务文化发展保障机制，由街道、社区建成一批志愿文化长廊、志愿服务展室、博物馆、主题公园，充分运用"互联网+宣传"，建成文化宣传矩阵，通过机器人、VR体验、"学习强国"学习平台、"报网微端屏"等智能化手段与抖音、快手、视频号、今日头条、微信、微博、官方网站等新媒体运营平台，尤其通过小说、电视连续剧、电影等丰富多彩的形式，展示社区志愿服务活动风采。通过"走出去""请进来""结对子"等方式优化志愿服务文化的交流活动机制，引导更多人民群众和社区志愿服务者一起讲好社区志愿服务故事，全面宣传社区志愿服务文化，形成寓教于乐的宣传氛围，让文化建设成为助推社区志愿服务管理规范化的重要动力，也成为基层社区治理中的一抹亮丽色彩。

结　论

　　基层社会治理是国家治理的基石,也是社会建设的重大任务。基层社会治理的成效与国计民生直接相关。高效能的社会治理不仅是一个地方高水平安全的重要前提,而且是实现经济社会高质量发展、人民群众高品质生活的坚实保障。党的十八大以来,以习近平同志为核心的党中央把人民对美好生活的向往作为奋斗目标,奋力推进社会治理现代化,党组织领导的自治、法治、德治相结合的城乡基层治理体系持续完善,共建共治共享的社会治理格局不断健全,社会治理社会化、法治化、智能化、专业化水平大幅度提升,续写了社会长期稳定奇迹。这些成绩不是一蹴而就的,而是在马克思主义基本原理同中国具体实际相结合、同中华优秀传统文化相结合的过程中稳步取得的。在此过程中,全国各地贯彻党中央的决策部署,发挥以新时代"枫桥经验"为代表的社会治理典型经验的示范引领作用,因地制宜进行"枫桥式"特色创建,不断提升基层社会治理效能,也是促进更高水平平安中国建设、法治中国建设不容忽视的一环。

　　新时代"枫桥经验"是中国基层社会治理现代化的杰出成果,蕴含的基层社会治理思想观念、工作机制、方式方法，具有本土性、人民性、科学性和示范性，对基层社会治理改革具有重要的启迪作用。"社会化、法治化、智能化、专业化"是基层社会治理实现共建共治共享格局的重要支撑，也是社会治理现代化思维的集中体现。坚持和发展新时代"枫桥经验"，完善社会治理体系，需要做到：

一是大力珍惜新时代"枫桥经验"，推进社会治理社会化。社会化重在强调主体的多样性。基层社会治理不仅要发挥好党委领导和政府主导的作用，也要以海纳百川的胸怀平等对待各类社会主体，激发社会力量参与治理的热情，形成开放性治理架构和包容式治理样态。一方面，要加强社会力量对现有创建活动的参与，促进各类主体良性互动，形成破解社会治理难题的合力，尤其要鼓励、支持各类社会组织参与公安、检察院、法院、司法行政以及乡镇、社区的平安法治建设；另一方面，要在准确把握新时代"枫桥经验"内涵和外延的基础上，优化提升各行业、各领域创新发展新时代"枫桥经验"典型案例的示范引领作用，规范、引导条件成熟的企业和社会力量参与平安法治建设，让更多社会资源与基层社会治理创新融为一体。

二是充分运用新时代"枫桥经验"，推进社会治理法治化。法治化重在突出运用法治思维和法治方式化解矛盾、提升服务水平。法治是现代化国家的基本治理规则，是国家兴盛、社会繁荣、人民安康的保障。无论是执法部门、司法机关、基层政权或基层群众性自治组织，还是企业或社会组织，坚持和发展新时代"枫桥经验"，都应在法治轨道上稳步推进，每一个理念、每一项举措、每一起事项都应遵循法治规律，经得起法治的检验。尤其要在矛盾纠纷和社会风险的预防化解中树立法治的权威，确保人民群众依法维权。可以在调解、仲裁等非诉领域充分运用新时代"枫桥经验"，提高平安建设、法治建设成员单位的参与积极性。最终形成以平安法治创建为亮点、以法治建设治未病为特征的预防性法律制度。

三是不断丰富新时代"枫桥经验",推进社会治理智能化。智能化可以打破数据孤岛和时空壁垒,促进物理空间和信息空间深度融合,形成"信息高速公路",从而激发社会治理的创新创造活力。新时代"枫桥经验"虽然面向基层,服务广大城乡社区,但智能化水平须及时跟进。既要注意以"智慧建设"带动"智慧治理",做强本部门数据收集和运用,构建线上线下联动治理格局;也要加强各类社会治理主体尤其是公权力主体之间的联系,摆脱独自发展的思维,通过"互联网+"强化彼此之间的衔接与联动,形成一站式"信息感知、指挥督导、实战应用、智慧决策"机制,借助信息化手段实现功能融合、技术融合、数据融合、管理融合,让每一项平安法治建设活动都成为系统性坚持和发展新时代"枫桥经验"不可或缺的一部分,成为助推基层社会治理现代化不容忽视的重要一环。

四是持续创新新时代"枫桥经验",推进社会治理专业化。专业化是现代社会分工的显著特点,也是提高社会治理精细化服务水平的要求。首先,要确保社会治理主体根据专门分工或行业发展实际,结合不同的价值需求、问题导向提出适应不同行业领域的社会治理与法治建设标准,保持标准的专业性。其次,要确保社会治理主体素质不断提升,广大党员干部和社会群体应及时掌握社会治理理念更新、观念创新、体制完善、方法改进等新变化,夯实满足时代需要的高素质社会治理人才基础。再次,要确保坚持和发展新时代"枫桥经验"契合行业领域发展需要,促使各系统、各行业、各领域的社会治理活动形成一个协同共进的维护社会安全、促进经济发展的整体。最后,要确保各项专业化的社会治理资源有机结合,如在推进平安法治与社会治理进程中,社会治理主体可以与高校、科研院所组建专业的研究平台或团队,在顶层设计、实施方案、实践成果、问题对策等方面协同创新;也可以建立或引入第三方评估机制，依托专业力量对平安法治建设的标准、成效进行客观公正的评估，以此作为改进工作的重要参考。

总之，实践探索永无止境，理论创新永无止境。基层善治是中国之治的重要基础。新时代"枫桥经验"的成功实践，雄辩地证明了中国特色社会主义法治道路的正确性和先进性。在社会基层坚持和发展新时代"枫桥经验"，必须坚持中国特色社会主义法治道路，立足国情实际，在不断丰富法治实践、总结法治经验、升华法治理论的同时，注意汲取中华优秀传统法律文化的理性因素，传承红色法治文化的精华内容，吸收世界优秀法治文明和法治建设经验，使古与今、中与外在中国特色社会主义法治道路中密切结合，兼收并蓄，共同推动中国特色社会主义制度的发展与完善，为中国之治提供源源不断的基层治理智慧。

后　记

　　本书是在我多年来研究"枫桥经验"的系列成果基础上修改完成的,是《新时代"枫桥经验":基层社会治理的中国方案》的姊妹篇。两本书构成一个系列,均由法学泰斗张晋藩先生作序,著名法学家汪世荣教授撰写绪论。

　　2014年,我考入西北政法大学法律史专业,师从闫晓君教授攻读硕士学位。其间,我跟随汪世荣教授领衔的西北政法大学"枫桥经验"研究团队多次赴浙江省诸暨市等地调研,逐渐接触"枫桥经验",在参加中国法学会、西北政法大学与诸暨市合作课题研究的过程中,不断深化对"枫桥经验"及新时代"枫桥经验"的认识。2017年,我考入中国政法大学法律史专业,师从张晋藩先生攻读法学博士学位,读博过程中,我有幸参与张先生主持的国家社会科学基金重大委托项目"创新发展中国特色社会主义法治理论体系研究"(项目编号:17@ZH014),从中华优秀传统法律文化的角度分析、探讨当代中国法治建设的理论与实践问题,进一步拓宽了认识、研究"枫桥经验"的视角。2020年博士毕业后,我回归母校西北政法大学任教,继续深耕于

"枫桥经验"的经验总结与理论提升。

2014年来，在张晋藩先生、汪世荣教授、闫晓君教授的指导下，在西北政法大学"枫桥经验"研究团队褚宸舸教授、冯卫国教授、朱继萍教授、侯学华教授、何柏生教授、张师伟教授、马成教授、余钊飞教授、陈玺教授等专家学者和各级党政机关领导干部的大力支持下，我逐步开展"枫桥经验"及新时代"枫桥经验"领域的创新性研究，主持了一系列推动法治建设的"枫桥经验"研究课题，发表了一系列从不同角度探讨"枫桥经验"的理论文章。加之参与撰写省市平安建设、法治建设、社会治理领域重要文件，编制相关规划，主持陕西省委政法委、陕西省高级人民法院、陕西省委教育工委、陕西省教育厅、国家税务总局陕西省税务局、西安市法学会等"枫桥经验"系列研究课题，以及挂职法治实务部门的经历，使我更加深刻地认识到"枫桥经验"的人民性、本土性、实践性和创新性，更加坚定了对"枫桥经验"及新时代"枫桥经验"的研究初心。特别是，新时代"枫桥经验"立足国情实际，紧贴基层一线，呼应群众关切，凝聚集体智慧，展现良法善治，作为基层社会治理现代化的典范，值得长期关注。

本书内容中涉及的素材和数据，均系笔者实地调研所得，这些资料所展现的突出做法及其所反映的显著成效，凝聚着各地政法工作者的心血和汗水，是集体智慧的结晶，特对各法治实务部门的大力支持深表感谢！

谨以此书献给毛泽东同志批示学习推广"枫桥经验"六十周年暨习近平总书记指示坚持和发展"枫桥经验"二十周年，献给波澜壮阔的中国式法治现代化事业。

往事历历，依稀如昨，使命在肩，夙兴夜寐。感谢关心、帮助我的师友和陪伴我的家人，特别感谢支持本书出版的"三秦学者"创新团队首席专家汪世荣教授和为本书写作提供帮助的仝孟玥硕士、宁晓丹硕士、郭金璞硕士，感谢为本书出版付出心血的管中洑编辑、李妍编辑、杨舒雯编辑。愿携手并进，为中国法治事业进步贡献绵薄之力。

王斌通

2024 年 1 月 1 日